普通高等教育"十四五"规划教材

全国高校创新型人才培养规划教材·新媒体系列

网络编辑实训教程

（第二版）

主　编　金　力　刘路悦

副主编　高　洁　石　洁

北京大学出版社

PEKING UNIVERSITY PRESS

内 容 简 介

本书是针对网络编辑工作岗位而编写的一本实训教材,内容涉及网络编辑岗位工作的方方面面。本书主要从网络编辑需要具备的内容编辑素养、信息技术素养以及职业与法律修养等几个方面分别加以阐述。其中,内容编辑素养包括网络编辑必备基础知识、网络信息的选择与加工、网络新闻写作与多媒体编辑、微博编辑与微信编辑;信息技术素养包括计算机与网络基础知识、网页制作软件等知识;职业与法律修养包括网络编辑职业道德、相关法律法规等内容。除此之外,本书还专门编写了网络编辑技能实训一章内容,作为学习者练习之用。

本书可作为高等院校的新闻传播、新媒体营销、网络与新媒体、网络营销等专业的教学用书,也可作为网络编辑员国家职业资格鉴定的考试用书。

图书在版编目(CIP)数据

网络编辑实训教程/金力,刘路悦主编. --2版. --北京: 北京大学出版社,2024.7
全国高校创新型人才培养规划教材. 新媒体系列
ISBN 978-7-301-34920-5

Ⅰ. ①网… Ⅱ. ①金… ②刘… Ⅲ. ①互联网络–新闻编辑–高等学校–教材 Ⅳ. ①G210.7 ②G213

中国国家版本馆 CIP 数据核字(2024)第 058448 号

书　　名	网络编辑实训教程（第二版） WANGLUO BIANJI SHIXUN JIAOCHENG（DI-ER BAN）
著作责任者	金　力　刘路悦　主编
责任编辑	张玮琪
标准书号	ISBN 978-7-301-34920-5
出版发行	北京大学出版社
地　　址	北京市海淀区成府路 205 号　100871
网　　址	http://www.pup.cn　　新浪微博：@北京大学出版社
电子邮箱	编辑部 zyjy@pup.cn　　总编室 zpup@pup.cn
电　　话	邮购部 010-62752015　发行部 010-62750672　编辑部 010-62754934
印　刷　者	河北文福旺印刷有限公司
经　销　者	新华书店
	787 毫米×1092 毫米　16 开本　15.5 印张　379 千字 2010 年 6 月第 1 版 2024 年 7 月第 2 版　2024 年 7 月第 1 次印刷　总第 12 次印刷
定　　价	54.00 元

未经许可,不得以任何方式复制或抄袭本书之部分或全部内容。
版权所有,侵权必究
举报电话: 010-62752024　电子邮箱: fd@pup.cn
图书如有印装质量问题,请与出版部联系,电话: 010-62756370

第二版前言

《网络编辑实训教程》第一版主要是为了配合网络编辑员职业资格鉴定考试而编写,针对性很强,受到了很多教师、学生和其他读者的欢迎。十几年过去了,中国互联网行业发生了很大变化,社交媒体的出现与普及,使得第一版当中的部分内容已经不能适应时代的发展与行业的需要。因此,为了满足广大读者的需要,我们花了近一年的时间对本教材进行修订。在第二版中,本书更加侧重于网络编辑职业在应对社交媒体的发展时亟须提升的能力与技巧。

本次修订的主要内容包括:

一、网络信息的选择与加工部分。在保留和修订网络信息的价值判断、归类指标、修改方法、标题制作规范、内容提要、写作要求等网络编辑基本工作内容的同时,更新了实例,使内容更贴近当前的实际工作。

二、将原来第4章"网络内容原创"更名为"网络新闻写作与多媒体编辑"。该章保留了网络新闻写作、网络新闻专题策划、视听语言基础知识,删去了网络新闻采访的内容,增加了视频编辑软件 Premiere 的应用,这部分内容可以满足有视频编辑需要的网络编辑的需求。

三、考虑到网络互动管理的内容已经过时,将原来第5章"网络互动管理"的内容删除,新增章节"微博编辑和微信编辑"。该章的主要内容是从如何成为一名合格的微博编辑与微信编辑的角度出发,分析微博编辑与微信编辑的主要职责与能力要求,并提供了相关的业务能力训练与三种能力的提升方法。

四、第6章"计算机与网络基础知识"部分,删减了与网络编辑工作关系不大的硬件基础知识,对应用软件部分做了较大的修改,删去了目前已不再用或少用的软件,增加了对目前发展较快的手机客户端应用的介绍,以适应当前互联网技术的发展。

五、第7章"网页制作软件介绍"部分,补充了 Fireworks 和 Photoshop 两个软件的介绍,使得对网络编辑日常工作所使用软件的介绍更加完整。同时,考虑到网络编辑实际工作的需要,该章补充介绍了光影魔术手、HyperSnap 和 Inpaint 三个软件。这三个软件也是网络编辑必须掌握的常用软件。

六、第9章"网络编辑技能实训"部分,紧扣网络编辑工作的实际流程,按照搜集素材→处理素材→发布内容→管理内容的流程详细介绍各个环节的操作要点。其中根据网络编辑的实际工作操作要点,结合作者的网编工作心得,补充了稿件素材搜集、图片素材搜集、稿件改写、标题修改、图片加工、为图片添加标准格式的标题等内容。这部分内容不仅适用于网络编辑工作,对手机媒体平台(如微信公众号)的编辑工作也基本适用。

  由于编者在学识和能力方面的局限,教材中难免存在不足之处,敬请读者和相关专业人士予以指正。

金 力

2024 年 2 月

第一版前言

网络编辑是时下比较流行的职业之一,而一名网络编辑员需要具备的素质和条件越来越高。参加助理网络编辑师(国家职业资格三级)职业资格鉴定考试,获得国家颁发的证书,将为青年日后从事网络编辑行业打下一个良好的基础。

本教材从网络编辑员国家职业资格鉴定考试的角度入手,从实训出发,全面分析了作为一名网络编辑员所需要具备的素质和能力。全书分为10章,分别讲述了网络编辑职业概况、网络编辑必备基础知识、网络信息的选择与加工、网络内容原创、网络互动管理、计算机与网络基础知识、网页制作软件介绍、网络编辑职业道德、网络编辑技能实训、相关法律法规知识等内容。

本教材具备以下几个特点:第一,在网络编辑员国家职业资格鉴定考试大纲的基础上进行了大量的补充性和提高性的知识扩展。教材中汇集了大量的语言基础知识、新闻采访、新闻写作、网络编辑、网络传播等专业知识,以及案例素材。这在其他的网络编辑员国家职业资格鉴定考试相关教材中并不多见。第二,教材中增加了网络新闻专题策划的章节。网络新闻专题策划其实是网络编辑师(国家职业资格二级)职业资格鉴定考试中涉及的内容,但是在教学中和网络编辑实际工作中,网络新闻专题策划是一项技术含量较高并且非常重要的工作内容,需要网络编辑具有较高的策划能力、组织能力和创意思维能力。本教材在这方面做了有益的尝试。第三,配合助理网络编辑师(国家职业资格三级)职业资格鉴定考试,本教材编写了针对性极强的课后练习题供学生复习和备考。助理网络编辑师(国家职业资格三级)职业资格鉴定考试涉及的内容相当多,要在90分钟内完成125道选择题,需要考生具备快速的答题能力和反应能力。本教材针对助理网络编辑师(国家职业资格三级)职业资格鉴定考试编写了大量专项训练题,以训练考生在考试中迅速而准确地解答题目的能力。

本书的两位主编从2007年开始进行网络编辑课程的教育培训工作,几年间积累了大量的培训和辅导经验,对于学生在实训当中遇到的各种问题总结出了一套切实可行的办法。2010年4月,在"首届全国网络编辑技能竞赛"活动中,两位主编均获得了由中国编辑学会颁发的"优秀指导老师奖"。

本书作为"21世纪全国高等院校网络编辑专业核心教材系列"的第一本,是对网络编辑职业的全面介绍性教材。在本系列教材的策划和编写中,中国人民大学新闻学院的匡文波老师提出了很多指导性的意见,在此表示衷心的感谢。

由于写作时间有限,以及编者在学识和能力方面的局限,教材中难免存在一些不妥之处,敬请读者和相关专业人士指正。

金 力

2010年4月

目 录

第1章 网络编辑职业概况 (1)
- 1.1 网站基本岗位设置 (2)
- 1.2 网站类型与发展现状 (2)
- 1.3 网络编辑人员需求分析 (3)
- 1.4 网络编辑的职业特点 (4)
- 1.5 网络编辑的职业素养与综合能力 (5)

第2章 网络编辑必备基础知识 (9)
- 2.1 汉语字词的基本规范 (10)
- 2.2 现代汉语语法规范 (19)
- 2.3 标点符号使用规范 (22)
- 2.4 计量单位 (30)
- 2.5 数字用法 (31)
- 2.6 外文批注 (33)

第3章 网络信息的选择与加工 (39)
- 3.1 判断稿件价值的依据 (40)
- 3.2 网络稿件的分类 (44)
- 3.3 稿件编辑技巧 (50)
- 3.4 稿件校对技巧 (57)
- 3.5 如何改写稿件标题 (58)
- 3.6 如何提炼内容提要 (67)
- 3.7 如何设置超链接 (69)

第4章 网络新闻写作与多媒体编辑 (75)
- 4.1 网络新闻写作 (76)
- 4.2 网络新闻专题策划 (87)
- 4.3 视听语言基础知识 (96)
- 4.4 视频编辑软件 Premiere 的应用 (112)

第5章 微博编辑与微信编辑 (129)
- 5.1 网络新媒体编辑概述 (130)
- 5.2 微博编辑的职责与能力要求 (130)
- 5.3 微信编辑的职责与能力要求 (131)

5.4 微博编辑业务能力的训练 …………………………………………… (132)
5.5 微信编辑三种能力的提升 …………………………………………… (134)

第6章 计算机与网络基础知识 …………………………………………… (137)
6.1 计算机软件基础知识 ………………………………………………… (138)
6.2 计算机网络基础知识 ………………………………………………… (142)

第7章 网页制作软件介绍 ………………………………………………… (151)
7.1 网页制作软件基础知识 ……………………………………………… (152)
7.2 网页制作软件——Dreamweaver …………………………………… (156)
7.3 网页动画制作软件——Fireworks …………………………………… (157)
7.4 图像处理软件——Photoshop ……………………………………… (158)
7.5 其他图像处理辅助软件 ……………………………………………… (160)
7.6 HTML语言简介 ……………………………………………………… (161)

第8章 网络编辑职业道德 ………………………………………………… (165)
8.1 职业道德基础知识 …………………………………………………… (166)
8.2 网络编辑的职业道德 ………………………………………………… (168)
8.3 网络编辑职业守则 …………………………………………………… (169)

第9章 网络编辑技能实训 ………………………………………………… (173)
9.1 网站后台管理系统基本界面 ………………………………………… (174)
9.2 网络编辑的必备技能 ………………………………………………… (174)

附录 相关法律法规 ……………………………………………………… (199)
附录1 中华人民共和国著作权法(2020修正) ………………………… (200)
附录2 信息网络传播权保护条例(2013修订) ………………………… (211)
附录3 移动互联网应用程序信息服务管理规定(2022修订) ………… (216)
附录4 网络出版服务管理规定 ………………………………………… (220)
附录5 互联网信息服务管理办法(2011修订) ………………………… (229)
附录6 互联网站从事登载新闻业务管理暂行规定 …………………… (233)
附录7 互联网文化管理暂行规定(2017修订) ………………………… (236)

第1章 网络编辑职业概况

 本章导读

1. 网站的基本岗位设置包括网络编辑、技术人员、行政人员和管理人员等，网络编辑又分为新闻编辑、资讯编辑、业务编辑、社区编辑和网络内容主管等。

2. 网站按照主体性质不同分为政府网站、企业网站、商业网站、教育科研机构网站、个人网站、其他非营利机构网站以及其他类型网站等。

3. 网络编辑人才需求分析。网络媒体的快速发展导致网络编辑人才的短缺，互联网的健康发展依赖高素质的网络编辑人才，传统媒体的网络化将为网络编辑人才提供广阔的就业空间。

4. 网络编辑的职业特点包括超链接式编辑、全时化编辑、数据库化编辑、交互性编辑。

5. 网络编辑的职业素养与综合能力包括具备完善的知识与技能结构，具备一定的市场意识，充分了解国家相关政策和法规。网络编辑应当是多媒体人才甚至是全媒体人才。

1.1 网站基本岗位设置

一、网站的部门构成

网站主要由以下几个部门构成：内容编辑部门、网络技术部门、市场营销部门、行政部门等。网络编辑通常属于内容编辑部门。

二、网络编辑相关岗位设置及要求

网络编辑相关岗位可以细分为很多种，如新闻编辑、资讯编辑、社区编辑、业务编辑、网络内容主管等。

新闻编辑隶属于新闻中心。新闻编辑的新闻素质要求是：强调新闻编辑能力。新闻编辑需要掌握的技术技能是：熟练使用内容发布系统，以及文字处理、图片处理、网络调查设计、视频编辑、在线访谈等软件。

资讯编辑隶属于资讯中心。资讯编辑的新闻素质要求是：偏重新闻编辑能力。资讯编辑需要具备的技术技能与新闻编辑相同。

社区编辑的新闻素质要求很具体，包括具备新闻编辑能力、信息内容判断能力、主题活动策划与组织能力。社区编辑需要掌握的技术技能是：熟练使用社区论坛及相关软件。

业务编辑的新闻素质要求是：具备新闻编辑能力。业务编辑需要掌握的技术技能是：精通内容发布系统，以及文字处理、图片处理、视频编辑、网络调查设计、模板设计与网页制作、在线直播等软件。

网络内容主管（如频道主编、网站主编）的新闻素质要求是：具备很强的新闻采编能力、较高的内容策划和组织能力。网络内容主管需要具备的技术技能与新闻编辑相同。

1.2 网站类型与发展现状

网站按照主体性质不同可分为政府网站、企业网站、商业网站、教育科研机构网站、个人网站、其他非营利机构网站以及其他类型网站等。

在这些不同类型的网站中，企业网站所占的比例最大，占网站总体数量的70.9%；其次为商业网站，占8.2%；第三是个人网站，占6.5%；随后依次为教育科研机构网站，占5.1%；其他非营利机构网站，占5.0%；政府网站，占3.2%；其他类型网站，占1.1%（参见图1-1）。

商业网站是指业务主要在线上进行的电子商业网站，如新浪网、搜狐网等网站；企业网站是相对于商业网站而言的，指业务主要在线下进行的企业所建立的网站。

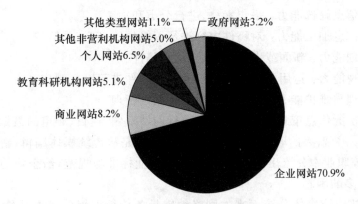

图 1-1　不同类型网站分布图

1.3　网络编辑人员需求分析

一、网络编辑人员的短缺

2023 年 3 月 2 日,中国互联网络信息中心(CNNIC)第 51 次《中国互联网络发展状况统计报告》发布。该报告显示,截至 2022 年 12 月,我国网民规模达 10.67 亿,较 2021 年 12 月增长 3549 万,互联网普及率达 75.6%。网络媒体已经成为人们生活中不可或缺的获取信息的工具,相对于传统媒体,它具有无可比拟的优势,其发展速度也令传统媒体望尘莫及。人们通过网络媒体可以无比便捷地得到海量的、实时的、互动的信息,这是网络媒体之所以能在短时间内蓬勃发展的原因。

网络媒体是由网络硬件及其所承载的信息组成的。如果说网络硬件是宽阔的公路,那么网络所承载的信息就如同公路上行驶的车流和行走的人流。没有了车流和人流,公路就失去了存在的意义;没有了网络信息,网络就成了一潭无源之水。如此说来,网络上的信息就是一个网站的灵魂,它直接反映着网站的水平,也决定着网站的生存与发展。

网络编辑人员正是网站内容的设计师和建设者。网络编辑人员通过网络对海量的信息进行采集、分类、编辑,再实时地向世界范围的网民发布信息,并且从网民那里接收反馈信息,产生互动。

劳动和社会保障部(现人力资源和社会保障部)于 2005 年 3 月 24 日公示了第三批共 10 个新职业的名单,其中网络编辑员赫然在目,2006 年首次被列入《中华人民共和国职业分类大典》。随着网络站点的急剧增加,网络媒体对网络编辑人员的需求也大大增加。网络编辑职业的发展已日益引起业界和相关领域的密切关注。

二、网络编辑人员的素养

网络编辑人员作为一种新型的媒体工作者,不仅要具备传统编辑所需要的素质,同时还必须具备必要的信息技术素养,总的来说,其工作内容和要求大致包括以下几个方面。

(1) 必要的信息筛选能力：采集素材，进行分类和加工。
(2) 必要的信息加工能力：对稿件内容进行编辑加工、审核及监控。
(3) 信息原创能力：新闻或者专题采访、撰写稿件。
(4) 网页实现能力：运用信息发布系统或相关软件进行网页制作。
(5) 网站管理与维护能力：组织网上调查及论坛管理。
(6) 更高层次的信息策划和实施能力：进行网站专题、栏目、频道的策划及实施。

网络编辑是一个新兴的职业。目前从业人员一般是从传统媒体编辑、新闻记者、网站管理员、图文设计等职业中分流出来的，缺乏统一的职业标准与规范，给企业的培训、考核及人员使用带来了很多的困难。

一般来说，从传统媒体分流而来的网络编辑具备传统编辑的基本技能，但缺乏相应的网页实现、网站管理与维护能力；而单纯的以技术为专长的网站管理员或者图文设计者往往缺乏传统媒体人所具有的文字功底、编辑技能和新闻敏感度。能够满足这两个方面要求的复合型人才较少，这与网络编辑人员没有得到正式的职业化有关。要解决这个问题，我们必须将传统编辑的从业要求和信息技术素养结合起来，把网络编辑人员素养的管理纳入标准化、制度化、规范化的轨道，以满足网络媒体对高质量的网络编辑人才的需求。

三、网络编辑人员就业空间广阔

今天的网络出版行业早已超越了传统的出版行业，这是不容争辩的事实。目前在互联网上发布信息的主体不只有传统的专业出版机构，如出版社、杂志社或报社等，事实上还包括所有通过网站发布信息的机构，如政府、企业、学校、民间团体等。

中国编辑学会于2003年10月18—19日在武汉主持召开了首届电子与网络编辑专业委员会会员大会。本次会议通过了《中国编辑学会电子与网络编辑专业委员会活动规则》，经过民主协商产生了中国编辑学会电子与网络编辑专业委员会。这意味着传统的出版行业已经意识到了媒体网络化的重要趋势，并做出了适当的应对策略。

毋庸置疑，网络出版是一个新兴的朝阳行业，许多媒体机构对此非常看好，纷纷计划推出相应的网络出版物。网络出版向传统媒体发起了严峻的挑战，也为打算进入传媒业的新人提供了无数的机遇。作为新职业人之一的网络编辑人员在这里可以找到广阔的就业空间。

1.4 网络编辑的职业特点

网络编辑是指利用相关专业知识、计算机和网络等现代信息技术，从事互联网网站内容建设的人员。网络编辑的职业特点如下。

一、超链接式编辑

网络编辑工作的特点几乎都基于互联网中的超文本技术。超文本是用超链接的方法将各种不同空间的文字信息组织在一起的网状文本。超链接式的编辑方式具有跳跃性的特点。从某种意义来说,读者用网络阅读新闻实际上是在不同空间中搜寻他们需要的不同时间发布的信息。时间和空间的变化会导致人们的阅读心理发生一些变化,同时,对新语境的陌生感导致读者与超链接的内容产生隔膜,读者对文本的不认同感也由此产生。网络编辑就应该降低这种"隔膜"所产生的负面效应,如可以发挥网络编辑元素多元化的优势,在正文中较多地嵌入一些直观的图像或音频、视频等吸引读者的注意力,以更好地弥补电子阅读中的缺陷。

二、全时化编辑

网络的出现使新闻的时效性大大增强,在网络上可以第一时间发布新闻信息,也可以在第一时间更新、修改、删除已发布的信息,有的网站还可以在线直播。但全时化发布新闻也有其显著的缺陷:信息数量庞大,容易造成信息泡沫,不利于新闻的过滤,较快的更新速度易于淹没一些有价值的新闻信息。这就要求网络编辑要有高度的职业责任感、新闻敏感度及集纳新闻的能力,及时把有较高新闻价值的东西突显出来。

三、数据库化编辑

一般大型的网站都建有自己的数据库管理系统。网络资料的数据库化是以受众为中心的体现,读者能够使用查询和检索等方法迅速地找到自己所需要的资料。大型门户网站都有自己的搜索引擎,很多新闻网站也有自己的内部新闻检索。网络编辑要想使自己的网站有较高的点击率或稳定的受众,就应建造出有特色的网络资料库,努力满足读者对各种信息的需求。

四、交互性编辑

随着网络技术的发展,网络传播已经类似于人际传播,网络传播的一对一、一对多、多对一、多对多的传播方式模糊了传者和受者的身份。传者和受者可以互为主体,这在网络论坛(BBS)、微博和微信公众平台上尤为突出。网络传播的交互性有利于交流双方在信息共享中达到相互认同、相互沟通。网络上的在线聊天、QQ 聊天等都是这种交互性的表现。网络编辑要充分尊重受众的主体精神和传播权利,为他们及时提供交流与沟通的平台。

1.5 网络编辑的职业素养与综合能力

一、具备完善的知识与技能结构

具体来说,网络编辑需要具备以下几个方面的基本知识与技能:新闻传播学、计算机及网络技术基础、文字表达能力及网络编辑所负责领域的相关学科基础知识。如财经频道的编辑需要懂财经,房产频道的编辑至少要懂得房地产领域的基本概念和相关知识,而负责时尚频道的编辑则要对时尚保持较高的敏感性与觉察力。

二、具备一定的市场意识

如同传统媒体一样,尽管网站是以内容为生,但离开相关客户的支持,网站则无法生存。网站的客户既包括广告主等商业类客户,也包括普通网民。所以,网络编辑在制作内容时要顾及网络媒体自身、受众和广告商三方的利益。另外,网络编辑如果具有一定的广告意识,就能在制作内容时注重内容独特的形式或独特的解读方式,也会顾及网站整体风格的统一,这对于网站而言是非常重要的。

三、充分了解并遵守国家相关的法律法规和政策

网络媒体是媒体的一种形式,像传统媒体一样,需要在意识形态、舆论导向方面,遵守国家相关法律法规和政策等。网络媒体也是一种内容产业,所以网络编辑对于内容产业的一些相关法律法规也是要遵守的,如知识产权及版权方面的法律法规等。此外,网络是一个新兴媒体,那么在一些敏感问题方面也需要谨慎,诸如对公众隐私权的保护、对国家安全法及保密法的遵守等都是不能忽视的。

四、网络编辑应当是多媒体人才甚至是全媒体人才

互联网是一个多媒体体系,互联网上的内容有文字、图片、声音、视频等,多媒体内容需要用多种媒体的编辑能力进行操作,因此,网络编辑应具备报纸媒体要求的文字编辑能力,广播、电视媒体要求的视频、音频编辑能力以及网络这个新媒体本身所要求的一些能力等。由此看来,对于网络编辑这个职业而言,"全"而"专"是十分必要的。

本章从网站基本岗位设置谈起,主要介绍了基本岗位设置、网站类型与发展现状、网络编辑人才需求分析、网络编辑的职业特点以及网络编辑的职业素养与综合能力。

读者需要重点关注的内容是网络编辑职业特点、职业素质与综合能力方面,另外,对于互联网最新的应用形式也需要有一定的认识。

一、单选题

1. 网络编辑是指利用相关专业知识、计算机和网络等现代信息技术,从事互联网网站(　　)的人员。
   A. 程序设计　　　　　　　　B. 营销管理
   C. 内容建设　　　　　　　　D. 网页制作
2. 互联网中哪类网站占的比例最大?(　　)
   A. 商业网站　　　　　　　　B. 企业网站

C. 个人网站 D. 政府网站

二、多选题

1. 网络编辑职业的主要特点包括（　　）。
   A. 超链接式 B. 全时化
   C. 数据库化 D. 交互性

2. 网络编辑人员除了必须具备一定的信息筛选与加工能力外，还要具备以下哪些能力？（　　）
   A. 信息原创能力 B. 网页实现能力
   C. 网站管理与维护能力 D. 信息策划与实施能力

第2章 网络编辑必备基础知识

 本章导读

1. 汉语字词的基本规范,包括规范汉字、规范用词、错别字等。

2. 现代汉语中常见的语法错误主要包括用词错误、搭配不当、成分残缺、句式杂糅、逻辑问题、成分赘余、词语位置不当、指代不明等。

3. 标点符号使用规范包括括号、破折号、顿号、逗号、句号、分号、冒号、引号、省略号、书名号、着重号、连接号、专名号等的使用规范。

4. 计量单位、数字用法、外文批注等。

2.1　汉语字词的基本规范

一、规范汉字

2000年10月31日,第九届全国人民代表大会常务委员会第十八次会议通过了《中华人民共和国国家通用语言文字法》,该法第2条规定"国家通用语言文字是普通话和规范汉字"。该法第3条规定"国家推广普通话,推行规范汉字"。

在我国,规范汉字的定义是随着法律法规的出台而不断改变的。1949年中华人民共和国成立到1955年,传统汉字(繁体字)为规范汉字。1955—1964年,《第一批异体字整理表》中所收正体字为规范汉字。1964—1977年,《第一批异体字整理表》中所收正体字、根据《汉字简化方案》颁布的简化字为规范汉字(1965年后字形据《印刷通用汉字字形表》)。

《通用规范汉字表》是《中华人民共和国国家通用语言文字法》的配套规范,是现代记录汉语的通用规范字集,体现着现代通用汉字在字量、字级和字形等方面的规范。2013年6月5日,国务院发出关于公布《通用规范汉字表》的通知,国务院同意教育部、国家语言文字工作委员会组织制定的《通用规范汉字表》,并予公布。《通用规范汉字表》公布后,社会一般应用领域的汉字使用以《通用规范汉字表》为准,原有相关字表停止使用。该表共收录汉字8105个。

《通用规范汉字表》共收字8105个,分为三级。一级字表为常用字集,收字3500个,主要满足基础教育和文化普及的基本用字需要。二级字表收字3000个,使用度仅次于一级字。一、二级字表合计6500字,主要满足出版印刷、辞书编纂和信息处理等方面的一般用字需要。三级字表收字1605个,是姓氏人名、地名、科学技术术语和中小学语文教材文言文用字中未进入一、二级字表的较通用的字,主要满足信息化时代与大众生活密切相关的专门领域的用字需要。

二、规范用词

中华人民共和国教育部和国家语言文字工作委员会于2001年12月19日联合发布了《第一批异形词整理表》作为推荐性试行规范,从2002年3月31日开始试行。所谓异形词,是指普通话书面语中并存并用的同音、同义而书写形式不同的词语。

第一批异形词整理表
中华人民共和国教育部、国家语言文字工作委员会发布
(2002年3月31日试行)

A

按捺——按纳　　　　　按语——案语

B

百废俱兴——百废具兴　百叶窗——百页窗　斑白——班白、颁白　斑驳——班驳

孢子——胞子　　　　保镖——保镳　　　　保姆——保母、褓姆　　辈分——辈份
本分——本份　　　　笔画——笔划　　　　毕恭毕敬——必恭必敬
编者按——编者案　　扁豆——萹豆、稨豆、藊豆　　　　　　　　标志——标识
鬓角——鬓脚　　　　秉承——禀承　　　　补丁——补靪、补钉

C

参与——参预　　　　惨淡——惨澹　　　　差池——差迟　　　　掺和——搀和①
掺假——搀假　　　　掺杂——搀杂　　　　铲除——划除　　　　徜徉——倘佯
车厢——车箱　　　　彻底——澈底　　　　沉思——沈思②　　　　称心——趁心
成分——成份　　　　澄澈——澄彻　　　　侈靡——侈糜　　　　筹划——筹画
筹码——筹马　　　　踌躇——踌蹰　　　　出谋划策——出谋画策
喘吁吁——喘嘘嘘　　瓷器——磁器　　　　赐予——赐与　　　　粗鲁——粗卤

D

搭档——搭当、搭挡　搭讪——搭赸、答讪　答复——答覆　　　　戴孝——带孝
担心——耽心　　　　担忧——耽忧　　　　耽搁——担搁　　　　淡泊——澹泊
淡然——澹然　　　　倒霉——倒楣　　　　低回——低徊③
凋敝——雕敝、雕弊④　凋零——雕零　　　　凋落——雕落　　　　凋谢——雕谢
跌宕——跌荡　　　　跌跤——跌交　　　　喋血——蹀血　　　　叮咛——丁宁
订单——定单⑤　　　订户——定户　　　　订婚——定婚　　　　订货——定货
订阅——定阅　　　　斗拱——枓拱、科栱　逗留——逗遛　　　　逗趣儿——斗趣儿
独角戏——独脚戏　　端午——端五

E

二黄——二簧　　　　二心——贰心

F

发酵——酸酵　　　　发人深省——发人深醒　　繁衍——蕃衍　　　吩咐——分付
分量——份量　　　　分内——份内　　　　分外——份外　　　　分子——份子⑥
愤愤——忿忿　　　　丰富多彩——丰富多采　　风瘫——疯瘫　　　疯癫——疯颠
锋芒——锋铓　　　　服侍——伏侍、服事　　　服输——伏输　　　服罪——伏罪
负隅顽抗——负嵎顽抗　附会——傅会　　　　复信——覆信　　　　覆辙——复辙

G

干预——干与　　　　告诫——告戒　　　　耿直——梗直、鲠直　恭维——恭惟
勾画——勾划　　　　勾连——勾联　　　　孤苦伶仃——孤苦零丁　辜负——孤负
古董——骨董　　　　股份——股分　　　　骨瘦如柴——骨瘦如豺　关联——关连
光彩——光采　　　　归根结底——归根结柢　　　　　　　　　　规诫——规戒
鬼哭狼嚎——鬼哭狼嗥　过分——过份

H

蛤蟆——虾蟆　　　　含糊——含胡　　　　含蓄——涵蓄　　　　寒碜——寒伧
喝彩——喝采　　　　喝倒彩——喝倒采　　轰动——哄动　　　　弘扬——宏扬

红彤彤——红通通	宏论——弘论	宏图——弘图、鸿图	宏愿——弘愿
宏旨——弘旨	洪福——鸿福	狐臭——胡臭	蝴蝶——胡蝶
糊涂——胡涂	琥珀——虎魄	花招——花着	划拳——豁拳、搳拳
恍惚——恍忽	辉映——晖映	溃脓——殨脓	
伙伴——火伴	浑水摸鱼——混水摸鱼		

J

机灵——机伶	激愤——激忿	计划——计画	纪念——记念
寄予——寄与	夹克——茄克	嘉宾——佳宾	驾驭——驾御
架势——架式	嫁妆——嫁装	简练——简炼	骄奢淫逸——骄奢淫佚
角门——脚门	狡猾——狡滑	脚跟——脚根	叫花子——叫化子
精彩——精采	纠合——鸠合	纠集——鸠集	就座——就坐
角色——脚色			

K

克期——刻期	克日——刻日	刻画——刻划	阔佬——阔老

L

褴褛——蓝缕	烂漫——烂缦、烂熳	狼藉——狼籍	榔头——狼头、锒头
累赘——累坠	黧黑——黎黑	连贯——联贯	连接——联接
连绵——联绵⑦	连缀——联缀	联结——连结	联袂——连袂
联翩——连翩	踉跄——踉蹡	嘹亮——嘹喨	缭乱——撩乱
伶仃——零丁	囹圄——囹圉	溜达——蹓跶	流连——留连
喽啰——喽罗、偻㑩		鲁莽——卤莽	录像——录象、录相
络腮胡子——落腮胡子		落寞——落漠、落莫	

M

麻痹——痲痹	麻风——痲风	麻疹——痲疹	马蜂——蚂蜂
马虎——马糊	门槛——门坎	靡费——糜费	绵连——绵联
腼腆——靦觍	模仿——摹仿	模糊——模胡	模拟——摹拟
摹写——模写	摩擦——磨擦	摩拳擦掌——磨拳擦掌	
磨难——魔难	脉脉——眽眽	谋划——谋画	

N

那么——那末	内讧——内哄	凝练——凝炼	牛仔裤——牛崽裤
纽扣——钮扣			

P

扒手——掱手	盘根错节——蟠根错节	盘踞——盘据、蟠踞、蟠据	
盘曲——蟠曲	盘陀——盘陁	磐石——盘石、蟠石	
蹒跚——盘跚	彷徨——旁皇	披星戴月——披星带月	
疲沓——疲塌	漂泊——飘泊	漂流——飘流	
飘零——漂零	飘摇——飘飖	凭空——平空	

Q

| 牵连——牵联 | 憔悴——蕉萃 | 清澈——清彻 | 情愫——情素 |
| 拳拳——惓惓 | 劝诫——劝戒 | | |

R

| 热乎乎——热呼呼 | 热乎——热呼 | 热衷——热中 | 人才——人材 |
| 日食——日蚀 | 入座——入坐 | | |

S

色彩——色采	杀一儆百——杀一警百		鲨鱼——沙鱼
山楂——山查	舢板——舢舨	艄公——梢公	奢靡——奢糜
申雪——伸雪	神采——神彩	湿漉漉——湿渌渌	什锦——十锦
收服——收伏	首座——首坐	书简——书柬	双簧——双锽
思维——思惟	死心塌地——死心踏地		

T

| 踏实——塌实 | 甜菜——菾菜 | 铤而走险——挺而走险 | |
| 透彻——透澈 | 图像——图象 | 推诿——推委 | |

W

玩意儿——玩艺儿	魍魉——蝄蜽	诿过——委过	乌七八糟——污七八糟
无动于衷——无动于中		毋宁——无宁	毋庸——无庸
五彩缤纷——五采缤纷		五劳七伤——五痨七伤	

X

息肉——瘜肉	稀罕——希罕	稀奇——希奇	稀少——希少
稀世——希世	稀有——希有	翕动——噏动	洗练——洗炼
贤惠——贤慧	香醇——香纯	香菇——香菰	相貌——像貌
潇洒——萧洒	小题大做——小题大作		卸载——卸傤
信口开河——信口开合		惺松——猩松	秀外慧中——秀外惠中
序文——叙文	序言——叙言	训诫——训戒	

Y

压服——压伏	押韵——压韵	鸦片——雅片	扬琴——洋琴
要么——要末	夜宵——夜消	一锤定音——一槌定音	
一股脑儿——一古脑儿		衣襟——衣衿	衣着——衣著
义无反顾——义无返顾		淫雨——霪雨	盈余——赢余
影像——影象	余晖——余辉	渔具——鱼具	渔网——鱼网
与会——预会	与闻——预闻	驭手——御手	预备——豫备
原来——元来	原煤——元煤	原原本本——源源本本、元元本本	
缘故——原故	缘由——原由	月食——月蚀	月牙——月芽
芸豆——云豆			

Z

杂沓——杂遝	再接再厉——再接再砺	崭新——斩新	辗转——展转
战栗——颤栗⑨	账本——帐本⑩	折中——折衷	这么——这末
正经八百——正经八摆		芝麻——脂麻	肢解——支解、枝解
直截了当——直捷了当、直接了当		指手画脚——指手划脚	
周济——赒济	转悠——转游	装潢——装璜	孜孜——孳孳
姿势——姿式	仔细——子细	自个儿——自各儿	佐证——左证

【注释】

① "掺""搀"实行分工:"掺"表混合义,"搀"表搀扶义。

② "沉"本为"沈"的俗体,后来"沉"字成了通用字,与"沈"并存并用,并形成了许多异形词,如"沉没——沈没|沉思——沈思|深沉——深沈"等。现在"沈"只读 shěn,用于姓氏。地名沈阳的"沈"是"瀋"的简化字。表示"沉没"及其引申义,现在一般写作"沉",读 chén。

③ 《普通话异读词审音表》审定"徊"统读 huái。"低回"一词只读 dīhuí,不读 dīhuái。

④ "凋""雕"古代通用,1955 年《第一批异体字整理表》曾将"凋"作为"雕"的异体字予以淘汰。1988 年《现代汉语通用字表》确认"凋"为规范字,表示"凋谢"及其引申义。

⑤ "订""定"二字中古时本不同音,演变为同音字后,才在"预先、约定"的义项上通用,形成了一批异形词。不过近几十年二字在此共同义项上又发生了细微的分化:"订"多指事先经过双方商讨的,只是约定,并非确定不变的;"定"侧重在确定,不轻易变动。故有些异形词现已分化为近义词,但本表所列的"订单——定单"等仍为全等异形词,应依据通用性原则予以规范。

⑥ 此词是指属于一定阶级、阶层、集团或具有某种特征的人,如"地主～|知识～|先进～"。与分母相对的"分子"、由原子构成的"分子"(读 fēnzǐ)、凑份子送礼的"份子"(读 fènzi),音、义均不同,不可混淆。

⑦ "联绵字""联绵词"中的"联"不能改写为"连"。

⑧ "预""豫"二字,古代在"预先"的意义上通用,故形成了"预备——豫备|预防——豫防|预感——豫感|预期——豫期"等 20 多组异形词。现在此义项已完全由"预"承担。但考虑到鲁迅等名家习惯用"豫",他们的作品影响深远,故列出一组特作说明。

⑨ "颤"有两读,读 zhàn 时,表示人发抖,与"战"相通;读 chàn 时,主要表示物体轻微振动,也可表示人发抖,如"颤动"既可用于物,也可用于人。什么时候读 zhàn,什么时候读 chàn,很难从意义上把握,统一写作"颤"必然会给读者带来一定困难,故宜根据目前大多数人的习惯读音来规范词形,以利于稳定读音,避免混读。如"颤动、颤抖、颤巍巍、颤音、颤悠、发颤"多读 chàn,写作"颤";"战栗、打冷战、打战、胆战心惊、冷战、寒战"等词习惯多读 zhàn,写作"战"。

⑩ "账"是"帐"的分化字。古人常把账目记于布帛上悬挂起来以利保存,故称日用的账目为"帐"。后来为了与帷帐分开,另造形声字"账",表示与钱财有关。"账""帐"并存并用后,形成了几十组异形词。《简化字总表》《现代汉语通用字表》中"账""帐"均收,可见主张分化。二字分工如下:"账"用于货币和货物出入的记载、债务等,如"账本、报账、借账、还账"等;"帐"专表用布、纱、绸子等制成的遮蔽物,如"蚊帐、帐篷、青纱帐(比喻用法)"等。

三、错别字

网络编辑要注意纠正错别字。为了方便辨识,现将编校工作中易出现的错别字举例如下。

形近字	区别词语举例
己·已·巳	自己、己亥;已经、学不可以已;巳时、己巳。
厄·卮	厄运、险厄;漏卮(zhī)。
允·充	允许、公允;充足、充当。
户·卢	窗户、门户;姓卢、卢布、卢比。
扑·朴	扑打、香气扑鼻;朴(pǔ)素、朴(pō)刀、姓朴(piáo)。
戊·戌·戍·戎	戊(wù)申、戊戌变法;戌(xū)时、甲戌;卫戍(shù)、戍守;戎(róng)马、投笔从戎。
宄·冗	奸宄,乱在内为宄;冗员、冗长、冗杂。
汩·汨	汩(gǔ)汩、汩没;汨(mì)罗江。
机·杌	机器、机遇;杌(wù)子、杌凳。
折·拆	折断、折扣、奏折;拆(chāi)除;拆(cā)烂污。
圻·坼	蒲圻(qí);坼(chè)裂、天寒地坼。
场·塲	场地、广场;田塲(yì)、疆塲。
灸·炙	针灸;炙手可热、脍炙人口。
防·妨	防守、防范;妨害、妨碍。
形·型	形态、形势;模型、典型。
园·圆	公园、幼儿园;圆柱、圆明园。
即·既	即将、即使、一触即发;既然、既往不咎。
析·柝	分析、剖析;击柝(tuò)、柝声。
祇·祗	神祇(qí);祗(zhī)清、祗候。
佳·隹	佳音、佳人;斑隹(zhuī)。
剌·刺	刺刀、刺骨;乖剌(là)。
板·版	板凳、老板;版本、版权。
奈·柰	奈何、无奈;柰子。
胀·涨	膨胀、肚子发胀;涨(zhǎng)价、水涨船高;头昏脑涨(zhàng)、豆子泡涨了。
秆·杆	麦秆儿;杆菌、枪杆、烟袋杆儿。

祆·袄	祆(xiān)教(拜火教);棉袄(ǎo)、夹袄。
昂·昴	昂(áng)首、昂贵;昴(mǎo)星(二十八宿之一)。
眈·耽	眈眈相向、虎视眈眈;耽搁。
叟·臾	老叟(sǒu)、童叟无欺;须臾(yú)。
盻·盼·眄	瞋目盻(xì)之;盼(pàn)望、盼头;眄(miàn,又 miǎn)视(斜着眼看)。
荧·萤·茕	荧光、荧感;萤火虫;茕(qióng)茕孑立。
绌·拙	相形见绌(chù);拙(zhuō)笨、拙见。
谗·馋	谗害、谗言;馋猫、馋涎欲滴。
胄·胃	甲胄(zhòu)、贵胄;胃口、胃液。
恼·脑	恼火、苦恼;脑袋、脑力。
恰·洽	恰当、恰如其分;洽谈、融洽。
尝·赏·偿	尝试、尝味;奖赏、赏赐;偿还、偿命。
竞·竟	竞争、竞技;竟日、竟然、未竟事业。
响·晌	响亮、响遏行云;晌(shǎng)午、晌觉。
茶·荼	茶叶、茶壶;荼(tú)毒、如火如荼。
茸·葺	茸毛、参茸;修葺(qì)、葺理。
茛·莨·稂	毛茛(gèn);薯莨(liáng);莨(làng)菪;稂(láng)莠不分。
挚·絷	真挚、挚爱;絷(zhí)马、囚絷。
班·斑	班辈、班机;斑白、斑鸠、斑斓。
桨·浆	木桨(jiǎng)、船桨;豆浆(jiāng)、浆洗。
徒·徙	徒手、徒弟;迁徙、徙倚。
赃·脏	赃物、赃款;脏(zāng)话、肮脏;心脏(zàng)。
栽·裁	栽培、栽跟头;剪裁、裁判。
逐·遂	逐渐、驱逐;遂(suì)心、顺遂;半身不遂(suí)。
浙·淅	浙江省;淅沥、淅淅。
峻·竣	峻峭、险峻;告竣、竣工。
铃·钤	铃铛、棉铃;印钤(qián)、钤记。
溢·隘	溢洪、溢美;狭隘(ài)、要隘。
第·笫	次第、门第;床笫(zǐ)。
维·唯·惟	维持、维新;唯物、唯心主义;惟妙惟肖。

琐·锁	琐碎、烦琐；封锁、锁骨。
庾·廋	仓庾(yǔ)、姓庾；廋(sōu)伏、廋语。
晢·晳	晢(zhé)明；白晳(xī)。
菅·管	菅(jiān)茅、草菅人命；管理、管吃管住。
毫·亳	毫发、毫厘；亳(bó)州、亳社。
距·矩	距离、相距；矩尺、规矩。
崇·祟	崇高、崇尚；鬼祟(suì)、作祟。
慨·概	慨(kǎi)叹、慷慨；气概(gài)、概括、概念。
博·搏	博大、博得；搏斗、搏动、脉搏。
腊·蜡	腊月、腊肉、姓腊；乾腊(xī)、厚味腊毒；蜡烛、蜡染。
滑·猾	滑冰、滑稽；狡猾、猾吏。
暑·署	暑假、中暑；公署、部署、署理。
骛·鹜	驰骛、好高骛远；雁鹜、趋之若鹜。
锭·绽	纱锭、钢锭；破绽(zhàn)、皮开肉绽。
肆·肄	第肆、肆无忌惮；肄(yì)业、肄习。
雎·睢	雎(jū)鸠、范雎；睢(suī)县、恣睢。
睛·晴	眼睛、目不转睛；晴天、晴朗。
锡·钖	锡纸、锡箔；钖(yáng)面。
滥·谰	泛滥、滥用；谰(lán)言（诬赖的话）。
遣·遗	差遣、消遣；遗失、遗传。
蔼·霭	和蔼、慈蔼；烟霭、暮霭。
箪·簟	箪食壶浆；晒簟(diàn)、篾簟。
瘦·瘐	瘦弱、瘦骨嶙峋；瘐(yǔ)毙、瘐死。
裸·倮·棵	裸(luǒ)露、倮子植物；裸(guàn)器；一棵(kē)树。
熙·煦	熙和、熙攘、康熙；煦(xù)暖、和煦。
榷·摧	商榷、榷税；摧残、摧毁。
戮·戳	杀戮、戮力；戳穿、邮戳。
箧·蓖	箧子、箧头；蓖麻、蓖麻油。
撒·撤	撒播、撒手；撤除、撤换。
赢·嬴·羸·蠃	嬴政；赢利、输赢；羸(léi)弱、羸顿；螺蠃(luǒ)（一种寄生蜂）。

篡·纂	篡夺、篡位、篡改；纂辑、编纂。
燥·躁·噪	干燥、燥热；急躁、躁动；鼓噪、噪声。
螫·螯	螫(shì)针；螯(áo)肢动物。
戴·载	戴帽子、爱戴、披星戴月；年载(zǎi)、登载、装载(zài)、载誉而归。
瞻·赡	瞻仰、高瞻远瞩；赡养、宏赡。
籍·藉	书籍、籍贯；狼藉(jí)、姓藉、慰藉(jiè)、枕藉。
谶·忏	谶(chèn)语、忏(chàn)悔、拜忏。
音近字	**区别词语举例**
辨·辩	辨别、辨认；辩论、辩解。
布·部	布衣、布告、布景；部位、编辑部、一部纪录片。
磁·瓷	磁场、磁针；瓷器、瓷砖、瓷实。
代·待	代替、交代、朝代；对待、等待、待遇。
度·渡	度量衡、湿度、制度、度假；渡口、横渡、渡过难关。
烦·繁	烦闷、烦扰、烦躁；繁多、繁华、繁荣、繁衍。
奋·愤	奋起、奋发、兴奋；愤怒、愤慨、气愤。
复·覆	反复、复查、复杂；覆盖、颠覆、倾覆。
概·盖	大概、气概、梗概、概念；遮盖、锅盖、盖世。
固·故	固有、坚固、固执；事故、故事、故乡、沾亲带故、明知故犯。
捍·悍	捍卫、捍御；悍然、悍将、强悍。
迹·绩	足迹、迹象；业绩、功绩。
佳·嘉	佳节、佳丽、佳肴、佳宾；嘉奖、嘉勉、嘉宾、嘉言懿行。
较·校	较量、计较；校对、校注、校场。
纠·赳	纠纷、纠葛；雄赳赳、赳赳武夫。
克·刻	克勤克俭、克敌、克期、千克；刻苦、雕刻、刻骨铭心。
兰·蓝·篮	兰花、兰若、兰花指；蓝图、蓝本、蓝领；篮球、竹篮。
练·炼	简练、精练、练习；锻炼、炼钢、炼词、炼句。
漫·慢·谩	漫步、散漫、漫无边际；快慢、傲慢、轻慢；谩骂。
密·蜜	稠密、亲密、机密、哈密瓜；蜂蜜、甜蜜、蜜腺。
摩·磨	摩擦、按摩、摩托、摩尔；琢磨、磨砺、磨穿。
孽·蘖·糵	妖孽、造孽、孽种；蘖枝、分蘖；曲糵(酒母，制酒时的发酵物)。
陪·赔	陪伴、陪衬、陪审；赔偿、赔款、赔小心。

皮·脾	皮肤、粉皮、赖皮；脾气、脾脏、沁人心脾。
飘·漂	飘扬、飘逸；漂游、漂泊。
曲·屈	曲折、曲霉；屈服、委屈、宁死不屈。
溶·熔·融	溶解、溶化；熔化、熔炉；融洽、融化。
拴·栓	拴绑、拴结；枪栓、栓剂、栓塞。
食·蚀	食堂、食盐、月食、环食；腐蚀、蚀本、蚀刻。
玩·顽	玩火、玩笑、玩物丧志；顽皮、顽固、顽症。
宵·霄	元宵、宵禁、宵衣旰食；云霄、霄汉、霄壤之别。
象·像	形象、象形字；好像、图像、画像。
邪·斜	邪念、邪门歪道；歪斜、斜坡。
须·需	必须、须眉；需要、需求、军需。
绪·序·叙	头绪、绪论、情绪；次序、序幕、序文、序言；叙说、叙事、叙用。
畜·蓄	畜牧业、畜养；储蓄、蓄谋。
喧·暄	喧哗、喧嚣、喧宾夺主；寒暄。
叶·页·业	叶片、百叶窗、清代初叶；页码、扉页；业务、商业、事业。
应·映	答应、应用、应卯、反应；映衬、映带、放映、反映。
尤·犹	尤其、尤物；犹如、记忆犹新、犹太人。
原·缘	原始、原版、原谅、原野；缘分、缘起、缘由。
振·震	振奋、振作、振幅；地震、震惊、震古烁今。

2.2 现代汉语语法规范

现代汉语中常见的语法错误主要包括用词错误、搭配不当、成分残缺、句式杂糅、逻辑问题、成分赘余、词语位置不当、指代不明等。

一、用词错误

用词错误是指因为作者对某些词的误解而造成这些词的误用。

【例2-1】法官正襟危坐，目光冷峻，法警步履轩昂、威武庄严……

此句中"步履轩昂"错了，"轩昂"不可形容"步履"，可改为"气宇轩昂"。

【例2-2】两天了，发出去的传单不下一万份，30多个亲戚朋友把整个乌鲁木齐都找过了，还是没有找到小文博。

此句中"传单"一词用错了，可改为"寻人启事"。

【例2-3】不到20分钟时间,整个南昌路1号几乎被淹没在呛人的浓烟里。

此句中"淹没"一词用错了,可改为"笼罩"。

二、搭配不当

句子中的搭配不当有两种情况:一种是语义搭配不当;一种是词性搭配不当。

【例2-4】王羽除了班里和学生会的工作外,还承担了校广播站"音乐不断""英语角"栏目主持,居然没有影响学习成绩,真让人佩服。

此句中"承担了……主持"缺少宾语中心语,可改为"……栏目主持的工作"。

【例2-5】我们平时所用的调味品醋,含有氨基酸、钙、磷、铁和维生素B等成分,被皮肤吸收后可以改善面部皮肤营养缺乏。

此句中"改善"缺宾语,可改为"……改善面部皮肤营养缺乏的情况"。

【例2-6】推行有偿使用塑料袋,主要是通过经济手段培养人们尽量减少使用塑料袋,这无疑会对减少白色污染、净化环境产生积极作用。

此句中"培养"后面缺少宾语中心语,可改为"……培养人们尽量减少使用塑料袋的习惯"。

三、成分残缺

句子成分可以省略,但省略的句子成分总是明确的,而且可以把省去的词语再补出来。但是必要的成分不能欠缺,否则句子结构不完整。

【例2-7】祝你以后子孙满堂!共享天伦!

此句中"共享天伦"一语不通,可改为"共享天伦之乐"。"天伦"指父子、兄弟等关系。"共享天伦"就不成话了,应在"天伦"后加"之乐"之类的词。

【例2-8】由于计算机技术的提高和普及,为各级各类学校开展多媒体教学工作提供了良好的条件。

此句中缺少主语,应将"由于"删去。

【例2-9】我们必须努力学习,认真观察分析问题的习惯。

此句中缺少谓语,可改为"……养成认真观察分析问题的习惯"。

四、句式杂糅

句式杂糅是指有两种或两种以上类型的句式杂糅在一起,从而造成语句结构的混乱。

【例2-10】这办法既卫生,又方便,深受群众所喜爱。

此句中或说"深受群众喜爱",或说"深为群众所喜爱"。

【例2-11】这些蔬菜长得这么好,是由于社员们精心管理的结果。

此句中或说"是由于社员们的精心管理",或说"是社员们精心管理的结果"。

【例2-12】不难看出,这起明显的错案迟迟得不到纠正,其根本原因是不正之风。

此句中或说"其根本原因是执法作风不正",或说"是不正之风在作怪"。

五、逻辑问题

逻辑问题是文稿中经常出现的一类问题，往往造成语词或句意前后矛盾。这是由作者不经意间所犯的逻辑错误引起的。

【例 2-13】为马军签名的居民约有 515 名。

此句中"约有 515 名"不对，"约"表示概数，"515 名"是一个非常精确的数目，它的前边不能用"约"。否则，自相矛盾了。

【例 2-14】中国有世界上没有的万里长城。

此句表述自相矛盾，中国就在世界上，怎么能说世界上没有呢？此句可改为"中国有世界上其他国家没有的万里长城"。

【例 2-15】他是多少死难者中幸免的一个。

此句的问题是"死难者"与"幸免者"不能同时存在，可以改为"他是众多死难者之外幸免的一个"。

还有的逻辑问题属于推理的逻辑性问题。语言表达中不要用虚假的判断作为前提进行推理，也不要滥用关联词语，强加因果关系，把本无推理关系的语句硬连在一起，构成错误的推理。如"他的普通话说得很好，看来一定是个北京人"。一个人的普通话说得好是不能推理出他一定是北京人的。只能说"他的普通话说得很好，有可能是个北京人"。

六、成分赘余

在句子结构中，让人感觉某些句子成分多余或者用词画蛇添足，妨碍句意表达。修改时删除赘余部分即可。

【例 2-16】报刊杂志。

"刊"意即杂志，删去"杂志"。

【例 2-17】互相厮打。

"厮"已含有"互相"的意思，删去"互相"。

【例 2-18】这其中，这其间。

"其"即这，删去"这"。

【例 2-19】过高的奢望。

"奢"即过分的，与"过高"的意思一样，语意重复。

【例 2-20】无数莘莘学子。

"莘莘"即众多，用"无数"修饰多余。

七、词语位置不当

词语位置会影响句意的表达。

【例 2-21】姚明是一位优秀的有近五年 NBA 经验的国家队的篮球明星。

此句是多项定语次序不当，可以修改为"姚明是国家队的一位有近五年 NBA 经验的优秀的篮球明星"。

【例 2-22】在建设社会主义新农村工作中，要发挥广大青年的充分的作用。

此句是状语"充分的"错放在定语的位置上了,可以修改为"在建设社会主义新农村工作中,要充分地发挥广大青年的作用"。

【例2-23】我们如果把这个问题不解决了,后面的麻烦就会更大。

此句为含有"把"字句的否定句,否定副词应该放在"把"之前,可以改为"我们如果不把这个问题解决了,后面的麻烦就会更大"。

八、指代不明

指代不明指因代词指示(人或事物)不明确而造成语意混乱。

【例2-24】自打小庆玲住院后,就不断有市民前来看望她,还为她带来吃的用的。后来,她知道了小庆玲的身世,就要求护士给予小庆玲更多的照顾。

句中有两个"她",分别指代"小庆玲"和"护士长"。不加区分地用"她",就造成读者理解上的混乱和错误,根据正文原意,应将"她知道了小庆玲的身世"中的"她"改为"护士长"。

【例2-25】班会上,李明建议开展读书活动,陈新建议开展影评活动,我同意他的意见。

此句中的"我"究竟是同意"李明的建议"还是同意"陈新的建议"并不明确。应将句中的"他"指的是谁直接说出来,意思才明确。可改成"班会上,李明建议开展读书活动,陈新建议开展影评活动,我同意陈新的意见"。

【例2-26】中午,马铮和马跃一起上学,他问他下午的班会将讨论什么问题。

此句中的"他问他"究竟指的是"马铮问马跃"还是"马跃问马铮"并不明确。因此,应根据实际情况,直接写清"马铮问马跃"或者"马跃问马铮"。

2.3 标点符号使用规范

一、标点符号的作用和种类

标点符号是书面语中用来表示停顿、语气以及词语性质、作用的符号,是书面语的有机组成部分。

1. 标点符号的作用

(1) 表示停顿。

说话要换气,就要有停顿。一个句子在结构和意义上也需要有停顿。停顿有长有短,在书面语中,不同的停顿就是靠标点符号来表示的。同样一段文字,用了不同的标点,句子的结构会变得不同,句子的意义也会有很大的差别。古代有个关于标点的笑话:古代有个秀才,为人尖酸刻薄,却又好面子。一次他的远方朋友到访,被梅雨所困,就这样住了一天又一天,吃喝拉撒睡都得照顾,秀才十分心烦。撵吧,朋友远道而来,碍于情面,不好说出口;不撵吧,常吃常住也不是长久之计。于是趁朋友解手方便之时,挥笔在纸上写道:"下雨天天留我不留!"朋友解手归来一看,顿吃一惊,这不是"醉翁之意",明显要赶自己走吗?可是外边瓢泼大雨,道路满是泥泞,一步一滑,于是他在秀才所写的纸上点了几点(标点符号):"下雨天,天留我不?留!"秀才观后无可奈何,只好继续好酒好肉招待着。这充分说明了标点符号的重要性。

（2）表示语气。

一般句子有四种语气，即陈述语气、疑问语气、感叹语气和祈使语气。在书面语中，句子的这四种语气要用不同的标点符号来表示。

【例2-27】他是中国人民的朋友。（陈述语气）

【例2-28】你叫什么名字？（疑问语气）

【例2-29】多么感人的场面啊！（感叹语气）

【例2-30】让他进来！（祈使语气）

语气舒缓的祈使句末尾，可以使用句号。

【例2-31】让他稍等一下。

（3）表示词语的性质和作用。

有些词语用了标点符号，就明确了所指的是什么。同一个词语，用了不同的标点符号，其就有不同的意义。

【例2-32】巴金的《家》。

【例2-33】《巴金的家》。

例2-32指的是巴金所写的一篇小说。例2-33指的是他人所写的一篇关于巴金的家的文章。

2. 标点符号的种类

常见的标点符号有17种，分点号和标号两大类。

（1）点号。

点号的作用在于点断，主要表示说话时的停顿和语气。

点号又分为句末点号和句内点号。句末点号有句号"。"、问号"？"、叹号"！"三种，用在句末，表示句子的停顿，同时表示句子的语气。句内点号有逗号"，"、顿号"、"、分号"；"、冒号"："四种，用在句内，表示句内各种不同性质的停顿。

（2）标号。

标号的作用在于标明，主要标明语句的性质和作用。

常用的标号有引号""""、括号"（）"、破折号"——"、省略号"……"、着重号"．"、连接号"—"、间隔号"·"、书名号"《》"、专名号"＿＿＿"、分隔号"/"十种。

二、标点符号的使用规范

2011年12月30日，中国国家标准化管理委员会发布《标点符号用法》GB/T 15834—2011，2012年6月1日实施。该标准规定了现代汉语标点符号的种类、定义、形式和用法，适用于汉语的书面语（包括汉语和外语混合排版时的汉语部分）。

1. 点号的使用规范

（1）句号。

陈述句末尾或语气舒缓的祈使句末尾用句号。

【例2-34】全国人民特别是广大青年，都要认真学习和了解祖国的历史，尤其是近代以来的历史。

【例2-35】请把门关上。

【例2-36】今天我们必须回去。

【例2-37】夜晚。

【例2-38】下课了。

句子无论长短,只要结构完整,意思独立的陈述句,句后都应用句号停顿。语气舒缓的祈使句(如例2-35),有强调意味的陈述句(如例2-36),都用句号。有时独词句、无主句(如例2-37和例2-38)表示陈述语气时也用句号。

(2)问号。

问号用在一句话的末尾,表示疑问的语气。

【例2-39】今天怎么回来得这么晚?

【例2-40】他是谁?从什么地方来?

使用问号应注意以下几点。

① 反问句和设问句都是无疑而问。反问句只问不答,要表达的确定意思包含在问句里。设问句自问自答,以期引起读者的注意,但二者均是疑问语气,因而句末都用问号。

【例2-41】在战争激烈的时候,我们不是曾经来回走在田野里寻觅野草么?

【例2-42】是谁创造了人类世界?是我们劳动群众。

② 选择问句虽然包含两个或两个以上的选择项,但仍然是一个完整的句子,表达完整的意思,因而只在句末用一个问号,句中各项之间用逗号,但有时为了强调各选项的独立性,也可以考虑在各项之后都用问号。

【例2-43】明天是你去监考呢,还是我去监考呢?

③ 有些表示委婉语气的祈使句,句末也可用问号。

【例2-44】请你稍微挪一下凳子好吗?

④ 有的问句,主语和谓语倒置,应注意把问号放在句末。

【例2-45】怎么啦,你?

⑤ 有的句子虽含有疑问词(谁、什么、怎么样等),但并非真正发问,而是表达一个陈述语气,因而应用句号。

【例2-46】我不知道他去车站接谁。

【例2-47】我没什么,可不知道人家怎么想。

(3)叹号。

叹号表示感情强烈的句子末了的停顿。

① 表示感叹句末尾的停顿。

【例2-48】一旦扎下根,不怕遭践踏被踩蹦,还是一回又一回地爬起来,开出小小花朵来的蒲公英!

② 语气很重,很强烈的祈使句也用叹号。

【例2-49】祥林嫂,你放着罢!

③ 语气强烈的反问句后也用叹号。

【例2-50】怎么会讲得这么糟呢!

④ 语气强烈的独词句、非主谓句和带有强烈感情的感叹词,都可用叹号。

【例2-51】长途！飞机！哎呀！你走错了。

⑤ 在称呼语、应答词和象声词后面，以及标语口号的末尾，如果带有强烈感情，也都用感叹号。

(4) 逗号。

表示句子内部的一般性停顿。

① 用在较长的主语后面。

【例2-52】这个演员表上排列在最后一名的小角色，却赢得了观众最热烈的掌声。

② 用在需要强调的简短主语后面。

【例2-53】北京，祖国的首都。

③ 用在句首状语的后面。

【例2-54】在一个明媚的早晨，他登上了去石家庄的列车。

④ 用在较长的宾语前边。

【例2-55】我不得不承认，他的实力比我强得多。

⑤ 用在插入语前后。

【例2-56】我来北京，往少里说也有十几次了。

⑥ 某些句中关联词后面有时也用逗号。这往往是出于强调的需要，一般情况下是不必停顿的。

【例2-57】劳动很艰苦，可是，我们根本不怕。

⑦ 用在复句内部的分句间。

【例2-58】层层的叶子中间，零星地点缀些白花，有袅娜地开着的，有羞涩地打着朵儿的。

⑧ 用在次序语后面。

【例2-59】第一，时间紧，任务重，我们必须加劲干；第二，我们一定要注意安全。

⑨ 用在倒装句中间。

【例2-60】多么美丽，这一朵朵鲜花。

(5) 顿号。

表示句子内部并列词语之间的停顿。顿号表示的停顿比逗号小，一般用来隔开并列的词或者并列短语。并列的词之间用了"和""或"之类连词，就不再使用顿号。顿号与"和"的作用是一致的。多个词语并列先用顿号，最后一个用"和"。如果并列词语结合得很紧，没有必要在行文中用停顿来突出它，则可以不加顿号。并列词语中又有并列词语时，大并列用逗号，小并列用顿号。顿号运用方面的常见错误如下。

【例2-61】张三，李四，赵五经常到阅览室学习。(两个逗号应改为顿号)

【例2-62】市一中学的校长、主任、第三中学的校长、主任都来开会了。(此句混淆了并列词语的大小层次，第二个顿号应改为逗号)

【例2-63】亚马孙河、尼罗河、密西西比河、和长江是世界四大河流。(此句用了"和"，前面的顿号应该删去)

(6) 分号。

① 表示复句内部并列分句间的停顿。

【例2-64】惨象,已使我目不忍视了;流言,尤使我耳不忍闻。

② 有时在非并列关系的多重复句内也用分号。

【例2-65】我国年满十八岁的公民,不分民族、种族、性别、职业、家庭、出身、宗教信仰、教育程度、财产状况、居住期限,都有选举权和被选举权;但是依照法律被剥夺政治权利的人除外。(转折关系)

这个句子如果改用逗号便不易分辨前后两层意思。如果改用句号,又会把前后连贯的意思割断,所以用分号。

③ 使用分号应注意以下几点。

a. 单句排比,要求气势贯通,一般用逗号,不用分号。

【例2-66】对待同志要像春天般的温暖,对待工作要像夏天一样的火热,对待个人主义要像秋风扫落叶一样,对待敌人要像严冬一样残酷无情。

b. 并列关系句,分句较短的用逗号不用分号。

【例2-67】虚心使人进步,骄傲使人落后。

(7) 冒号。

① 冒号用在提示语后面,表示提起下文或总结上文。运用冒号时要注意其提示范围。

② 冒号提示的内容的末尾用句号。如果一个句号前的内容不全是冒号提示的,则这个冒号用得不正确。

【例2-68】这种惊人的事实证明:人如果老想着钱,看不到敌人的腐蚀进攻,就会走入歧途,可见这些事实是可以作为活教材的。(句中冒号只提示到了"歧途",不包括后面,所以用错了,应把"歧途"后面的逗号改为句号)

③ 没有特别提示的必要,就不要用冒号。

【例2-69】他表示:一定要来参加会议。(冒号应该删去)

【例2-70】比赛的结果出人预料:老年队竟打败了青年队。(冒号应该改为逗号)

④ 在句子内部,不能用冒号。

【例2-71】老师说了一声:"下课!"就走了。(句中不能用冒号,应删去)

⑤ "某某说""某某想"等后边常用冒号。但有时不想强调提示语,或不直接引述别人的话,则不用冒号而用逗号。

⑥ 如果"某某说"是在所有引文的后边,则"说"后用句号。

2. 标号的使用规范

(1) 引号。

表示文中引用的部分。引号有双引号和单引号两种。直接引用别人的话,用引号;间接引用别人的话,不用引号。

① 标示直接引用的内容。

【例2-72】它一下子就令人记起杜甫的诗:"群山万壑赴荆门,生长明妃尚有村。"

② 标示突出强调的内容。

【例2-73】包身工没有"做"或"不做"的自由。

③ 标示具有特殊含义而需要特别指出的成分,如别称、简称、反语等。

【例 2-74】"还要让它'留芳'百世吗?"

【例 2-75】有几个"慈祥"的老板到菜场去收集一些菜叶,用盐一浸,这就是工友难得的佳肴。

【例 2-76】"芦柴棒"着急地要将大锅子里的稀饭烧滚。

④ 用来引用成语、谚语和歇后语等。

【例 2-77】"如浴春风",唔,让人开怀、令人奋发的春风呵!

⑤ 使用引号应注意以下几个问题。

a. 引文之内又有引文时,外面的一层用双引号,里面的一层用单引号;倘若单引号之内还有引文,则又要用双引号。

【例 2-78】(一位大娘)接着解释:"收豆子、红薯的时候,獾正肥哩。肉香、油多。俗话说'八斤獾肉七斤油'啊。"

b. 如果引文独立成句,意思又完整,句末点号放在引号里面。

【例 2-79】我联想到了唐朝贾岛的诗句:"只在此山中,云深不知处。"

c. 引文不完整或者引文成为句子的一部分,这时,句末点号(问号、感叹号除外)放在后引号的外面。

【例 2-80】写文章要做到"平字见奇,常字见险,陈字见新,朴字见色"。

d. 如果引文连着有好几段,每一段开头都应用一个前引号,直到最后一段的末尾才用一个后引号。

e. 如果只把别人的话的大意说出,不照原样引述,不用引号。

(2) 括号。

括号常用的形式是圆括号"( )"。此外还有方括号"[ ]"、六角括号"〔 〕"和方头括号"【 】"。

行文中注释性的文字,用括号标明。注释句子里某些词语的,括注紧贴在被注释词语之后;注释整个句子的,括注放在句末标点之后。

【例 2-81】中国猿人(全名为"中国猿人北京种",或简称"北京人")在我国的发现,是对古人类学的一个重大贡献。

【例 2-82】写研究性文章跟文学创作不同,不能摊开稿纸搞"即兴"。(其实文学创作也要有素养才能有"即兴")

(3) 破折号。

① 破折号的后面是解释说明的部分。

【例 2-83】"带工"老板拿着一叠名册,懒散地站在正门出口——好像火车站检票处一般的木栅子前面。

② 标示意思的递进。

【例 2-84】每年——特别是水灾、旱灾的时候,这些在日本工厂里有门路的"带工"……

③ 标示意思的转换、跳跃或转折。

【例 2-85】"好香的干菜,——听到风声了么?"赵七爷低声说道。

④ 标示声音的延长。

【例 2-86】我们在天安门前深情地呼唤:周——总——理——

⑤ 标示话语的中断或间隔。

【例2-87】鲁侍萍：亲戚？

周朴园：嗯，——我们想把她的坟墓修一修。

⑥ 标示总结上文。

【例2-88】捣乱，失败，再捣乱，再失败，直至灭亡——这就是帝国主义和世界上一切反动派对待人民事业的逻辑，他们是不会违背这个逻辑的。

⑦ 用在副标题前。

【例2-89】火刑

——纪念乔尔丹诺·布鲁诺

⑧ 标示事项列举分承。

【例2-90】五年来，在改革开放的推动下，我国国民经济持续发展，总的形势是很好的。

——国家经济实力继续得到显著增强。

——国民经济的重大比例关系进一步趋于协调，宏观经济效益有了提高。

——城乡人民生活进一步改善。

（4）省略号。

省略号的主要用法包括：

① 标示引文的省略；

② 标示列举的省略；

③ 标示说话时断断续续；

④ 标示语意未尽；

⑤ 标示对话中的沉默不语。

省略号之前通常不用点号。以下两种情况例外：省略号前的句子表示强烈语气、句末使用问号或叹号时；省略号前不用点号就无法标示停顿或表明结构关系时。省略号之后通常也不用点号，但当句末表示强烈的语气或感情时，可在省略号后用问号或叹号。

（5）着重号。

着重号用于标示要求读者特别注意的文字。着重号用小圆点"．"表示，标在被强调的文字下方，有多少个字，就标多少个点。

（6）连接号。

连接号把意义密切相关的词语连成一个整体。

连接号有三种形式："—"（占一个汉字位置，又叫一字线）、"-"（占1/2个汉字位置，又叫半字线）和"～"（又叫波浪线）。

① 一字线"—"经常用来连接地域、时间，表示起止、走向。

【例2-91】"北京—广州"直达快车。

【例2-92】我国秦岭—淮河以北地区属于温带季风气候区，夏季高温多雨，冬季寒冷干燥。

【例2-93】鲁迅(1881—1936)中国现代伟大的文学家、思想家和革命家。原名周樟寿，字豫才，浙江绍兴人。

② 半字线"-"可以用来连接相关词语构成复合结构,或者连接相关字母、数字,组成产品型号、代号。

【例 2-94】物理-化学反应　铅-锌合金

【例 2-95】101A－2 型干燥箱　2,4-戊二酮

③ 波浪线仅用来连接两个数字,表示一个数值范围,或表示量值的波动变化幅度。

【例 2-96】150～200 千米　－36～8 ℃　2500～3000 元

④ 几个相关的项目表示递进式发展,中间用连接号。

【例 2-97】人类的发展可以分为古猿—猿人—古人—新人这四个阶段。

(7) 间隔号。

标示相关联成分之间的分界。它是一个小圆点"·",放在隔词语的中间,高低居中。间隔号用在外国人名或少数民族人名内部各部分之间,用在表示年月日的数字之间。

① 外国人名或少数民族人名内部的分界,用间隔号标示。

【例 2-98】列奥纳多·达·芬奇　爱新觉罗·努尔哈赤

② 书名与篇(章、卷)名之间的分界,用间隔号标示。

【例 2-99】《中国大百科全书·物理学》　《三国志·蜀志·诸葛亮传》

(8) 书名号。

标示文中出现的书名、报刊名、诗文名、歌曲名、戏剧名、绘画名、电影和电视片名等。书名号的形式有双书名号"《　》"和单书名号"〈　〉"两种。

① 书名、篇名、报纸名、刊物名等用书名号标示。

【例 2-100】《红楼梦》的作者是曹雪芹。

【例 2-101】你读过鲁迅的《孔乙己》吗?

【例 2-102】他的文章在《人民日报》上发表了。

【例 2-103】桌上放着一本《中国语文》。

② 书名号里面还要用书名号时,外面一层用双书名号,里面一层用单书名号。

【例 2-104】《〈中国工人〉发刊词》发表于 1940 年 2 月 7 日。

(9) 专名号。

专名号用于标示文中人名、地名、朝代名和组织名等。它是一条横线,标在专有名称下面,目的在于使之与一般词语区别开来。

专名号的形式为"_____"。

① 人名、地名、朝代名等专名下面,用专名号标示。

【例 2-105】司马相如者,汉 蜀郡 成都人也,字长卿。

② 专名号只用在古籍或某些文史著作里面。为了跟专名号配合,这类著作里的书名号可以用波浪线"～～～～"。

【例 2-106】屈原放逐,乃赋离骚,左丘失明,厥有国语。

(10) 分隔号。

① 分隔号形式为"/",标示诗行、节拍及某些相关文字的分隔。

② 分隔号在数学中表示分数线。

【例 2-107】3/4（四分之三）

③ 分隔号在诗歌中表示诗歌的分行。诗歌接排时中间要用分隔号隔开。

【例 2-108】匆匆地走来/在细雨蒙蒙的日子/点绿湖边一行婀娜垂柳/清风柔柔/唤醒万物/黄的是油菜/红的是杜鹃/还有那满山的缠绵/将你装扮。

④ 分隔号可以用来隔开同属一组的两体。

【例 2-109】杭州列车段 K256/K257 次开往北京。

⑤ 分隔号还广泛用于计算机领域,其中,"http:"后面用的是两个"/",而不是"//"。

【例 2-110】搜狐体育的 NBA 网页的网址"http://sports.sohu.com/nba.shtml"中就用到"/"。

3. 标点符号的位置

句号、问号、叹号、逗号、顿号、分号和冒号一般占一个字的位置,均置于相应文字之下偏右,不出现在一行之首。

引号、括号、书名号的前一半不出现在一行之末,后一半不出现在一行之首。

破折号和省略号都占两个字的位置,中间不能断开。连接号和间隔号一般占一个字的位置。这四种符号上下居中。

着重号、专名号和浪线式专名号标在字的下面,可以随字移行。

4. 竖排文稿标点符号的位置和书写形式

句号、问号、叹号、逗号、顿号、分号和冒号放在字下偏右。

破折号、省略号、连接号、间隔号和分隔号放在字下居中。

引号改用双引号"﹃""﹄"和单引号"﹁""﹂"。

着重号标在字的右侧,专名号和浪线式书名号标在字的左侧。

2.4 计 量 单 位

2022 年 3 月,国务院发布了《中华人民共和国计量法实施细则》(2022 年修正本)。1991 年原国家科委、新闻出版署颁布的《科学技术期刊管理办法》第 22 条规定"科学技术期刊应当实施有关国际标准、国家标准和法定的计量单位,使期刊的编辑出版工作标准化、规范化。"

有关法定计量单位执行方面的问题,归纳起来有以下 11 个。

(1) 仍有使用已废弃的非法定单位或单位符号。如卡(cal)、达因(dyn)、道尔顿(dalton)、毫米汞柱(mmHg)、转每分(rpm)。

(2) 科技类书刊中仍有使用单位的中文符号的。

(3) 同一篇文章中的单位,时而用国际符号,时而用中文符号或在组合单位中两种符号并用。下方箭头所指方向为正确的计量单位符号。如:

$$mg/分 \rightarrow mg/min \qquad mg/日 \rightarrow mg/d$$
$$mg/(kg·小时) \rightarrow mg/(kg·h)$$

但有例外,如 m^2/人、t/月。因为人、月没有国际符号,故可以并用。

(4) 把[平面]角的单位符号[角]分(′)和[角]秒(″),误用为时间的单位符号。

如新闻30′应为新闻30分或新闻30 min。把［平面］角的单位符号［角］度(°)，误用为烧伤、冻伤、疼痛的程度，如Ⅰ°、Ⅱ°、Ⅲ°应为Ⅰ度、Ⅱ度、Ⅲ度。

（5）用斜线"/"表示相除时，单位符号的分子与分母都与斜线处于同一行内。当分母中包含两个以上单位时，整个分母应加圆括号。在一个组合单位中，斜线不得多于一条。如：

mg/kg·min→mg/(kg·min)   mg/kg/d→mg/(kg·d)或 mg·kg^{-1}·d^{-1}

（6）把一些不是单位符号的符号作为单位符号使用。以下括号中的为正确的。例如：① 英语缩写字，如 hour 的 hr(h)，second 的 Sec(s)，Year 的 Y，Yr(a)，Parts per million 的 ppm(10^{-6}，百万分之几)，ppb(10^{-9})，pphm(10^{-8})；② 英文全称，如 Joule(J)，day(d)等。

（7）组合单位是一个整体，不宜拆开转行。

（8）数值与单位符号之间应留适当空隙。如1 min=60 s不能写成1min=60s。

（9）单位符号不得拆开。如39 ℃不能写成"39°C"；同样"39摄氏度"不能说成"摄氏39度"。

（10）单位符号和数值不得拆开。如2.63 m不能写成2m63或2米63。

（11）单位符号采用正体。一般单位符号为小写体（如 kg、m、s、mol），只有来源于人名的单位，其符号的首字母用大写（如 Pa、J、W、A、N、V）。

常见错用单位符号参见表2-1。

表2-1 常见错用单位符号

单位名称	错用符号	正确符号	单位名称	错用符号	正确符号
千米	KM,Km	km	电子伏	ev	eV
毫米	MM	mm	摩［尔］	MOL	mol
微米	μ,μμ,um	μm	赫［兹］	HZ	Hz
吨	T	t	帕［斯卡］	P,pa	Pa
千克	Kg,KG	kg	焦［耳］	Jonle	J
克	gm,gr	g	瓦［特］	w	W
牛顿	nt	N	摄氏度	oC	℃
立方厘米	C.C	cm^3	勒［克斯］	Lx,lux	lx
毫升	ML,cc	ml,mL	道尔顿	dalton	Da
分贝	db	dB	贝可	bq	Bq
年	y,yr	a	库［仑］	coul	C
天	day	d	安［培］	amp,a	A
小时	hr,hs	h	希［沃特］	sv	Sv
分	(′),m	min	流［明］	Lm,lum	lm
秒	(″),S,sec	s	公顷	ha	hm^2
转每分	rpm	r/min	转每秒	rps	r/s

2.5 数字用法

由于出版物数字写法混乱，给写作、编辑、排版和校对工作增加了许多负担，同时也不利于电子计算机输入和检索，因此，国家技术监督局于1995年12月13日发布中华人民共和国国家标准 GB/T 15835—1995《出版物上数字用法的规定》,要求出版物上数字用法要统一体例。在 2011 年 7 月 29 日发布了最新标准 GB/T 15835—2011《出版物上数字用法》。

数字用法的总原则:凡是可以使用阿拉伯数字而且又很得体的地方,特别当所表示的数目比较精确时,均应使用阿拉伯数字。遇特殊情形,或者为了避免歧解,可以灵活变通,但全篇体例应相对统一。

一、使用阿拉伯数字的场合

(1) 公历世纪、年代、年、月、日、时刻。

(2) 统计表中的数值(正负整数、小数、分数、百分比和比例等),特别是表示科学计量和具有统计意义的数。

(3) 非古籍引文标注中版次、卷次、期次、页码的数。

(4) 代号、代码和序号。

二、使用汉字数字的场合

(1) 数字作为词素构成定型的词、词组、成语、惯用语、缩略语等。如二氧化碳、三叉神经、四诊八纲、星期五、十二指肠、二八年华、白发三千丈。

(2) 邻近的两个数字并列连用,表示概数,连用的两个数之间不得用顿号隔开。如五六岁、七八天、十之八九。

(3) 带有"几"的数字表示约数。如几千年、十几天、一百几十次、几十万分之一。

三、国家标准对数字用法的若干规定

(1) 表示百分数的范围时,两个数字都应带百分号(%)。如 5%~10%,不能写作 5~10%。

(2) 表示带公差的中心值时,应写成(63±3)%,不能写成 63±3%。

(3) 表示幂次相同的数值范围时,幂次不能省略。如 $4.0\times10^{12}\sim5.5\times10^{12}$,不能写作 $4.0\sim5.5\times10^{12}$。

(4) 附带以尺寸为单位的数值相乘时,每个数值都应写出单位。如 30 mm×50 mm×40 mm,不能写成 30×50×40 mm。

(5) 单位相同的数值,当上下偏差相等时,数值及偏差都带单位。如 80 mm±2 mm 或 (80±2)mm,不能写成 80±2 mm。

(6) 单位相同的数值,当上下偏差不相等时,可把上下偏差分别写在数值的右上角和右下角,单位符号只写 1 次。如 35^{+2}_{-1} mm,不应写作 35^{+2}_{-1} 或 35^{+2mm}_{-1mm}。

(7) 数值及其偏差的单位不相同时,应分别写出各自的单位,如 $80^{+2mm}_{-1\mu m}$。

(8) 表示单位相同的数值范围时,只需写出后一个数值的单位,如 25~29 ℃。数值的单位不完全相同时,每个数值的单位都应写出,如 46°~46°30′。

四、数字用法的其他规定

(1) 用阿拉伯数字表示的多位数不能拆开转行。年份、数字与百分号(％)、数值与单位符号也不宜拆开转行。

(2) 对于尾数"0"多的 5 位以上数字,可改写为以万、亿为单位的数,不得以十、百、千、十万、百万、千万、十亿、百亿作单位。

(3) 4 位以上的整数或小数,采用国际通行的 3 位分节,节与节之间加千分空,即空半个阿拉伯数字的位置,也可采用千分撇。

(4) 数字增加用倍数,数字减少用分数。

(5) 分数式一般排成单行,中间用斜线分开。

(6) 要正确使用数字前的"近""约"以及数字后的"多""以上""以下"等表示概数的词。它们不能同时用在一个数字的前后,如不应写作"约 20 万左右"。

(7) 在论文中尽量避免使用时间名词"今年""上月""本星期""昨天""不久前"等以及"多见""少见"等不确定的词,应使用具体的时间和数字。数字规范用法和不规范用法对照表参见表 2-2。

表 2-2　数字规范用法与不规范用法对照表

规范用法	不规范用法	规范用法	不规范用法
25％	百分之二十五	$1.8×10^{-3}$	$1.8·10^{-3}$
1996—1999 年	1996～99 年	3.45 万公里	3 万 4 千 5 百公里
星期五	星期 5	34 500 公里	3 万 4 千 5 百公里
十二指肠	12 指肠	第三世界	第 3 世界
20 万左右	约 20 万左右	五六岁	五、六岁
十之八九	十之八、九	七八天	七、八天
四十五六岁	四十五、六岁	5％～10％	5～10％
(63±3)％	63±3％	$-8°±10'～8°±10'$	$±8°±10'$
46°～46°30′	46～46°30′	30 mm×50 mm×40 mm	30×50×40 mm
$4.0×10^{12}～5.5×10^{12}$	$4.0～5.5×10^{12}$		

2.6　外文批注

在论文中,外文字母的使用非常普遍。常用的有英文、希腊文、德文、俄文和日文等。同一文种的外文字母有大小写、正斜体、黑白体之分,在使用中这种区分是很严格的,因为不同的字体,其含义不同。因此,撰写论文时对外文字母严格区分、正确使用是提高论文写作质量的一项重要工作。

外文字母的批注工作在有关国家标准和国际标准中都做了规定,有的在标准中虽未列出,但已成为约定俗成的规矩。

现分别介绍各种字体的外文字母的使用场合。

一、大写体外文字母使用场合

(1) 来源于人名的单位符号的首字母。如 Pa(帕)、A(安)、V(伏)、Hz(赫)、J(焦)、W(瓦)。

(2) 化学元素符号的首字母。如 Na(钠)、Ca(钙)、Hg(汞)、Fe(铁)、Ag(银)、Mg(镁)、Zn(锌)。

(3) 计量单位中表示 10^6 及其以上因数的词头符号共有 7 个,即 M(兆,10^6)、G(吉,10^9)、T(太,10^{12})、P(拍,10^{15})、E(艾,10^{18})、Z(泽,10^{21})、Y(尧,10^{24})。

(4) 人的名字和姓的首字母。

(5) 国家、组织、会议、报刊、文件以及学校、机关等名称中的每一个词(由 3 个以下字母组成的前置词、冠词、连词等除外)的首字母。

(6) 科技名词术语缩写词。如 DIC(弥散性血管内凝血)、TP(茶色素)、TC(胆固醇)、TG(甘油三酯)、HDL(高密度脂蛋白)、SOD(超氧化物歧化酶)。

二、小写体外文字母使用场合

(1) 来源于人名以外的一般单位符号的字母。如 m(米)、kg(千克)、s(秒)、mol(摩)、t(吨)。

(2) 计量单位中表示 10^3 及其以下因数的词头符号共有 13 个:k(千,10^3)、h(百,10^2)、da(十,10^1)、d(分,10^{-1})、c(厘,10^{-2})、m(毫,10^{-3})、μ(微,10^{-6})、n(纳,10^{-9})、p(皮,10^{-12})、f(飞,10^{-15})、a(阿,10^{-18})、z(仄,10^{-21})、y(幺,10^{-24})。

(3) 附在中译名后的普通名词术语原文(德文除外)。

三、斜体外文字母使用场合

(1) 生物学中拉丁学名(属名、亚属名、种名、亚种名和变种名)用斜体。

(2) 化学中表示旋光性、分子构型、构象、取代基位置等的符号用斜体,其后常紧随半字线"-"。如 L-(左旋)、dl-(外消旋)、o-(邻位)、p-(对位)、ap-(反叠构象)、z-(双键的顺异构)。

(3) 数学中用字母代表的数和一般函数用斜体。如 x、y、z、a、b、c。矩阵符号用黑斜体,如矩阵 $\boldsymbol{A}$ 等。

(4) 代表插图中的点、线、面和图形的字母用斜体。如点 P、$\triangle ABC$ 等。

(5) 全部量符号及量符号中代表量和变动性数字的下角标符号用斜体。如 m(质量)、p(压力)、v(体积)、k(玻尔兹曼常数)、L_p(功率级差,下标 p 为功率符号)、A_i($i=1,2,3,\cdots,n$)(这里 n 代表变动性数字,A_1、A_2、A_3、$\cdots$、A_n)等。

(6) 矢量和张量符号在正式书刊上用黑斜体,也可用白斜体,但在字母顶上要加箭头。如 $\vec{p}$(矢量)、$\boldsymbol{Q}$(张量)。

四、正体外文字母使用场合

(1) 全部计量单位符号、词头符号和量纲符号。

单位符号如 m(米)、L(升)、Pa(帕)、s(秒)、V(伏)。词头符号如 k(千)、m(毫)、M(兆)。量纲符号如 M(质量)、T(时间)、J(发光强度)。

(2) 化学元素符号。如 O(氧)、Cu(铜)、Al(铝)、N(氮)。

(3) 仪器、元件、样品等的型号或代号。如 JSEM-200 电子显微镜、IBM-PC 微型计算机、GB 6447—86 文摘编写规则、HP7475A 型绘图仪。

(4) 不表示数量的外文缩写字。如 S(南)、N(北)、CAD(计算机辅助设计)、ACV(气垫船)。

(5) 外文的人名、地名、组织名等。

(6) 表示序号的拉丁字母。如附录 A、附录 B、附录 C。

(7) 数学式中的运算符号(如∑连加、Ⅱ连乘、d 微分、Δ有限量);缩写符号(如 min 最小、lim 极限、const 常数);特殊常数符号(如圆周率 π、自然对数的底 e)等。

(8) 生物学中拉丁文学名的定名人(取名人的名称)和亚族以上(含亚族)的学名。

本章内容中的重点是错别字的辨析、标点符号的使用、计量单位的规范表达和数字的正确使用等。这部分内容是网络编辑在日常工作中最容易出错误的地方,所以网络编辑要充分地重视本章的学习内容,要给予充足的练习时间。

一、单选题

下列词语中有错别字的是( )。

A. 受益匪浅 B. 寻物启示
C. 自暴自弃 D. 推崇备至

解析:选项 ACD 都是正确的,"寻物启示"应该是"寻物启事"。正确答案为选项 B。

二、多选题

下列不符合名称表达规范要求的是( )。

A. "苏联十月革命" B. "一带一路"倡议
C. "这个罪犯明天将接受审判" D. "英国前总统布莱尔先生"

解析:选项 A 只能说"俄国十月革命",那时苏联还没成立。选项 B 说法正确。选项 C 中,还没有定罪前,只能说是"犯罪嫌疑人",不能说是"罪犯"。选项 D 中,英国只有首相没有总统。正确答案为选项 ACD。

实训习题

一、单选题

1. 下列词语中有错别字的是(　　)。
   A. 烂漫　　　　　B. 搭讪　　　　　C. 份量　　　　　D. 转悠

2. 下列各组词中全部正确的一组是(　　)。
   A. 保镖　盘根错节　脉博
   B. 宣染　直截了当　肿涨
   C. 盈余　暴殄天物　繁衍
   D. 订单　巧夺天工　周济

3. 下列表述中正确的是(　　)。
   A. 亵赎　　　　　B. 毋庸讳言　　　C. 漫条斯理　　　D. 恢谐

4. 下列各组词中全部错误的一组是(　　)。
   A. 因才施教　如法泡制　淄铢必较
   B. 富丽堂皇　安兵不动　星罗旗布
   C. 死不冥目　切搓琢磨　相形见绌
   D. 肆无忌殚　仁至义尽　烩炙人口

5. 下列标点符号用法正确的是(　　)。
   A. 明天是你去监考呢？还是我去监考？
   B. 耿大妈对儿子说："大成，见人该问好就问好，该行礼就行礼，别怕人笑话，俗话说：'礼多人不怪嘛。'"
   C. 小河对岸三四里外是浅山，好似细浪微波，线条柔和，蜿蜒起伏，连接着高高的远山。
   D. 他读的哲学书籍大约有两类：第一类是马克思主义原著，第二类是中外哲学史家的著作(包括介绍他们哲学思想的读物)。

6. 下列标点符号用法错误的是(　　)。
   A. 虚心使人进步，骄傲使人落后。
   B. 小说、诗歌、散文……等等，他都爱读。
   C. 本省三位中年作家——叶蔚林、韩少功、彭建明在一起畅谈往事。
   D. 央视一套每天中午播放的《今日说法》，他每期必看。

7. 下列数字用法正确的是(　　)。
   A. 白发 3000 丈　　　　　　　　B. 7 上 8 下
   C. 20 世纪 80 年代　　　　　　D. 8 月 15 中秋节

8. 下列计量单位用法正确的是(　　)。
   A. 新闻 30 分可以写成新闻 30′　　B. 把千克写成 kg
   C. 2.63 m 写成 2m63 或 2 米 63　　D. hour 写成 hr

9. 下列汉语表述用法正确的是(　　)。
   A. 为了表示尊重把你们说成您们。
   B. 纪念"五四"青年节。
   C. 如果加强了纪律性，就会影响学习的积极性。

D. 现在的青年人没有一个是好的。
10. 下列汉语表述用法错误的是（　　）。
   A. 计算机应用技术的提高和普及，为各级各类学校开展多媒体教学工作提供了良好的条件。
   B. 面对有5名具有NBA打球经验的队员的美国队，中国队并不怯阵，整场比赛打得气势如虹，最终以三分优势战胜对手。
   C. 不少学生偏食、挑食，导致蛋白质的摄入量偏低，钙、锌、铁等营养素明显不足，营养状况不容令人乐观。
   D. 不到一小时，数百份小报就被老乡们索要一空。

二、多选题
1. 下列表述有问题的是（　　）。
   A. 优雅飘逸的丝质。
   B. 记者赶到现场时，警方已经拉起警戒条幅。
   C. 桑塔纳车由于受外力的撕扯和挤压，汽车零件和玻璃片洒落了一地。
   D. 其间，餐厅上了一道肉制品的菜。

2. 下列语句中搭配不当的有（　　）。
   A. 今年，该市的棉花生产，由于合理密植，加强管理，一般长势良好。
   B. 这样做会拖延培养人才的质量。
   C. 自己有一双能干的手，什么事都能做好。
   D. 真不好意思，这次对你们照顾得太不周全了。

3. 下列词语中有错别字的是（　　）。
   A. 面容慈详　　　　　　　　B. 丢人显眼
   C. 身体羸弱　　　　　　　　D. 连篇累牍

4. 下列几组词语中有错别字的是（　　）。
   A. 渲染　铤而走险　返璞归真　　B. 透澈　始作踊者　神彩飞扬
   C. 雕砌　人情事故　纵横捭合　　D. 藉贯　深致欠意　契而不舍

5. 下列标点符号使用有误的是（　　）。
   A. 如今，科学、技术的发展，必然会推动工、农业的发展。
   B. 观众长时间地等待，只为一睹她的风采、或签上一个名。
   C. 上海的越剧、沪剧、淮剧、湖北的黄梅戏、河南的豫剧，在这次会演中，都带来了新剧目。
   D. 一、学习贵在自觉，要有笨鸟先飞的精神，自我加压。二、学习贵在刻苦，要有锲而不舍的精神，持之以恒。

6. 下列标点符号使用没有错误的是（　　）。
   A. 一天才走五六里。
   B. 昨天开大会，王厂长宣布：厂里要实行两项改革：一是持证上岗，二是下岗分流。
   C. "这样做对不对？我看，"刘主任大声说，"不对。"

D. 国际书法展览,最近在郑州市河南省艺术博物馆隆重开幕。
7. 下列名称规范表达错误的有(　　)。
   A. "一二九"运动　　　　　　　　　　B. 乔治－华盛顿
   C. P-64式9 mm波兰手枪　　　　　　D. 1992年巴塞罗那奥运会
8. 下列名称规范表达正确的有(　　)。
   A. 1981年2月9日　　　　　　　　　　B. 美国小鹰号航空母舰
   C. 河北省-保定市　　　　　　　　　　D. 索尼爱立信w908c

三、稿件改错题

运用编辑基础知识进行编辑加工。要求：错误的地方直接用红色改正。

1. 近年来,我们社区大力加强未成年人思想道德建设,建立了学校、家庭、社区三位一体的教育模式,多次邀请法官、律师、公安干警和法律工作者来社区举办青少年法律知识讲座,以案说法的方法进行思想教育,经常组织未成年人参加慰问孤寡老人和环卫工人等社区公益性活动。由于道德教育的务实开展,社区没有一名未成年人走上犯罪道路。2007年我们社区获得了芜湖市太成年人思想道德教育先进社区的光荣称号。

2. 鸟岛的奇景令人眼花缭乱、目不暇接。我放眼望去,岛的上空遍布飞鸟,绿的、蓝的、白的、花的、红的,像是色彩夺目的锦绣花卷。低头瞧,满岛都是五光十色的鸟巢和各种各样的鸟蛋,几乎肯定没有我们可以插足的空地。

3. 春天到了,少先队员们来到《红领巾园地》,播下了蓖麻种子。一场春雨后,种子发芽,生根了。红领巾们经常天天轮流给蓖麻施肥浇水。蓖麻在队员们的精心下,一天天长大,终于结出了饱满的种子。

第3章
网络信息的选择与加工

 本章导读

1. 网络信息的价值判断标准包括五个方面,即真实性、权威性、时效性、趣味性与实用性。

2. 网站频道与栏目的归类方式是按内容、地域、形式、体裁、来源、时效性和重要程度等归类。其中,最常见的归类方式是按内容归类。

3. 网络稿件的四种常见错误包括观点性错误、事实性错误、知识性错误和辞章性错误。

4. 网络编辑对稿件的修改包括绝对性修改和相对性修改。从具体手段来看,网络稿件的修改包括改正、增补和改定三种手段。

5. 标题是揭示、评价稿件内容的一段最简短的文字,其作用包括提示文章内容、评价文章内容、吸引读者阅读等。网络标题制作的基本要求:(1)消息标题必须标出新闻事实;(2)新闻事实要有一种确定性,呈现出动态。

6. 内容提要是概括稿件主要内容的一段文字。与标题相比,内容提要的内容更详细,传达的要素更多,但与正文相比,它又简短得多。内容提要的写作通常采用全面概括与提炼精华两种思路。

7. 超链接的运用方式包括以下三个方面:(1)扩展重要概念;(2)分层单篇稿件;(3)改变传统的写作模式。超链接设置的注意事项:(1)注意超链接的度与量;(2)注意超链接设置的位置。

3.1 判断稿件价值的依据

网络信息的一个重要特点是信息爆炸,即信息的数量以惊人的速度急剧地增加。这就要求网络编辑既能够从大量的稿件中筛选出价值较高的稿件,也能够通过创造性劳动将淹没在次要材料中的有价值的内容提取出来。这种创造性劳动是决定稿件最终成为作品的基本条件。这就要求网络编辑首先必须具备稿件价值判断能力,在此基础上才能开展稿件的筛选与分类,以及对稿件做深加工。通常来说,网络信息的价值判断标准包括五个方面,即真实性、权威性、时效性、趣味性和实用性。

一、真实性

真实性是信息价值判断的一个核心标准,即信息内容必须反映客观事物的本来面貌。因为无论何种性质的信息,其价值的基本前提是真实,而对于网络信息来说,尤其需要判断其真实性。传统的信息把关角色在网络空间中被弱化甚至取消,从而引起了网络虚假信息的泛滥。此外,网络上信息的传播速度明显加快,频率明显提高,同时网络媒体对信息具有一种强大的放大功能,原本在传统媒体中不受关注的虚假信息一旦进入网络,其影响将成倍增长。这些因素都可能使网络虚假信息带来更为严重的后果。

信息的真实性有以下三个方面的含义。

(1) 信息中涉及的事物是客观存在的,而不是虚构出来的。

(2) 信息的各要素都是真实的,即构成事实的各个要素全都是真实的,包括时间、地点、人物、事件等,任何要素的虚假性都会影响信息的真实性。

例如,下面这个新闻事件属于典型的虚假新闻,其中许多要素为虚假信息或者记者故意隐瞒了一些重要信息从而误导了读者。

2022年5月23日,一则《清华博士报考长沙市岳麓区协警岗位》的信息冲上新浪微博热搜,并且招考单位称这位清华博士并没有被录取,因为"她还没毕业"。但是5月23日晚,清华大学新浪微博回应:学籍库查无此人。根据公示的该人员信息,在清华大学的在校生、应届毕业生、往届毕业生中均没有查找到与之匹配的学生信息。很明显,这是一条假新闻,制造假新闻者想通过这样的标题来博"眼球",获得更多人的关注。

(3) 信息必须准确,这主要涉及文字表述的问题。

那么如何判断网络信息的真实性呢?主要应从以下三个方面进行考察。

(1) 信息来源。

对于来源不清的信息,即使其本身有很强的传播价值,也不能轻易使用,必须要查清楚信息提供者的身份、背景等情况,从而判断信息的真实性。相当一部分假新闻的传播都是由于网络编辑、新闻记者对信息来源的轻视。为了保证信息的真实性,媒体不能在仅有一个消息来源的情况下就发布某条稿件。"多源求证"是一个基本原则,即要通过两个以上与事件相关但利益独立的消息来源对新闻信息的真实性进行核实。

2023年3月27日河北新闻联播、河北长城网报道,中国地质大学(北京)、北京交通大学、北京科技大学、北京林业大学成为首批疏解到雄安新区的四所"双一流"高校。四所高校预计2025年完成一期工程,并于当年秋季对外招生,到2035年全部搬迁完毕。一时间,很多主流媒体都进行了转载。然后2023年4月2日,针对"首批疏解到雄安新区的四所北京高校将在2035年全部搬迁完毕"的消息,北京科技大学、北京交通大学、中国地质大学(北京)接连发布消息称,北京校区和雄安校区"一校两区,协同发展"。北京林业大学也曾在此前的公开发布中明确,雄安校区的建设将开启"一校两区"的新格局。基于以上新闻的反转,我们发现,鉴别信息来源的真实性和可信性非常重要,有时候,媒体的消息可能并不准确,新闻当事人自己公布的消息才更具真实性。

(2) 信息要素。

一般的信息要素与新闻要素类似。新闻信息是一种特殊的信息。新闻信息包括五个要素,通常被概括为五个"W",即 What(事件)、When(时间)、Where(地点)、Who(人物)、Why(原因)。判断信息是否真实,可以从稿件的内容分析入手,考察其各个信息要素是否真实、全面。如果其中有些要素是残缺的或者模糊的,就应该提高警惕性,通过进一步核实来判断信息的真实性。另外,对于稿件中的引语、背景资料等也要进行考察,验证其真实性。

(3) 信息准确。

信息准确不仅要求信息整体上是客观真实的,还要求对信息的细节做考察与分析,可以通过逻辑推理、调查以及核对资料等方法对信息进行深入的判断。

二、权威性

权威性是指传播者所传播的信息及谈论的问题的来源是权威的专家或机构。这时传播者的观点、看法将具有权威性。这类信息一般比较受公众信任,也更能引起受众态度的改变。

信息权威性的判断内容包括以下三个方面。

(1) 信息来源

通常可以通过考察网站的声誉、影响力与知名度来判断信息来源的权威性。网络编辑需要在对信息来源进行考察后判断稿件是否可以采用。如果不对稿件的信息来源进行认真考察就轻率地采用稿件,常常会闹出笑话,从而影响媒体的声誉。

2022年6月23日,一则《世界卫生网络(WHN)宣布猴痘为大流行病》的信息在网络上流传,文内表示,如果不采取一致的全球行动,疫情就不会结束。即使其死亡率比天花低得多,但如果不采取措施阻止其继续传播,将有数百万人死亡,而更多人将失明和残疾……这引起不少群众恐慌。

中华医学会感染学分会主任委员、北京协和医院感染内科主任李太生教授在"人民日报健康客户端"辟谣:此条消息为假新闻,猴痘不会像流感一样引起全球大流行,也不会有如此高的致死率。

我们看到,"人民日报健康客户端"由人民日报社主办,人民日报社作为中央新闻机构本身具备权威性,再加上采访的对象是中华医学会感染学分会主任委员、北京协和医院感染内科主任,这就增加了这条新闻的专业性和可信度。

可见，传统媒体、网络媒体都必须高度重视对信息来源的考察，理性辨析新闻价值，以避免不权威的信息对媒体自身的知名度和影响力产生负面影响。

（2）文献作者

通过判断文献作者的声誉、知名度以及个人信息来判断信息本身的权威性。如果是网络稿件，还需要进一步判断是否存在假冒原作者的问题，可以直接与作者进行联系。

（3）研究成果

对于一些涉及重大项目的研究成果，有必要考察其研究方法是否科学、研究对象是否具有代表性等，在此基础上进一步判断研究成果是否具有权威性。

例如，新京报2023年5月21日新闻《我国深海考古取得重大进展，南海两处古代沉船遗址考古工作已启动》。

新京报讯 去年10月，我国南海西北陆坡深度海域发现两处古代沉船。5月21日，据国家文物局有关负责人介绍，目前两处古代沉船保存相对完好，文物数量巨大，时代比较明确，具有重要的历史、科学及艺术价值，不仅是我国深海考古的重大发现，也是世界级重大考古发现。

2022年10月，考古团队在我国南海西北陆坡约1500米深度海域发现两处古代沉船。其中一处遗物以瓷器为主，推测文物数量超过十万件，根据出水文物初步判断为明代正德年间(1506—1521)，定名为南海西北陆坡一号沉船。另一处以大量原木为主，初步研判是从海外装载货物驶往中国的古代沉船，时代约为明代弘治年间(1488—1505)，定名为南海西北陆坡二号沉船。

新闻说沉船年代约为明代弘治年间，但是并没有说是哪位专家判断的，判断的依据是什么。报道这种考古重大发现的新闻时应慎重，最好引用业内多位权威专家的观点加以佐证，以增强新闻的可信度。

三、时效性

信息的时效性是指信息从大众媒介发出到受众接收、利用的时间间隔及其效率，它侧重表达传播时间与传播效果之间的关系。随着大众传播科技的飞速发展，信息传播与接收的速度将会越来越快，人们对信息时效性有增无减的需求将会得到进一步满足。在时间面前，信息是易碎品，即使是十分真实的、很有价值的信息，一旦失去了时效，它就会变成无人问津的东西。大众媒介中的昨日消息、上午新闻正迅速地被刚刚发生的、正在发生的甚至即将发生的信息所取代。

判断信息的时效性需要注意以下三种情况。

（1）信息中涉及的事实本身的发生或变动可能是突发性的，也可能是跃进性的，因此在第一时间作出报道的新闻就具有很强的时效性。这类情况是新闻时效性的典型体现。

（2）信息中涉及的事实本身的变化是渐进的，从过去发生到现在，即表现为一个过程。对于这样的事实，其时效性表现得似乎不明显。如果需要表现其时效性，则可以通过找"新闻由头"，即新闻来源或依据，在事实的变动中找到一个最新的时间点，以实现其时效性。

例如，2023年4月11日，济南日报报业集团"新黄河客户端"的新闻《男生高考体检被要求脱内裤？当地卫健局回应》导语和首段部分内容是这样的：

据浙江省政府网站"浙江省民呼我为统一平台"4月10日消息,针对网民关于"高考体检男生被要求脱内裤"的留言,杭州市萧山区卫生健康局答复称,情况确实存在,医院向网民致以诚挚的歉意,并立即改进工作。

网民4月3日在浙江省政府网站"浙江省民呼我为统一平台"留言,反映关于杭州萧山区高考体检中男外科检查的问题。其称,在萧山区湘湖初级中学进行的萧山区高考体检男外科检查中,男生被要求脱去全部衣物,一丝不挂。

以上新闻中,媒体记者将4月10日发生的新闻作为"新闻由头"来交代新闻事实的来源、出处,自然过渡到4月3日新闻事实发生的时间点,很好地实现了新闻的时效性。

(3)过去发生但新近披露的事实也同样可以通过找"新闻由头"的方法来弥补其时效性,常用的方法是说明获得信息的最新时间和来源。如某些第二次世界大战期间的战争秘闻一直不为人所知,最近被披露出来,也可以视为新闻。

四、趣味性

网民在获取网络信息时更倾向于轻松、有趣的内容。因此,网络信息是否具有趣味性也是判断稿件价值的一个重要标准。

信息的趣味性主要表现在信息内容本身轻松有趣,为人们所喜闻乐见,能够很快抓住人们的注意力,吸引其阅读。

但是目前的网络稿件经常出现过分偏重趣味性,忽略真实性和权威性的问题,因此,网络编辑需要注意:① 对于有关奇闻趣事的报道,应判断其是否符合科学原理;② 不能将趣味性等同于庸俗性。

五、实用性

网络信息的实用性主要表现为介绍知识、提供资料、直接服务等方面。最常见的网络实用信息有天气预报、电视节目预告、政策法规通告等。

实用性与趣味性并不是网络信息必备的价值判断标准,考察任何稿件的实用性或者趣味性都必须在判断其真实性、权威性和时效性的基础上进行。此外,网络信息的实用性还需要体现个性化,能够满足用户的个体信息需求,通过对用户个性、使用习惯的分析而主动地向用户提供其可能需要的信息服务。

对于稿件的价值判断,除了真实性、权威性、时效性、趣味性、实用性这五大价值判断标准外,还需要注意以下两点。

(1)考察信息是否具备发表水平。

考察信息是否具备发表水平可以参考以下几个标准:
① 国家有关新闻出版的质量标准,如《出版管理条例》《中华人民共和国著作权法》等;
② 网站的稿件质量标准,通常也与新闻出版的质量标准一致;
③ 对于新闻类信息,还要考察其是否符合新闻写作的基本规范。

(2) 注意信息发表的时宜性。

通常,国家相关部门在一定时期内会对某些信息的报道时机和报道范围做出规定,一些内容不予以发表,或者要在一定时期后才能发表。网络编辑需要注意这些规定。

3.2 网络稿件的分类

一、网站的基本结构

对稿件进行归类的基本思路是根据网站的基本设计把稿件归类到相应的频道和栏目中。为了正确地进行稿件归类,必须先了解网站的基本结构。

网站的基本结构可概括为五层次结构(参见图 3-1):网站可分为多个频道,频道下分多个栏目,一个栏目下还可以有多个子栏目。稿件最终归入某一个或某几个子栏目中。网络编辑如果要对稿件正确归类,就必须对网站下各个频道的划分有一个完整的认识。

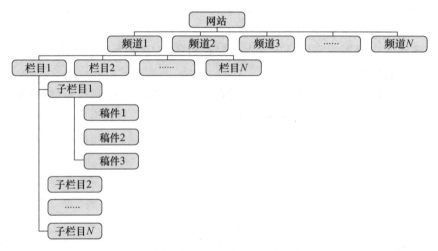

图 3-1 网站五层次结构示意图

图 3-1 中所示的网站频道、栏目和子栏目分别表示网站中处于不同层级的页面,通过对页面的一步步分层实现网络信息的归类。当然,实际的大型网站的层次结构远比五层次结构模型更为复杂,因此通常网站都设有一个"网站地图",有时也称为"网站导航",用来显示本网站的基本结构。网络编辑可以通过网站导航快速清晰地了解本网站的构成情况。

图 3-2 为新浪网的"网站地图",从中可以清晰地看到新浪网有新闻、体育、娱乐、财经、尚品、科技、博客、视频等频道,其中各个频道又分出数量不等的栏目以及子栏目,并且标出了热门推荐的栏目。值得注意的是,新浪网的频道与子栏目之间的从属关系并不是绝对的,而是存在互相交叉、呼应的关系,这样增强了网民浏览的便捷性,也使得网站内部资源得以共享。

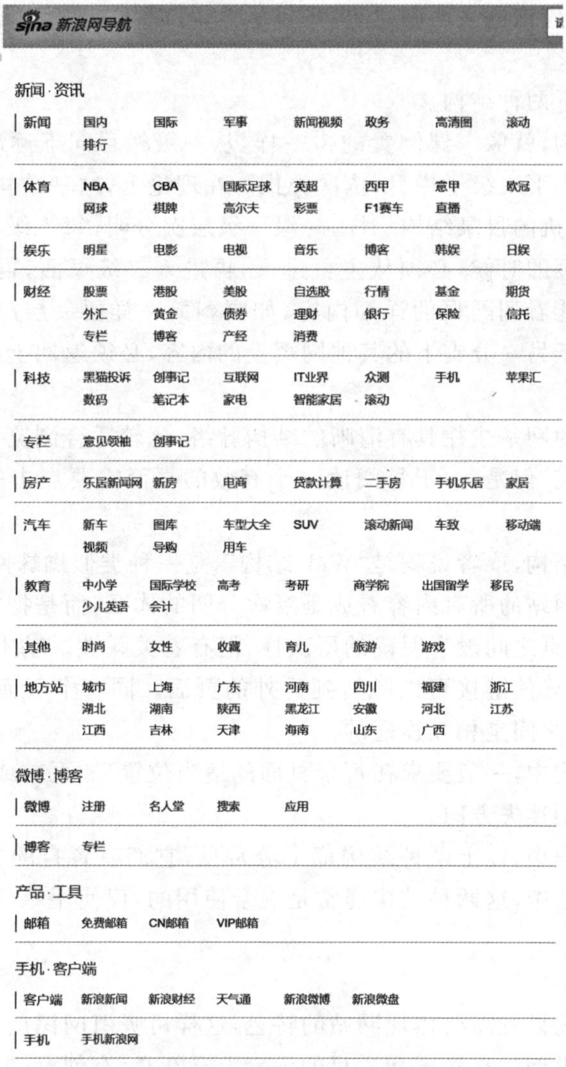

第 3 章　网络信息的选择与加工

图 3-2　新浪网的"网站地图"

由此可见，网站的五层次结构是一种简单化的模型，实际的大型网站的层次结构更为复杂。

二、网站的归类原则与方式

1. 网站频道与栏目的归类原则

网站的归类主要指频道和栏目的划分，并在此划分的基础上对稿件进行归类，使相关的内容归为一类，便于网络编辑组织信息，也便于网民查阅。

频道和栏目的划分需要遵循以下基本原则。

（1）划分清晰。

划分清晰指的是要厘清频道、栏目、子栏目彼此之间的从属关系。如通常频道与频道、栏目与栏目之间为并列关系，那么在频道和栏目名称的设置上就要避免交叉、重复的现象出现。

此外，栏目的名称应该语义明确，让人一目了然，可以起一些有个性、有特色的名称。

(2) 结构明朗。

网站一般采用以下两种结构。

一种是"树状"结构，就像一棵倒置的树一样，从一级栏目向下逐渐分叉，再进入下一级子栏目，再分叉，再进入下一级子栏目，依次类推。在理论上，这种结构可以支持任意多层次的目录分类，如同计算机的目录结构一样，一级一级层次分明，每一级栏目都是相互独立、互不交叉的。在阅读网页的时候，必须从主页进入，再进入二级页面，再进入三级页面，如此，进入最后一级页面才能看到网页的详细内容，如同剥笋一样要一层层往里剥。若要浏览同一级的其他网页或属于另一分支下的其他网页上的内容，必须返回上一级页面，再进入相应的网页。

使用"树状"结构的网站往往具有清晰的结构脉络，比较适合浏览者的自然阅读习惯，是一种简便、稳妥的结构。但是，由于每阅读一个有效的页面需要点击的次数太多，就显得比较麻烦。

另一种是"网状"结构，或者说就是"Web结构"，是一种类似蜘蛛网的结构。以此种结构组织的网站并不是把网站的所有内容看成是层次分明的体系，而是把它看成是相互关联、相互连通的网；网页与网页之间没有明确的层次性，但有着关联性。基本上每个页面都有清晰的导航标识，或者有明确的链接可以跳转到另外的页面。同一个页面的访问可以经由不同的途径到达，因为网页之间是相互连通的。

在这种"网状"结构中，一般要求在每个页面的适当位置（如页首或页尾）添加导航条，以防止浏览者在跳转途中迷失方向。

在具体的设计过程中，以上两种结构都十分常见，它们有各自的特色与长处，适合于不同的领域。在网站构建中，这两种结构通常是混合使用的，仅使用单一结构的网站是非常罕见的。

(3) 特色鲜明。

网站频道与栏目的设置需要体现网站的特色，这样可吸引网民前来点击，并提高现有用户的忠诚度。这就要求网站在频道和栏目的设置上有新意、有创意，形成网站的个性特色。

例如，使用频率较高的新浪网、搜狐网、人民网、新华网、中国网、中新网、腾讯网、千龙网这八个设置新闻中心的大型门户网站，[①]从它们的新闻频道下设的栏目来看，各家设置的重点新闻栏目较为类似，包括国内、国际、体育、科技、娱乐新闻等。但在重点新闻栏目基本相似的情况下，一些网站还是营造了只属于自己的特色品牌。如腾讯网设置的云游戏频道、云梦之星频道等，这些特色栏目就彰显出了本网站独有的特征和针对性的受众定位。一些地方性的新闻网站还建设了有地域特色的专题和栏目，如湖南红网（www.rednet.cn）设置的"味道湖南"频道、"湘侨"频道等。

(4) 大小均衡。

大小均衡主要指网站各个频道和栏目的信息内容主次分明，避免出现结构性失衡。一方面，避免某个栏目信息量过大；另一方面也要保证每个栏目都有一定的信息量，不能出现

---

① 王思彤. 八大网站新闻栏目之比较[J]. 数据，2009(4)：54.

虚设栏目的情况。

2. 网站频道与栏目的归类方式

栏目是网站的组成细胞,频道与栏目的规划实际上是基于网站定位,对网站提供的信息与服务进行归类。

网站频道与栏目的归类方式是按内容、地域、形式、体裁、来源、时效性和重要程度等分类。其中,最常见的归类方式是按内容归类。

(1) 按内容归类。

按内容归类是网站频道或栏目的主要划分方式。如新浪网、人民网等主流网站的新闻频道的重点栏目都包括时政、国际、社会、经济、文化、娱乐、体育和军事等内容。这些栏目都是根据新闻事件所属的领域或者可能影响的领域进行划分的。

常见的新闻栏目包括以下几个方面。

① 时政新闻。

时政新闻是指与当前时事和国家政治生活相关的新闻事件,包括重大政治活动、国家领导人活动和重大政策出台等。

例如,下面是2023年4月11日新华网新闻频道时政要闻栏目的部分新闻:
- 文化和旅游部办公厅发文进一步整治"不合理低价游" 04-10 17:38
- 司法部、全国普法办部署开展2023年全民国家安全教育日普法宣传活动 04-10 16:59
- 新华全媒+|扩大产业投资 优化投资结构——贵州经济发展一线见闻 04-10 17:20
- 青山如今真"青山"——一个沿江重工业基地的"换颜"之路 04-10 07:38
- 新华全媒+|记者观察:专精特新成中小企业发展新风向 04-09 21:57

② 国际新闻。

国际新闻是指各国间发生的具有影响力的事件或消息动态。需要注意的是,尽管某些新闻事件的发生地点在国外或者主要人物是外国人,但事件中的主要人物或地点与中国密切相关,所以这类新闻经常被归入国内新闻栏目。

此外,最为常见的国家领导人出访的新闻一般也归到国内时政新闻栏目中。

③ 社会新闻。

社会新闻是指涉及群众日常生活的社会事件、社会问题和社会风貌的报道。它与时政新闻、军事新闻、经济新闻、科技新闻和文化新闻相比,具有社会性、广泛性、生动性、趣味性等特点。

社会新闻具体包括天灾人祸、治安事件、交通事故、街头巷议和逸闻趣事等方面,其报道对象为普通百姓,内容以软新闻居多,事件的影响力一般不大。

例如,下面是2023年4月11日中国新闻网社会频道的部分新闻:
- 这届小学生流行盘手串?家长、老师和专家怎么看 04-11 07:43
- 西湖手划船违规运营引关注 官方:涉事船工取消从业资格 04-10 17:47
- 近视防控产品真有效吗?谁在"打"孩子眼睛的主意 04-10 14:57
- "丰县生育八孩女子"事件相关案件一审及后续情况六问 04-07 13:01
- "丰县生育八孩女子"事件相关案件一审公开宣判 04-07 12:09
- 病态"加班文化"怎么形成如何解 04-07 05:18

从以上报道可以看出,街头巷议和逸闻趣事这类新闻在社会新闻栏目中的占比较多。

④ 法治新闻。

法治新闻是指发生在法治领域的新闻,包括案件的侦破、审理等相关新闻。但是如案情重大,或涉及政治领域,则需要归入时政新闻。

⑤ 经济新闻。

经济新闻是指新近发生的具有新闻价值的经济活动或经济工作,如经济环境的变化、经济政策的变动和企业动态等。

⑥ 科技新闻。

科技新闻是指发生在科技领域的新闻,如最新科技成果、科技企业或部门的动态和科技人员的活动等。

⑦ 教育新闻。

教育新闻是指发生在教育行业的新闻,如教育政策的变化、招生动态和学校动态等。

⑧ 文化新闻。

文化新闻是指与文学、出版、音乐、绘画等文化领域相关的新闻。这类新闻与娱乐新闻在内容上常有交叉,许多网站只选取二者中的一个设置栏目,或者将二者统称为文娱新闻。

⑨ 娱乐新闻。

娱乐新闻是指发生在娱乐界的新闻,如最新电影电视剧的发布活动、演艺活动和艺人动态等。

⑩ 体育新闻。

体育新闻是指发生在体育界的新闻,如各类体育赛事、运动员的最新成绩等。

(2) 按地域归类。

按地域进行归类有两方面的含义。第一,稿件来源于地方,如人民网新闻中心的地方栏目,其稿件来源就是地方媒体。第二,新闻事件发生在特定的地方,如京报网(www.bjd.com.cn)的"京味"频道就是精选了具有典型北京特色的故事;此外,"北晚在线"栏目又可以看作是《北京晚报》的电子版。

(3) 按信息形式归类。

网站稿件的形式以文字为主,此外还包括图片、图表、动画、音频和视频等,由此产生了图片新闻、图表新闻、动漫新闻和视频新闻等栏目。其中,视频新闻在近年来越来越多地受到各方面的关注。视频新闻是在网络发展基础上应运而生的新的传媒形式。与文字相比,视频有立体感强、集视觉与听觉于一体等优点。可以说,视频新闻是电视新闻的进一步延伸,是在原有电视技术基础上的创新应用。目前,许多大型门户网站都设有视频新闻频道或栏目,如人民网的"人民视频"、新浪网的"新浪视频"等。

(4) 按稿件体裁归类。

按照稿件的体裁,文字新闻通常可分为消息、通讯、新闻特写、新闻专访和评论等。通常,评论类稿件被列为独立的一个栏目的情况较多。大部分网站的新闻频道都设有评论或言论栏目。

(5) 按信息来源归类。

为了强调本网站的原创稿件,网站将这类稿件作为单独的频道或栏目列出。这类频道被网站视为树立本网站品牌形象的重要手段,如千龙网的"千龙访谈"、新华网的"新华视频"等。

(6) 按时效性归类。

按时效性归类即专门为时效性强的内容设置单独的栏目,如"最新新闻""快讯"和"滚动新闻"等。

(7) 按重要程度归类。

按重要程度归类即为重要信息设置相关栏目,最典型的栏目是"要闻"。需要注意的是,归入"要闻"栏目的稿件通常也根据其内容属性归入相应的栏目中。

三、如何进行稿件分类

1. 选择稿件关键词

前面介绍过划分网站频道与栏目的主要方式是根据稿件的内容性质,网络编辑需要根据稿件的内容性质将其归入对应的栏目中。判断稿件内容性质的指标就是稿件关键词。

稿件关键词是指表明文章内容主题的词语,即稿件的主要内容和中心词,包括事件主要人物、事件所属领域、事件影响领域、人物所属领域等。

稿件关键词的判断,需要考虑以下三个因素。

(1) 当事件中出现多个人物时,根据人物的知名度及影响的重要程度选择关键词。

【例 3-1】王毅会见第 78 届联合国大会主席弗朗西斯(关键词为"王毅")

【例 3-2】央视报道的千年古琴,曾是苏轼的藏品!(关键词为"苏轼")

(2) 使关键词与读者的关注点相吻合。

【例 3-3】十八名中国非法入境者在西班牙被警方逮捕

【例 3-4】北京近期雷电频频　气温高于历史同期

例 3-3 中,中国读者关注的是"中国非法入境者",该词可作为关键词。例 3-4 中,北京读者最关注的是"北京",同时也关心与自己日常生活息息相关的"气温",这两个词可同时选为关键词。

(3) 从网民的需求和兴趣出发选择关键词。

应当尽量把稿件放到网民认可度和关注度比较高的栏目中。如搜狐网《浙大计算机教授谈起 AI 时代感到"慌"　他的毕业生已被抢走》(2023 年 4 月 12 日,原载《钱江晚报》),这条新闻既可以放入教育新闻栏目中,也可以放入科技新闻栏目中。但考虑到网民对教育新闻的关注度较高,可将其纳入教育新闻栏目中。

2. 稿件分类的依据

(1) 根据关键词分类。

根据关键词将稿件归入对应的栏目中。需要注意的是,如果稿件中有多个关键词,但这些关键词分属于不同的类别,可根据最主要的关键词归入主要类别,或者归入多个类别。

（2）根据时效性分类。

时效性很强的稿件，尤其是突发事件的连续报道可归入"最新新闻""滚动新闻"这类栏目。同时，也可根据内容性质确定关键词，归入所属的栏目中。

（3）根据重要性分类。

稿件中涉及重大事件、重要人物的，可归入"要闻""重要新闻"等栏目中。

（4）根据信息形式分类。

网络稿件以文字为主，此外还包括图片、图表、动画、音频、视频等。可以按其形式直接归入对应的栏目中。但如要与文字稿件配合使用，则可与文字稿件纳入同一个栏目中。

3. 稿件分类的注意事项

稿件分类是网络编辑的日常工作之一，稿件的分类是否恰当对于稿件的点击量有较大的影响。对于有价值但并不适合本栏目的稿件，网络编辑应当积极地将其推荐给合适的栏目。

3.3 稿件编辑技巧

一、网络稿件的四种常见错误

一般来说，网络稿件通常需要不同程度的修改，而修改文章就需要高度的责任感和过硬的文字基本功。网络编辑修改文章的水平是由编辑自身素质、水平所决定的，其中文字功底尤显重要。在日常工作中，网络编辑经常遇到的稿件错误包括以下四种。

1. 观点性错误

观点性错误即稿件中表达的观点和思想中的政治性错误。通常，观点性错误是指具有错误导向性的观点或与党和国家的路线、方针、政策不一致甚至相违背的错误观点和提法。

稿件中的观点性错误有些是直接陈述出来的，有些是间接表现出来的，需要网络编辑仔细甄别。观点性错误的表现包括偏离政策、片面看法、媚俗倾向、忽视保密（一是报道过细，言多必失而泄密；二是时间把握不当；三是不注意内外有别）和言辞过激。

2. 事实性错误

事实性错误即稿件中涉及的人物、时间、地点、数据和因果关系等要素有错误，甚至将主要事实歪曲。如将"人民币"错写为"美元"，将"1923年的苏联"错写为"1923年的俄国"，将"湖南"错写为"湖北"等。对于这一类错误，网络编辑可利用搜索引擎、查询工具等查找资料，以便及时更正错误。

目前常见的假新闻通常都是犯了事实性错误，颠倒是非黑白，或是无中生有。例如，2022年出现的假新闻《共同富裕专项补助资金拨付实施方案》《汤加火山爆发导致2022年"无夏"火山灰将飘到中国？》《我国已出现不明原因儿童急性肝炎病例》等。不少假新闻甚至源自传统媒体，经由网络广为流传，造成以讹传讹的现象。

3. 知识性错误

知识性错误即稿件中运用的基本知识有误，如诗词引用错误、缺乏科学常识等。对于此类错误，网络编辑需要在提高自身知识素养的同时，遇到疑问积极请教相关的专家学者，或者通过专业的网络数据库查询资料。

【例 3-5】那火红的金丝菊开得多么美丽迷人啊!

事实上,"金丝菊"顾名思义是"金黄色"的,因此不可能是火红的。

【例 3-6】应英国爱丁堡市、瑞典哥德堡市和瑞士日内瓦州政府的邀请,我市市长昨日启程访问北欧三国。

众所周知,欧洲可分为东欧、西欧、北欧、南欧、中欧、东南欧。上述三国并非都在北欧,瑞典在北欧,英国在西欧,瑞士在中欧。

【例 3-7】在鸦片战争中,英国侵略者用炮火轰开中国大门,造成上海、宁波、天津等地"五口通商"局面。

《辞海》在"五口通商"条目中清晰地注释道:1842年(清道光二十二年)英国强迫清政府签订《南京条约》,中国开放广州、福州、厦门、宁波、上海五处为通商口岸,故称"五口通商"。天津不属于"五口通商"之地。

【例 3-8】该植物分布在喜马拉雅山麓的印度、巴基斯坦、尼泊尔、锡金、不丹等国。

锡金原是一个独立的国家,后并入印度,成为印度的一个邦,我国于2005年予以承认。因此,不能把锡金和印度并列,只能用"锡金邦"的提法。

【例 3-9】去年7月,宁波兴洋毛毯有限公司和旭化成纺织公司与工贸区签订了近200亩土地转让协议;今年4月,这两个企业又与工贸区签订了第二期土地转让协议。

例 3-9 中的"土地转让"这个提法有误。《中华人民共和国宪法》(简称《宪法》)第十条明确规定:"任何组织或者个人不得侵占、买卖或者以其他形式非法转让土地。土地的使用权可以依照法律的规定转让。"由此可见,"土地转让"的提法不符合《宪法》的规定,应改为"土地使用权有偿转让"。

此外,网络编辑应该多注意国际时事,注意收集国家发布的新资料,至少要以最新地图所标的称谓作为依据,从而避免出现在国家名称和地名等称谓上因使用不当而造成的政治类知识性错误。

4. 辞章性错误

这是文稿修改中最常见的一类错误。辞章性错误是指文字表达方面的错误,如错别字、语法错误和标点符号的误用等。修改此类错误是网络编辑工作中的重点内容之一。

二、网络稿件的修改方式

任何稿件在网络编辑的眼中都是"半成品",稿件的修改是一个将"半成品"制作成"成品"的过程。

网络编辑对稿件的修改有以下两种情况。

1. 绝对性修改

绝对性修改是一种无条件的修改,主要是指稿件在思想内容、基本事实或材料运用、文字表述等方面有错误,必须经修改后才能发表。换一种说法,稿件如果存在观点、事实和辞章等方面的错误,就必须改正。进行此类修改需要网络编辑有较高的思想水平、丰富的知识面和扎实的文字功底。

例如,下面例句都存在知识性错误,需要对其进行绝对性修改,改正句中错误后文章才能被采用。

【例 3-10】生物多样性热点地区有马达加斯加、新喀里多尼亚、象牙海岸和智利中部。

象牙海岸是科特迪瓦独立前的称谓,含有殖民主义色彩,现在的正确称谓应当是"科特迪瓦"。

2. 相对性修改

相对性修改是依据时间、地点、条件变动而进行的修改,主要是指稿件本身在思想、事实、辞章等方面都没有什么毛病,只是不完全符合本网站的要求,或者不符合网络传播的要求。网络编辑需要对稿件的角度、内容进行调整,如突出某一部分、删去某一部分,或者做适当的压缩、扩充、合并和分篇等。

三、网络稿件的修改手段

从具体的手段来看,网络稿件的修改包括改正、增补和改写三种手段。

1. 稿件的改正

稿件的改正是指发现稿件中存在的观点、事实、知识和辞章方面的错误,并进行纠正。网络在带来大量便捷信息的同时,也给稿件带来了大量的错误。有些错误虽小,但如果不予以重视并加以改正,可能会影响网站的传播质量,进而影响网站的形象和声誉。

稿件改正的内容主要包括以下几个方面。

(1) 错别字。

错别字是指错字和别字,在古代也称作"白字"。

错别字分为以下两种类型。

① 一种是无中生有,即在字的笔画、笔形或结构上写错了,这被称为"错字"。如将"染"字右上角的"九"写成了"丸",将"猴"字的右半部分写成了"候",或者将"曳"字的右上角多写了一点。

② 另一种是张冠李戴,本该用某个字,却写成了另外一个字,这被称为"别字"。如"戊戌政变"写成了"戊戍政变","按部就班"写成了"按步就班",或者将"建议"写成了"建意"……其中的"戍""步""意"均为别字。

目前的网络编辑主要接触电子文本或打印稿,遇到错字的情况很少,但经常遇到别字。这就对网络编辑的文字基础知识提出了更高的要求。

常见的别字有音同形似、音同形不同、音近形似、音近形不同和形似音不同五种类型。

【例 3-11】音同形似

弛—驰

【例 3-12】音同形不同

法制—法治　废话—费话　富有—赋有

【例 3-13】音近形似

给于—给予　慨—概

【例 3-14】音近形不同

烂漫—浪漫　简历—奖励

【例 3-15】形似音不同

崇—祟　炙—灸

（2）语法错误。

稿件中常见的语法错误包括用词错误、搭配不当、指代不明、句式杂糅和形式逻辑错误等。这方面的具体内容详见第 2 章"网络编辑必备基础知识"的介绍。

（3）标点符号错误。

标点符号在现代汉语表达中必不可少，但稿件中标点符号的误用为数不少。因此，改正标点符号的错误也是网络编辑的一项基本工作。第 2 章已详细介绍了标点符号的使用规范，网络编辑应当严格按照相关规范对稿件中标点符号的错误进行纠正。

（4）数字和计量单位的错误。

稿件中经常出现数字和计量单位。首先，稿件中的数字和计量单位在全文前后的表示方法应一致，避免出现前文用汉字表示单位、后文改用英文字母的情况。如立方米和 m^3 不能混用。其次，要严格遵循数字和计量单位的规范。这方面的具体内容详见第 2 章"网络编辑必备基础知识"的介绍。

（5）逻辑错误。

除了语法问题带来的逻辑错误外，稿件中还可能出现其他形式的逻辑错误。对于这类错误，网络编辑可以采用分析法，通过推理来判断稿件中的信息是否符合常理、是否符合逻辑。

逻辑错误常出现在使用概念、判断方面以及推理证明的过程中。在稿件中出现的逻辑错误通常有以下几种类型。

① 概念的差错。

概念的准确性是逻辑性的第一个要求。概念的差错主要指使用概念不确切、概念不合乎作者所要表达的思想，这是稿件中经常出现的逻辑错误。

【例 3-16】目前，中国男足踢好"亚洲杯"、力争取得小组第一名，成了首当其冲的任务。

"首当其冲"是最先受到攻击或遭遇灾难的意思。这里应该将"首当其冲"改成"首要"。

② 使用判断的差错。

使用判断的差错是指某些判断本身自相矛盾。

【例 3-17】我们在退稿信中要说明稿件用或不用的理由。

这个判断中前后部分是相互矛盾的。写退稿信的目的是退稿，"退稿信"这个概念中不可能"说明稿件可用"，因而在退稿信中只能说明"不用"的理由，而不能说明"用"的理由。把上面这个判断改为"我们在退稿信中要说明稿件不用的理由"即可。

③ 推理证明的差错。

推理证明过程中常见的差错包括论据不足、因果倒置和论题转移等。

【例 3-18】为了加快我国的发展，必须大力发展航天工业。因为在发达国家，航天工业发展很快。

"航天工业发展很快"应该是经济发展的结果，不能把它作为"必须发展航天工业"的理由，这是典型的因果倒置。

(6) 知识性错误。

知识性错误通常是因为作者在某些问题上缺乏知识造成的。网络编辑应该具备丰富的知识和较强的判断力,善于发现和改正稿件中的知识性错误,并养成查阅工具书和使用其他查询工具的良好习惯。

在介绍"网络稿件的四种常见错误"时已详细介绍过知识性错误,此处不再赘述。

(7) 事实性错误。

与其他类型的错误相比,事实性错误带来的负面影响更为严重。因此,发现稿件中的事实性错误是网络编辑的一个重要责任。网络编辑对稿件中涉及的所有事实都必须进行认真的分析和核对,及时发现稿件中存在的事实性错误,避免出现内容失实。

稿件内容失实的常见原因包括主观想象、夸大事实、捕风捉影、东拼西凑和无中生有。

① 主观想象。

主观想象主要是指在新闻作品中加入文学式描写的成分,在没有亲眼见到的情况下先入为主,将主观想象的内容写入稿件中,造成内容失实。

② 夸大事实。

夸大事实也同样会影响信息的真实性。如有些媒体在报道重大事件时,可能会夸大事实的数量,或者夸大事件的细节,以吸引更多的读者或观众。例如,在2017年法国总统选举期间,许多媒体机构都报道了候选人的支持者数量,但事实上这些数字并没有达到那么高。

媒体报道应该秉承客观公正的态度,而上述新闻显然有夸大事实之嫌,经不起推敲和验证。互联网时代,网络编辑一定要警惕为吸引注意力而哗众取宠、夸大事实的稿件。

③ 捕风捉影。

捕风捉影主要是指稿件本身有一定的事实基础,作者又加入了一些自己的臆测,导致了新闻失实。

④ 东拼西凑。

东拼西凑是指把不同时间、不同地点、不同人所做的事情凑在一个人身上,张冠李戴。尽管单独的事实可能是真实的,但整体事实却是失实的。由于现在自媒体大行其道,很多自媒体传播的内容有时未必真实可信,而某些媒体在没有经过多方验证的情况下盲目跟风转载,势必造成混乱,甚至给新闻当事人带来伤害。比如,2023年3月,一自媒体发布消息《上海名校女教师与16岁高一男生谈恋爱》,该消息的第一段写道:"上海名校××中学女教师××,与自己所教高一男生谈恋爱,两个人一个月约会44次之多,用热恋形容并不为过。"

这则消息引起了网民的广泛关注。事实上该消息并没有任何证据证明其真实性,只是一些网友的主观臆测,内容也是东拼西凑。这种现象引发了人们对网络传言的讨论。该学校官方公开回复,澄清这件事是假的。

⑤ 无中生有。

无中生有是指完全捏造、虚构事实,是最严重的一种信息失实。有相当部分的假新闻都是无中生有。例如,2023年3月数据机构Sportradar公布了一份名为《2022年博彩腐败与假球欺诈》的报告,对2022年世界各地的许多体育赛事进行了抨击,并提出62场乒乓球比赛存在打假球之嫌。

国际乒联第一副主席、世界乒乓球职业大联盟（WTT）理事会主席刘国梁表示，国际乒联已在声明中明确指出，近期 Sportradar 公司发布的有关报告中涉乒乓球项目的争议比赛，均不是国际乒联和 WTT 所监管的相关比赛。一些自媒体账号滥用数据、歪曲事实，在网络平台上散布不实信息，对 WTT 和相关赛事均造成了不良影响。这种为博取关注无中生有、恶意捏造虚假信息的行为极其恶劣。

发现事实性错误的有效方法有分析法和调查法两种。分析法是指通过对事实或细节及其叙述方式、写作条件等进行推理分析，判断其内容的可能性和准确性；调查法是对所涉及的事实通过直接的、现场的观察和了解来检查它的真实性。

（8）观点性错误。

常见的观点性错误表现在以下几个方面。

① 片面。

片面即为了强调一方面而忽略了另一方面。这是许多稿件中存在的问题。

② 拔高。

拔高是指为了某种目的，一味地将事实或人物拔高。这不仅可能造成失实，也会误导读者。这种错误常见于模范人物先进事迹的报道中。

③ 随风转。

随风转即紧跟形势走，无论何种事实都生硬地与当前的形势联系起来。

（9）表述性错误。

表述性错误即作者在文字表述或使用其他手段时出现的一些错误。如对于犯罪过程、残暴行为等做过于详细的描述，将法院尚未判决的犯罪嫌疑人称为"罪犯"等。

【例 3-19】常州最近破获一起大案，罪犯蒋正国利用职务之便贪污公共财物总计价值 130 多万元。今天，常州市人民检察院向市中级人民法院提起公诉。

上述例子中就是犯了"将尚未判决的犯罪嫌疑人称为罪犯"的表述性错误。

表述性错误改正的方法有两种：一是替代法，即用正确的内容代替错误的内容；二是删除法，即将不合适的内容直接删除。

2. 稿件的增补

（1）增补的概念。

增补就是增加和补充原稿中所缺少但又需要的信息内容，如交代必要的背景、解释一般读者不明白的概念等。

（2）增补的内容。

① 资料。

资料包括新闻中有关人物、事件的历史，或事件发生的环境等情况的介绍，也包括对报道中涉及读者不熟悉的有关知识、技术、名称等所做的说明。这里增补的资料实际上是稿件的背景材料。背景材料在新闻中起补充、烘托、解释等辅助作用。增补必要的背景材料，可以使读者更完整地了解新闻中的人物、事件和意义。

② 回叙。

回叙是对近期已经报道过的新闻的简要复述。在连续报道中,对已经报道过的重要内容做适当的回叙是为了使读者对事件的发展过程有比较全面的了解。

③ 议论。

议论即对事实发表的看法、评论。对一些很有意义却仅是就事说事的稿件,网络编辑画龙点睛地补充一点议论,既能深化报道的主题思想,又能帮助读者更好地了解新闻的性质、意义,充分发挥舆论的导向作用。

3. 稿件的改写

(1) 改写的概念。

改写是指在原稿的基础上重写。有的稿件内容有意义,材料也丰富,但写得不好,如观点和材料不统一、内容与体裁不协调、结构杂乱或导语枯燥等,需要对稿件动"大手术",重新进行加工。

(2) 改写的类别。

① 改变主题。

改变主题是指对原稿中不够新颖的主题做改动,重新确立主题。

② 改变角度。

改变角度是指对稿件材料重新认识,从最有利于表现事物特征的角度来写。常见的角度改变有:从领导角度改为群众角度、从介绍经验角度改为报道成果角度、从报道成果角度改为发生新鲜事物角度、从会议角度改为解决问题角度、从这家报纸角度改为另一家报纸角度等。

③ 改变体裁。

改变体裁是指将稿件的原有体裁改变为另一种体裁。改变体裁一般都是将信息容量较大、篇幅较长的体裁改为信息容量较小、篇幅较短的体裁。通常是把通讯、经验总结、调查报告、讲话、文件和公告等改为消息,将消息改为简讯、花絮和标题新闻等。

④ 改变导语。

改变导语是指把消息中最重要、最引人注目的内容重新用精练的文字写成导语。导语是消息的开头,应该用简洁、生动的语言来表达,以吸引读者继续往下看。

⑤ 改变结构。

改变结构是指将原稿的结构进行调整,使之脉络清晰或富于变化。改变结构一般有三种情况:一是稿件结构有问题,条理不清、层次紊乱,需要对材料进行重新组合,使之通顺;二是稿件的主题或角度改变了,其结构也将随之调整;三是稿件本身结构没什么毛病,但内容太过平铺直叙,缺少变化,为了使稿件变得有起有伏、富有波澜而做结构变换。

⑥ 删除。

删除的方法有突出主题和摘取精华两种。突出主题包括删除多余的材料,比如背景材料。摘取精华包括取局部而舍其余,取概要而舍详情,取要点而舍说明。

稿件中需要删除的部分包括叙述啰嗦、描写不当、议论失衡、违背情理、解释多余、陈词滥调的句子。

删字的方法包括:一是删除重复的字词;二是删除可有可无的字词。

3.4 稿件校对技巧

一、校对的概念

校对是保证稿件质量的重要环节,是网络编辑的重要工作。网络编辑在校对过程中必须高度负责、认真细致,树立严谨周密、一丝不苟的作风。

清代文字学家段玉裁曾提出校对的两个功能:一是校异同;二是校是非。校对是一个并列词组,包含"校"(校是非)和"对"(校异同)的双重含义。

"校异同"即"照本改字,不讹不漏",是指以原稿为唯一依据(或标准)来核对校样,分辨二者的异同,"同"则不改,"异"则以原稿为准对校样进行订正。"校异同"的作用在于保证原稿的真实性及其价值在出版过程中不致被损害、被破坏。"校异同"又称"机械校""死校"。

"校是非"即"定本子之是非",是指校对者凭借自身储备的知识或其他权威资料来判断原稿中的是非,确认其"是"就通过,确认其"非"就提出质疑。"校是非"又称"活校",是一种层次更高、难度更大的校对功能。

二、校对的方法

传统编辑工作中校对的方法有点校法、折校法、读校法、通读法,是史学家陈垣总结前人和自己的校对经验概括出来的,得到校对学界的公认,被称作"四种基本校法"。加上新近发展起来的计算机校对法,目前一共有五种校对方法。

点校法又称对校法,是指校对者将原稿放左方,校样放右方,先看原稿,后看校样,逐字逐句进行对比。

折校法是指校对者把原稿放在桌子上,把校样上部折到背面,留下要校的那一行字,然后压在原稿上,把校样上要校的那一行和原稿上相应的文字紧排在一起进行校对。

读校法是指两人合作进行校对,一人读原稿,一人看校样。标点符号、另行、另起、空行和重点都要读出来。

通读法是指校对者脱离原稿,直接通读校样。这样有助于快速发现文章中语法、文字等方面的错误。但采用这种校对方法需要校对者对原稿内容较为熟悉。

计算机校对法是运用计算机校对软件辅助校对人员进行校对,具有校对范围广、校对速度快等特点。但需要注意的是,计算机校对法也需要与人工校对结合使用,以降低差错率。

三、网络编校的特殊性

网络编校工作有四个特点:(1)编校合一,网络编辑同时承担编辑和校对工作;(2)网络编校没有原稿、校稿之分,而是直接在原稿中进行校对;(3)网络稿件错误更多,网络编辑需要更加仔细地校对,如字音相同、字形相近的错别字相当多;(4)时效性要求更强。

传统校对法中的点校法、折校法和读校法因为都需要原稿与校稿配合使用,所以在网络编校中不再使用,目前网络编校中可用的只有通读法和计算机校对法两种。

3.5 如何改写稿件标题

在互联网经济时代,受众的注意力是稀缺资源。因此,有学者把互联网经济形象地称为"眼球经济"。电视需要"眼球",只有高收视率才能保证电视台的经济效益;杂志需要"眼球",只有高发行量才能给杂志社带来经济效益;网站更需要"眼球",只有高点击率才能体现网站的价值。

美国民意调查机构盖洛普公司的一项联合调查研究表明,网民往往通过浏览标题来决定是否要阅读这则消息。参与调查的网民阅读过56%的新闻标题,但只阅读过25%的新闻报道正文。我国网民看新闻只阅读标题的比例高达80%,点击网页详细阅读新闻报道正文的比例不到5%,这使得网络新闻标题的选取比报纸、杂志新闻标题的选取更重要。

网络新闻标题的选取与传统新闻标题的选取有着很大的区别。海量的网络新闻信息迫使网络编辑只能简明扼要地罗列出新闻标题,使网络新闻标题导引、导航新闻内容,根本区别于报纸那样可以拥有整体性浏览的效果。网民一般只能从标题来判断新闻内容是否可读,因此,这对网络标题的制作提出了更高的要求。

标题是用以揭示、评价稿件内容的一段最简短的文字,其作用包括提示文章内容、评价文章内容和吸引网民阅读等。对稿件标题的处理是网络编辑的日常工作之一,也是一种最具增值性的创造性工作。标题是文章的眼睛,因此网络编辑在制作标题时往往需要费尽精力突出稿件最新颖、最重要、最有特点、最本质的事实,用最精练的语言表达,以达到最具吸引力的效果。

一、网络稿件标题的特点

网络稿件的标题一方面与传统稿件的标题有共同之处,另一方面为了适应网络传播的需要,也有自己的一些特点。

1. 题文分开

题文分开是网络新闻标题与报纸新闻标题最大的区别。网民无法像阅读报纸一样将标题和正文尽收眼底,而是先看到列表式的新闻标题,再通过点击标题打开正文进行浏览。网民是否继续看新闻,完全取决于其对新闻标题所体现出的新闻价值的判断。

2. 短小精悍

网络稿件以海量信息为重要特点,从网页展示的版面要求来看,新闻网站的主页因为需要尽可能多地安排标题,所以每条新闻所能发布的标题字数非常有限。因此,网络稿件的标题比报纸新闻的标题要求更为严格,一般单行标题不超过25个汉字。再者,电脑屏幕的阅读往往容易使人产生视觉疲劳,人们长时间对着屏幕阅读的习惯也要求标题尽可能短小精悍。

考虑到网络新闻版面主页和二级页面的设置,主页标题应简洁直接,而网页内的文章标题就要提供更多更完整的信息。

以新华网2023年4月12日的一条新闻为例:

"可以坐火车到中国旅行了!"老挝民众连日来热议

该标题中的"可以坐火车到中国旅行了",简练概括了新闻事实;"老挝民众连日来热议",交代了新闻人物。网民通过新闻标题一下就知道了媒体想传播的事情;如果想具体了解新闻事实,就会点击进入二级页面。二级新闻标题则是这样处理的:

"这是老中合作有历史意义的里程碑"——老挝热切期待中老铁路跨境客运开通

相比之下,主页新闻标题更加简洁。

3. 以实题为主

以实题为主是吸引网民的"眼球"、激发网民点击的要求使然。报纸的新闻标题讲究的是艺术性和完整性,对语法和修辞都非常注意。而网络传播则是适应网民对海量信息的需求,这些人思维活跃、反应敏捷、接受能力强,更讲究效率,习惯于以很快的速度浏览自己感兴趣的或对自己有用的东西。因此,为了做到简明扼要,网络新闻标题可以只求简短表达,而不对语法做严格的要求,往往以实题为主,即不加任何议论,直接向网民陈述新闻的主要内容。这样网民可以很快地抓住新闻的要点,以决定是否进一步点击阅读。

4. 超文本链接编排

超文本链接编排给网络稿件带来了题文分开、稿件多层次化等特点。本章第七节的"如何设置超链接"将对此进行详细介绍。

5. 网络媒体辅助优势

网络媒体融合了文字、声音、图像等多种信息形式,这些手段都在网络标题上有所显示。有时甚至可以利用首页显示图片的方式,增强标题的醒目性。

二、网络稿件标题的构成要素

网络稿件标题的构成要素分为必要要素和非必要要素。其中,只有主题是标题的必要要素,其他元素均为非必要要素。这些非必要要素包括小标题、准导语、题图和附加元素。

1. 主题

网络稿件的主题又称主标题或者标题句,是标题的必要要素。它用来揭示稿件中最重要的信息以及概括稿件的中心思想。

2. 小标题

对于比较复杂的事件,可以利用小标题将稿件划分为几个部分,使文章的脉络清晰,更富有条理性,同时也起到提示稿件要点的作用。

3. 准导语

准导语类似于传统报纸消息中的导语。它是在主标题后概括稿件主要内容的一段简短文字,也被称为"内容提要"。准导语通常用于长文章及重要文章中。

(标题)社保挂靠代缴,违法!有人已被判刑

(准导语)中新网北京2023年4月12日电(记者 李金磊)社保挂靠代缴,已经被确认属

于违法行为。但现实中,仍有一些机构为没有劳动关系的个人提供社保挂靠代缴服务,并以此牟利。

社保挂靠代缴有何风险?为何屡禁不绝?该如何规范和治理?中新网"民生调查局"栏目对此进行了调查。

4. 题图

题图即在标题上配的相关图片,题图可以有效地吸引受众的注意力,并且补充标题中未包含的信息。

题图主要包括照片、图表、漫画和动画等。

5. 附加元素

网络稿件的附加元素主要包括随文部分、主观标示和效果字符。

随文部分是指主标题下标注稿件发布日期、来源等内容的文字。随文通常与正文一起出现,一般在二级页面、三级页面中。

主观标示是指网络编辑在发布稿件时,在标题上附加的评价或标示符号。如在标题后加上"hot"表示网络编辑认为此稿件较为重要,加上"推荐""精华""关注"表明此稿件值得一读,加上"new"则表示此稿件为刚刚上传。

效果字符是指通过技术上的手段使标题产生特殊的字符效果,如发光、变换颜色和移动等,从而吸引网民的注意力。

三、网络稿件标题制作

1. 网络稿件标题制作的基本步骤

网络稿件标题制作一般都要经过读稿、命意、立言、修整四个步骤。

(1) 读稿。

读稿即仔细阅读稿件,这是制作标题的第一步。认真阅读导语及全文,提炼出最重要、最新鲜的内容。

(2) 命意。

命意是酝酿、构思标题内容的过程,目的是在通读原稿的基础上,把新闻中最具有新闻价值和社会意义的事实提炼出来。

(3) 立言。

立言是指在标题制作过程中把命意阶段已经确定的标题内容和表现方式用适当的文字表达出来。标题立言要力求深入浅出、通俗易懂、生动引人。

(4) 修整。

修整是制作新闻标题的最后一个程序,也是必不可少的一个程序。只要时间允许,网络编辑应对标题进行仔细推敲和修改。

2. 网络稿件标题制作的基本要求

网络稿件标题的制作是以一般新闻标题制作的原则和要求为基础的。

一般性新闻标题制作的基本原则为:① 准确性。准确性是指新闻标题中出现的时间、地点、人物等新闻五要素都准确无误。② 简洁性。简洁性要求新闻标题用尽可能少的字数高度概括新闻事实。③ 真实性。真实性是指新闻标题陈述的事实必须合乎客观实际。④ 生动性。生动性要求新闻标题有立体感或具体形象,最好带有一定文采。

一般新闻标题制作的要求如下:

(1) 新闻标题必须标出新闻事实。

人们阅读新闻是为了更快捷地阅读自己感兴趣的信息以节省时间和精力。因此,新闻标题制作的第一要义就是标出新闻事实以满足读者的信息需要,起到引导读者阅读的作用。

例如,下面这篇来自《光明日报》(2023 年 4 月 12 日)纸质媒体的稿件部分内容,如果要在网络上发布,则需要加强标题中"实"的成分。

痴情守护文物 妙手再塑繁华
——2022 年全国文物职业技能大赛走笔

在文物行业,有这样一个群体,他们默默无闻、甘于寂寞,用一只只巧手、一双双慧眼、一颗颗匠心、一腔腔热忱,让无数破损残缺的文物重获新生。他们,有一个共同的名字——文物修复师。

3 月 25 日至 26 日,2022 年全国文物行业职业技能大赛决赛在山西省太原市举行,来自全国 27 个省(自治区、直辖市)的 219 名选手齐聚一堂,展开角逐。无论是迈进文物修复行业大门不久的"初生牛犊",还是正当盛年、年富力强的"中流砥柱",抑或数十年在修复领域深耕的前辈,一位位文物修复领域的"高手",向世人诠释何为"工匠精神"——执着专注、精益求精、一丝不苟、追求卓越。

……………

(资料来源:2023 年 4 月 12 日《光明日报》)

本文如要改为网络新闻标题,最好是避开标题中"虚"的成分(即痴情守护文物),以实实在在的新闻事实来制作网络标题:

《2022 年全国文物行业职业技能大赛决赛在太原举行 219 名文物修复师比拼修复技艺》

新闻走笔是一种类似散文或通讯的写作手法,其故事性、可读性和文学性更强,放到传统媒体中非常合适。但是放到网络媒体中,这种虚题不太适合网民的快速阅读习惯。如果只看标题无法了解到底发生了什么事情,则会降低网民点击的意愿和可能性。如果改成实题,像上述标题中出现"全国文物行业职业技能大赛"的关键词,网民一下就知道了新闻的类别和重要性,而标题中出现"219 名文物修复师"的关键词,用数字告诉网民比赛的规模和参加人数,让网民更容易记住新闻事实,这些都是吸引网民点击阅读的技巧。按照这种思路修改稿件标题,显然更能引起网民继续了解新闻内容的兴趣。

(2) 新闻事实要有一种确定性,呈现出动态。

网络新闻标题还要明确地给出动态的新闻事实,即告诉读者事件的发生与发展。要达到这种效果,可以用一个完整的句子或者主谓(宾)结构来表达标题,同时还要在标题中突出某一个或某几个具有新闻价值的要素,使标题具有亮点。

3. 一般新闻标题的分类

(1) 实题与虚题。

新闻标题根据表现方法与表现重点的不同可分为实题和虚题两类。实题以叙事为主，把新闻中最主要、最有意思的事实传达给读者。虚题以说理为主，着重表述观点，实际上具有评价事实，隐示倾向的作用。实题可以单独使用。凡写实题就已能使读者明白含义的新闻，网络编辑就无须再写虚题。标题如果采用虚题，必须与实题相配，否则，若只有虚题，读者就无法理解新闻的具体内容。

(2) 单一型标题与复合型标题。

早期的新闻标题大多是一行题，而且以4个字的标题居多。1870年3月24日《上海新报》的"刘提督阵亡"是有据可查的最早的新闻标题。随着报纸新闻业务实践的步步深入，两行或两行以上的多行标题多了起来，标题的结构也逐步复杂化。

传统的新闻标题按结构可分为单一型标题与复合型标题两种。

单一型标题只有主题没有辅题(引题和副题)，复合型标题既有主题又有辅题。

传统的新闻标题理论认为，单一型标题表达的内容一般比较单纯，主题基本承担标题的全部任务。复合型标题所表达的内容比较复杂，引题引出主题，副题补充主题，颇有气势和力量。引题可以叙事、说理、抒情，而副题一般只能叙事。主题是稿件内容精华的浓缩，经常用于概括新闻中最主要的事实和观点。引题、副题、主题三者合用时就是一个完整的系列标题，用于重大的或严肃的新闻。

副题对主题起补充和解释的作用，其实用情境分为两类：第一类是主题不写事实，只提出一个论断或疑问，标题要提示的新闻事实全部写在副题中；第二类是主题已经承担部分叙事任务，副题则补充交代其他的事实。

【例3-20】金融时报：不需要大跃进式的牛市(主题)

调控举措是管理层对牛市的悉心呵护，投资者应当用心领会政策意图(副题)

【例3-21】3D打印首次在线虫体内造电路(主题)

有望用于脑机接口领域(副题)

【例3-22】"同辈比较"是受访求职者心理压力首要来源(主题)

专家提醒，要在同辈比较和专注自我之间做好平衡(副题)

4. 网络稿件标题的制作

网络稿件标题的制作主要包括标题内容的制作和标题形式的制作。

(1) 选择标题内容的原则。

① 准确原则。

准确原则是标题制作的核心原则，即标题与文章主旨一致，做到题文一致。

如2023年4月12日，中国新闻网的新闻《省委书记密集调研：暗访路边摊、穿牛仔裤下基层》。这篇新闻说的是多地省委书记深入一线，以"四不两直"等方式开展调查研究。调研暗访目标有：市场商户、美食街、火灾现场、城中村等。所以这篇新闻的标题并不是很准确，可以改为《多地省委书记深入一线暗访调研 为百姓解决实际问题》，改为这样的标题就可以更准确地概括新闻内容。

这种题文一致包括两方面含义。

首先,标题所提示的事实要与新闻内容一致。具体来说就是:第一,标题所写的事实应是新闻中本来就有的,不是虚构的;第二,标题可以从新闻中选择某一事实,但是这种选择不能不顾及事物全貌,不能歪曲整个新闻的基本事实。

其次,标题中的论断在新闻中要有充分依据。标题可以具体描述新闻事实,也可以对新闻中的事实进行概括,做出论断,但所做的概括和论断一定要有充足的新闻事实作为依据,不能是片面的、夸张的、拔高的。

② 全面原则。

如果稿件中涉及的事件包括多个同样重要的方面,就需要将内容全部反映出来,不能忽略任何一方面。

③ 新意原则。

标题要体现稿件中最有信息的事实。如果稿件中只有一件主要事实,可采用分解法,对其各个新闻要素进行分析,即找出事件的五个"W"中最有新意的一个"W"或几个"W"。

④ 具体原则。

对于稿件中涉及多个事实的情况,通常只选择一个或几个重要事实放入标题。

具体原则又可进一步分为以下几个原则。

- 关联度原则:将与读者关系最密切的内容放入标题。
- 最新进展原则:对于正在变动的事件,要将事件的最新进展放入标题。
- 关键数据原则:将稿件中出现的关键性数据放入标题。
- 释疑解惑原则:将读者欲知而又不知的内容放入标题,解决读者的疑问。

(2) 优化标题形式的方法。

① 活用动词。

通过观察主语和宾语的特点来选择生动、富于个性的动词,有助于提高标题的表现力,也可使标题更易于记忆。这种使用动词的手法在修辞中称为"拈连"。

【例3-23】算命将他"算"进班房

【例3-24】当心:减肥会"减"掉你的聪明

例3-23中的"算"与"命"结合组成自然的搭配,把它与"进班房"连用,使原本不搭配的词语,在超常规的语言用法下,巧妙自然地结合在一起。例3-24也是如此。

② 巧用修辞手法,包括比喻、对偶、拟人、借代、对比、反复和双关等,下面介绍比喻和对偶两种修辞手法。

- 比喻,俗称打比方,是人们最喜爱的语言表达方式之一。比喻就是当一个事物与另一个事物具有某种相似点的时候,人们通过联想把两个事物有条件地相提并论,用其中一个事物来描绘、说明另一事物,以使表达变得形象生动、可感可知。

【例3-25】让财产申报成为贪官外逃"拦路虎"

本标题中"拦路虎"的比喻形象地说明了财产申报制度对贪官外逃的遏制作用,也使标题更具吸引力。

【例 3-26】上海市出"组合拳"加速淘汰高污染汽车

本标题中的"组合拳"比喻的是上海市出台的两种互为补充的政策,即对高污染车辆限行和对老旧汽车淘汰更新进行补贴。"组合拳"的说法简洁生动,比"双管齐下"等说法更为形象,也更富有概括性,同时还暗示了两种政策之间互为补充的关系。

● 对偶。从形式上看,运用对偶辞格的新闻标题音节整齐匀称,节律感强;从内容上看,运用对偶辞格的新闻标题凝练集中,概括力强。

【例 3-27】《长沙湘荷村:品书香悦读经典 启智慧沁润心田》(红网,2023 年 3 月 13 日)

《弘扬传统文化,感受传统魅力:港道小学开展中华优秀传统文化教育系列活动》(网易山西,2022 年 6 月 16 日)

③ 借用成语、古诗词、俗语和流行歌曲等。

你是人间四月天 义务守陵员刘国信:走过四季,又迎来春天

守护和传承是一种播种,在不远的未来,红色的种子将深植每个人心底,涵养我们精神的原野。

临近清明,吉林珲春大荒沟村的春风还夹带着一丝寒意。像过去 43 年的很多天一样,义务守陵员刘国信早早起床,从家赶往十三烈士陵园。

老人今年 69 岁,曾是一名军人,听着革命故事长大。年轻时参加过海城地震、唐山地震的抗震救灾。1977 年 4 月,退伍回到家乡当天,刘国信第一时间来到了陵园。见过生死,也经历了生死,他开始理解为什么英烈会勇敢地面对牺牲。

……………

(资料来源:央视新闻网 2022 年 4 月 4 日)

《你是人间的四月天》是林徽因的一首诗,关于这首诗有两种说法:一是为悼念徐志摩而作,二是为她儿子的出生而作。将这首诗用在这里,是在表达爱、温暖和希望。

此外,由于流行语在网络世界中传播广泛,网络新闻标题中的流行语也屡见不鲜。

【例 3-28】

《从〈孤勇者〉到"电摇",这些小学生的社交语言你懂吗》(新华每日电讯 2023-04-12)

《山寨"迪士尼"童装销售额达 1600 余万元!警方捣毁制售假团伙》(上观新闻 2023-04-12)

《1.36 万亿!这些上市公司,分红太"壕"了……》(证券时报网 2023-04-13)

《北京昌平新城东区开发建设按下"快进键" 打造京北消费新地标》(中国新闻网 2023-04-02)

《超 4 亿人集体"吃土",40 多年的防护林不管用了?》(每日经济新闻 2023-04-12)

此外,为了使标题更生动活泼,更好地吸引读者,网络编辑往往会巧妙地将谚语、典故、文学作品或电影作品名称移植于新闻标题中,以达到标新立异、超凡脱俗的效果。

【例 3-29】

《十问"回锅沙":为啥挡不住?还要吹多久?》(上游新闻 2023-04-13)

《"绿水青山"变"金山银山"》(兰州晚报 2023-04-12)

《亮剑!连续 3 天演习,解放军出动这些先进武器!一图速览》(北京日报客户端 2023-04-10)

标题《十问"回锅沙"：为啥挡不住？还要吹多久？》借用"回锅沙"来形容沙尘回流现象，显得形象生动；标题《"绿水青山"变"金山银山"》借用了"绿水青山就是金山银山"那句话，让人印象深刻，非常容易理解；标题《亮剑！连续3天演习，解放军出动这些先进武器！一图速览》借用了抗战电视剧《亮剑》的名字，意义不言自明。这些标题有的寓意深长，生动形象，有的极富启示性，充满新意。

④ 巧用数字、字母、字符表达言外之意。

数字通常比文字更有说服力，在标题中恰当使用数字也能让人眼前一亮，更能突出重要的信息内容。

【例3-30】中国将研发"高速磁悬浮交通"技术 时速500公里

（3）网络稿件标题制作的注意事项。

① 结构要尽量简化。

网络稿件标题通常采用单一型标题，且通常为实题。另外，即使稿件中使用了复合型标题，在首页或栏目下一般也不出现辅题，仅出现主题或另拟标题，而辅题一般只与正文一起出现。

② 注意网站对标题字数的限制。

考虑到网页版面的美观性，很多网站对标题字数进行了限制。有些网站规定标题字数不能超过20个字。

此外，某些网站还对同一栏目下的稿件标题字数做出了统一性的规定，要求字数接近。网络编辑在制作标题时应注意相关规定。

③ 标题与内容提要应互相配合。

标题与内容提要是一个层层递进、彼此配合的关系。如果一篇稿件同时使用标题和内容提要，应考虑二者的互补关系。如果在标题中点明了五个"W"中的何事、何人要素，那么内容提要中就应转而介绍何时、何地、为何等要素。

5. 网络稿件标题的双重任务

（1）多级阅读的起点。

网络稿件与传统报纸媒体的稿件在形式上有一个重大的区别，即稿件信息不是在一个平面上，而是分为五个层次，依次为标题、内容提要、正文、关键词/背景链接、相关文章，由此导致网络稿件的阅读是一个多级阅读的过程。

从信息层次来看，标题是网络稿件多级阅读的起点，是信息内容的最基本层次的提示。受众可以通过对标题的扫描式阅读来获得基本信息。因此，网络标题应该具有传达事实的基本要素。

（2）吸引关注，引导下一步阅读。

标题也起着吸引关注、引导下一步阅读的作用。标题是多级阅读的起点，标题是否吸引人决定了读者是否会进一步点击阅读下去。

传统上认为消息标题要标出新闻事实，不能够使用悬念式的标题。但是现在为了提高点击率，引发读者的好奇心，一些网络新闻乃至传统报纸媒体也会采用悬念式的标题。

淄博烧烤,怎么突然就火了?

山东城市正在成为今年"五一"游的顶流。

截至4月10日,青岛、威海、济南、烟台强势登上"五一"全国住宿预订TOP20,被烧烤带火的淄博更是凶猛,住宿预订量较2019年上涨800%。

……

(资料来源:2023年4月12日《每日经济新闻》)

悬念式的标题往往用一个疑问式就能引起读者的好奇心和探究欲,这在新闻标题中也不算少见。作者之所以用疑问句,是希望有更多人阅读这篇新闻。作者在"淄博烧烤"热度不断攀升之时抛出这个问题,推出了这篇报道,确实能引起更多读者的探究欲。

四、网络稿件标题的编排与美化

稿件标题的编排与美化是网络编辑工作的重要组成部分。

1. 字符变化的设计效果

字符包含字号与字体。不同的字号、字体能够让读者从视觉上感觉到不同网络稿件的重要性和特点。

从图3-3中几条标题的字体和字号的差异可以明显看出,《六个故事,走进中国"南大门"新时代答卷》一稿在页面中的位置最显著,其次是《李强:坚定信心　为高质量发展注入强劲动力》一稿。

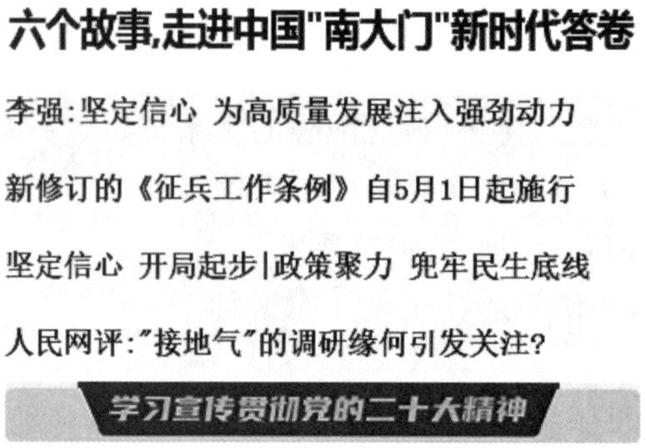

六个故事,走进中国"南大门"新时代答卷

李强:坚定信心　为高质量发展注入强劲动力

新修订的《征兵工作条例》自5月1日起施行

坚定信心 开局起步|政策聚力　兜牢民生底线

人民网评:"接地气"的调研缘何引发关注?

学习宣传贯彻党的二十大精神

图3-3　标题

2. 色彩、空白、题花和线条

色彩是一种隐性语言,能够给人不同的视觉感受,从而引起不同的心理体验。大部分网站的色彩以黑色和蓝色为主,但有时为了突出某条标题也会采用红色这类对比度较大的颜色。

"一般而言,色彩的功能主要是信息功能、传情功能、强势功能和组织功能等。它能起到以下作用:① 揭示内容,凸显事实;② 增加信息,帮助记忆;③ 引起注意,加深印象。"[1]色彩

---

[1] 曾励. 如何制作网络新闻标题[J]. 新闻与写作,2002(11):28-30.

的作用就在于其不仅可以达到人们视觉心理上的平衡和认可,还增强了标题的表现力,从而营造出强烈醒目的视觉效果和气氛。一些网站如新华网、南方网在新闻标题的制作上大胆地使用蓝、红、灰等颜色,力图通过颜色的变化消除读者的视觉疲劳,使读者能够保持阅读兴趣。

空白主要指标题周围的留白,这也是一种重要的标题编排手段。标题周围适当留白的作用主要包括:突出重要稿件,产生阅读节奏,缓解视觉疲劳;使页面疏密有致,产生视觉美。

题花和线条在网站页面中主要用来区分稿件,便于读者阅读。如新浪网首页的标题下面都有一条直线,使得页面一目了然。

3. 标点符号

网络稿件标题中最常用的标点符号包括逗号、问号、叹号、引号和冒号等。其中,冒号的使用与其在传统媒体中的使用有一定的区别,具体如下。

(1) 分隔发言主体与发言内容。

冒号前的部分点明发言主体,这个主体包括人、机构或部门等,冒号后的部分介绍内容。这是最常见的一种使用方法。

【例 3-31】王毅:继续坚持多边主义

【例 3-32】河北省省长王正谱:抓好"三夏"工作　确保应收尽收颗粒归仓

【例 3-33】故宫博物院:"六一"带未满 14 岁儿童参观,一名家长半价

【例 3-34】香港旅发局:今年前 5 月访港旅客突破千万人次

例 3-31 和例 3-32 的发言主体都是人,例 3-33 和例 3-34 的发言主体是机构或部门。

(2) 强调稿件的某一内容要素。

【例 3-35】外交部宣布:他将访华!

(3) 点明稿件刊发的媒体、体裁等。

【例 3-36】新京报:对大学师生恋零容忍,才不会有"学术妲己"

(4) 分隔作用。

冒号分隔后的前后两个部分分别类似于传统报纸媒体中的引题和主题。

【例 3-37】直击木里山火:村民连夜送水至火场,消防员扑灭百年大树火点

【例 3-38】广东印发方案:到 2025 年新能源产业营收破万亿

3.6　如何提炼内容提要

一、内容提要的概念

内容提要是概括稿件主要内容的一段文字,也叫作准导语。与标题相比,内容提要的内容更详细,传达的要素更多,但与正文相比,它又简短得多。

二、内容提要运用的场合

（1）内容提要在导读页紧接标题出现。适用于重要的稿件。导读页包括网站首页、频道首页或栏目首页等。

（2）内容提要在正文页的标题后出现。作为标题与正文之间的过渡出现的。

（3）内容提要在正文中出现。这类内容提要通常在正文中每一个段落前出现，提示该段落的主要内容。

（4）在微信等新媒体平台中，单条推送的图文消息需要写出内容提要，以吸引读者注意。

三、内容提要的作用

1. 吸引读者关注

网络稿件的多级阅读、多级信息的特征，使得网络稿件的发布也呈现层次化的特点。读者需要逐层点击才能看到稿件正文。但由于字数的限制，有时候标题难以充分揭示稿件中的重要信息，重要稿件更是如此。这就需要补充内容提要，弥补标题的不足，更好地赢得读者的关注。

2. 提炼稿件精华

与传统平面媒体的阅读不同，网络媒体的阅读是一个扫描式阅读的过程，读者需要在短时间内抓住主要的信息点。而内容提要就能帮助读者迅速地获取文章精华，也起到一定的导读作用，使人们更有目的地阅读全文。

3. 调节阅读节奏

在标题与正文之间或正文的各段落之间加入内容提要，可以在一定程度上调节读者的阅读节奏，使他们的视觉有短暂的停顿，以获得更好的阅读效果。

四、内容提要的写作

内容提要的写作是一个对稿件再创造的过程，需要对稿件内容进行分析、判断和提炼。内容提要的写作通常采用全面概括与提炼精华两种思路。

1. 全面概括

全面概括是内容提要写作中最主要的方式。其目标是用凝练的语言将稿件中的主要信息或观点概括出来，使读者可以更迅速地把握稿件的主要内容。

对于以传达新闻信息为主的稿件来说，要全面概括稿件的内容就需要明确新闻的五个要素，即五个"W"。在内容提要中介绍事件、时间、地点、人物、原因这五个要素或其中最重要的几个要素。

通常标题很难将这五个要素都包含进去，因此，可以利用内容提要全面概括所有的要素，或者补充标题中没有涉及的新闻要素，以便传达更丰富的信息。

【例3-39】主标题：中国将研发"高速磁悬浮交通"技术　时速500公里

内容提要："十一五"期间，中国将研发时速为五百公里的"高速磁悬浮交通"技术，并建设一条三十公里高速磁悬浮列车中试线，完成具有自主知识产权的定型化试验。

内容提要中补充了时间这一新闻要素，并进一步补充了主要事实。

有些稿件主要介绍的是人物观点,这类稿件重在突出人物的主要观点。因此,对于这类稿件可直接对文中涉及的观点进行简要的概括。在形式上,可将每一观点列一行,用提示符加以强调。

2. 提炼精华

某些稿件内容丰富,如果全面概括就难以突出稿件的重点。在这种情况下,内容提要则只强调稿件中最有价值、最有新意或最有吸引力的内容。

3.7 如何设置超链接

一、超链接与超文本的概念

超链接技术是一种以非线性的网状结构组织、管理文本信息的技术。它能够给读者提供跳跃式、联想思维式的阅读和检索。与传统技术相比,它更注重于所要管理的信息间关系的建立和表示。它是以信息和信息之间的关系全面地展示现实世界中的各种知识。

用户在浏览超文本时,可以随时选中"热点",跳转到其他的文本信息。由此可见,超文本的特点就是一种"跳转"连接(大家所熟悉的 Windows 的"帮助系统"就是一个典型的超文本结构的信息系统)。从用户的角度来看,打开一个浏览器(如微软公司的 Internet Explorer),在地址栏中输入一个网址再打开就会出现目的页面,上面有许多"热点",用鼠标点击就可以透明地访问远程服务器上的文档,这样就实现了整个 Internet 上的信息漫游。这种页面的组织方式即我们所称的超文本。

在实际运用中,超链接与超文本这两个概念是紧密相连的。这二者的差别在于:超链接是一种按信息之间关系非线性地存储、组织、管理和浏览信息的计算机技术;而超文本则是通过运用超链接技术,将文字信息组织在一起的网状文本。这二者之间可以看作是手段与目的之间的关系。

超文本结构的出现使得网络文本与传统文本在写作和阅读等方面出现了根本性的区别,最初这种区别突出的特征在于:传统文本是线性结构,而超文本是非线性结构。

二、超链接的作用

超链接打破了传统信息文本的线性结构,可以对一些重要概念进行扩展,可以改变传统的写作模式。超链接的运用方式包括以下三个方面。

1. 扩展重要概念

对重要概念的扩展有两种具体实现方式。一种是用专门制作的注释页面来实现链接,另一种是直接链接到相关页面。这有助于读者获得更为丰富的信息,直观、立体地了解新闻事件。尽管这会带来转移阅读目标等副作用,但在发挥读者的能动作用、扩展报道面、加强报道深度等方面有着重要意义。

注释页面中需要加入链接的对象包括:新闻中的重要人物或关键人物;新闻中涉及的过往新闻事件;新闻中涉及的重要历史、地理背景;新闻中涉及的重要组织、团体、机构等;新闻中涉及的重要概念、科学术语等；新闻中涉及的政策、法规、文件等；新闻没有展开介绍，但有必要进一步解释的对象。

链接到的相关页面包括知识介绍、相关报道、相关网站、相关搜索。

2. 分层单篇稿件

单篇网络稿件的层次化主要是利用超链接将文章分成若干个层次，各个层次的内容分别展开、补充与延伸。

一篇文章的完整层次包括：

（1）层次一——标题；

（2）层次二——内容提要；

（3）层次三——新闻正文；

（4）层次四——关键词或背景链接；

（5）层次五——相关文章等延伸性阅读。

3. 改变传统的写作模式

从信息传播方面看，超链接打破了传统信息文本的线性结构，它使网络信息之间的联系得以增强；同时，也带来了新闻稿件的层次化。传统的文本写作是在单一层次上完成的，所有的信息都是一次性接触到。但是，对于某些读者来说，其中有一部分信息属于冗余信息，而传播者仍需要拿出资源来提供这些信息，这样会造成资源浪费。

而超文本的利用在一定意义上可以改变这种状况。在进行写作时，可以利用超链接将稿件分层，将信息内容逐层呈现，受众可以按需要获取不同层次的信息。如图3-4所示，超文本结构模型展示了网络信息的层次化，受众可以更精确地选择自己需要的信息。

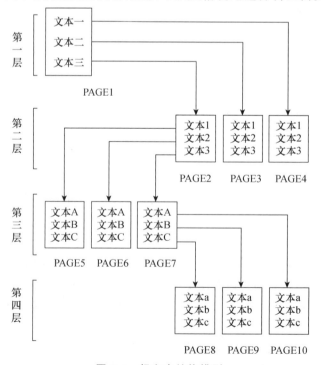

图3-4 超文本结构模型

三、超链接的设置要点

1. 关键词

在一些网络信息发布系统中,系统提供了设置"热字"的功能。所谓"热字",就是文中的关键词。

2. 延伸性阅读

延伸性阅读主要包括"相关文章""跟帖""发表评论"等相关内容。这部分既可以作为阅读的一种延伸,又可以作为一个互动的入口。

除了"相关文章"外,也有不少网站将"相关专题"作为延伸性阅读的一部分。此外,"跟帖""发表评论"等也是常见的延伸性阅读方式,它们所链接的是网站的论坛,这就将网民的评论与新闻结合得更为紧密,使受众能真正成为新闻报道的参与者。

3. 改写文章

利用超链接改写文章主要有以下三种方式。

(1) 将单篇文章分层。

将单篇文章分层即利用超链接将一篇文章分解为若干个层次。

(2) 将多篇文章整合为一篇文章。

整合后的文章可由"主体骨架"与"超链接"两部分组成。这种方式的写作思路如下。

首先,主体部分采用一种合理的结构方式将原有各文章中的主要材料或信息串联在一起,对事件的主要线索做清晰的交代。文章可按倒金字塔的结构进行写作,或者按照时间从远到近或者从近到远的方式进行写作,也可以按逻辑顺序来组织材料。在写作时要考虑到初次接触信息的人的情况。

其次,利用超链接对主体部分的内容进行展开。

(3) 缩写长文章。

缩写长文章要注意留取文章的主要线索,将详细的论述和展开部分用超链接的形式进行展开,以便有效地减少页面篇幅,提高阅读效率。

四、超链接设置的注意事项

1. 注意超链接的度与量

网络编辑在设置超链接时应把握超链接的度与量之间的平衡,不能为了提高点击量在热点新闻中设置过多的超链接,否则容易引起读者的反感。

在设置超链接时,网络编辑需考虑以下两个因素。

(1) 读者对象的层次。

不同网站的读者定位在层次上有所不同,这些读者对各类知识的掌握程度也是有差异的。如《经济日报》2023年4月14日发布的新闻稿《弥补城乡数字鸿沟》,网站在转载这篇新闻的时候是否给"数字鸿沟"加上链接进行解释,取决于网站的定位。如果是商业性网站,在正文中可能需要给"数字鸿沟"做一个名词解释,以适应普通读者的阅读需求。

(2) 形势与时局的变化。

根据国家经济社会发展的不同形势,对于一些常识性的概念也可以设置超链接加以说明。如人民网 2023 年 4 月 10 日的新闻《强观察|二手房"带押过户"会加速成交回暖吗?》就可以给"带押过户"加上链接进行解释。

2. 注意超链接设置的位置

通常在稿件正文中直接将关键词和背景设置超链接,以便引起读者的阅读兴趣,也便于打开超链接。

但近年来有学者认为,正文中加入超链接容易带来阅读目标的转移,因此,即使是关键词的链接也应该放在正文之后。

目前,一些网站在加入超链接的关键词附近打开一个小窗口,可以在一定程度上解决网民阅读目标转移的问题,但目前还不能做到适用于所有的场合。

3. 注意超链接打开的方式

超链接打开的方式有以下两种。

(1) 在当前窗口打开。

这是一种最不合理的做法,会使当前窗口直接被新窗口替代,完全改变了当前的阅读目标。在文章中加入超链接时应注意避免这种方式。

(2) 在新窗口打开。

这是最常见的打开方式,不会影响当前的阅读。

网络信息的选择与加工是网络编辑日常工作中的核心工作之一,网络编辑必须掌握稿件筛选加工、稿件修改、标题制作和提炼内容提要的基础知识,以及具备相应的能力。

一、请找出下列句子中的错误,并修改。

1. 国家京剧院文武老生李阳鸣今年 6 月因病英年早逝的消息令人婉惜。

2. 这起案件从公安机关开始立案侦察到法院宣判,一直没有直接人证、物证。

3. 下个月,南瓜就将收获,"如果像去年一样得价的话,每亩可赚 4000 多元!"答话的是屯长卢德彬。

4. 4 月 18 日是米热古丽·玉素甫的 24 岁生日,她的人生才刚刚开始,她的心中一定有个让她魂牵梦萦的"白马王子",日渐年老的父母,还等着为他披上嫁衣,看着她幸福地生活。

5. 海监 84 船对其进行喊话宣誓主权。

6. 对航空公司而言,即便受"诈弹"影响还未起飞,只需重新对旅客进行安检,并对机舱进行清仓检查,也要因为推迟起飞时间承受运营损失。

7. 何秀英经常通宵达旦忙着工作,在科研院所里,至少需要好几位大小伙子合作完成。

二、请将下列稿件标题修改为更适合网络传播需求的标题。

1.【第 26 届学生科技节成功举行 各类创意产品展出】

2.【北京市 56 中学生贵州支教获好评】

3.【北京高校参与小学体育美育发展工作初见成效】

第4章

网络新闻写作与多媒体编辑

 本章导读

  1. 网络新闻写作中，涉及新闻的几种体裁主要有消息、通讯、新闻特写和新闻评论等。本章重点介绍消息写作，其中包括新闻标题写作、导语写作、主体写作和背景写作等。

  2. 网络新闻专题策划中，主要涉及如何策划、组织、实施网络新闻专题的问题。

  3. 视听语言基础知识中，主要涉及图片、图表、动画、声音和视频等视听语言种类，还有新闻摄影、广播电视新闻报道、照片拍摄的基本知识、视频的采集与编辑、声音运用的基本规律等。

  4. 视频编辑软件中，主要介绍 Premiere Pro 2003 软件的简单应用，包括如何创建与设置项目、创建与设置序列、剪辑视频、字幕制作、视频切换效果、视频输出等内容。

4.1 网络新闻写作

新闻是新近发生的事实的报道。传统新闻的体裁包括消息、通讯、新闻特写和新闻评论等,其中应用最广泛的是消息。

一、消息

1. 消息的定义

消息是指以简洁的文字迅速传播新近变动的事实,包括新近发生的事实、某些将要变动的事实。它是目前最广泛、最经常采用的一种报道形式。

2. 消息的特点

(1) 采写发稿迅速、及时,叙事直截了当,语言简洁明快,篇幅短小。

(2) 一般来说,消息具备"五要素",即事件、时间、地点、人物、原因。

(3) 在结构上,消息一般由标题、导语、主体、背景和结尾五个部分组成,有倒金字塔结构与非倒金字塔结构两大类。

倒金字塔结构,也称倒三角结构,是消息写作中最常用的一种结构方式。倒金字塔结构是以事实的重要性程度或受众关心程度依次递减的次序,先主后次地安排消息中的各项事实内容,犹如倒置的金字塔或倒置的三角形,因而得名。它多用于事件性新闻。

倒金字塔结构的优点:

① 可以快速写作,不必为结构苦思;

② 可以快编快删,删去最后段落,不会影响全文;

③ 可以快速阅读,无须从头读到尾。

消息的结构形式除了倒金字塔结构以外,还有其他几种非倒金字塔结构形式,如时间顺序式结构、对比式结构、提要式结构、问答式结构、积累兴趣式结构和散文式结构。

3. 消息的种类

(1) 按照消息的政治性强弱划分,消息分为硬新闻和软新闻。

(2) 按照事件在消息内容中的地位、比重划分,消息分为事件性新闻和非事件性新闻。

(3) 按照报道的事实的单一性与综合性划分,消息分为单一性新闻和综合性新闻。

(4) 按照新闻事实与对它的解释的比重划分,消息分为纯新闻和解释性新闻。

(5) 按照消息的字数与篇幅划分,消息分为简明消息、短消息和长消息。

(6) 按照消息所包含的事实的呈现状态划分,消息分为静态消息和动态消息。

(7) 按照报道内容的不同划分,消息分为公报函告性消息、述评性消息、经验性消息和人物消息等。

二、通讯

1. 通讯的定义

通讯是运用叙述、描写、抒情、议论等多种写作手法,具体、生动、形象地反映新闻事件或典型人物的一种新闻报道形式。它是记叙文的一种,是报纸、广播电台、通讯社常用的文体。

2. 通讯的特点

(1) 现实性。

通讯要求报道新近发生的有意义的事实,包括新时代涌现出来的新人、新事、新经验,要紧密配合当前形势,为现实中心工作服务。

(2) 形象性。

通讯常采用叙述、描写、抒情、议论相结合的写作手法,要求对人对事进行较为具体、形象的描写。人物要具有音容笑貌,事情要有始末情节,以此来感染读者。

(3) 评论性。

通讯一般采取夹叙夹议的写作手法,直接揭示事件的思想意义并评说是非,议论色彩较浓,常常表现出强烈的立场倾向,流露出作者的爱憎之情。

3. 通讯的种类

(1) 按照内容划分,通讯一般分为人物通讯、事件通讯、概貌通讯和工作通讯。

(2) 按照形式划分,通讯分为一般记事通讯、访问记(专访)、小故事、集纳、巡礼、纪实、见闻、特写、速写、侧记、散记和采访札记。

4. 通讯与消息的异同

通讯与消息都是新闻的主要文体,它们的共同点是都要求具有严格的真实性和及时性,其不同之处如下。

(1) 选择范围不同。

消息选择范围广泛,可大可小。通讯要选择受众范围较大的真实典型材料。

(2) 表述详略不同。

消息的内容表述简单概括。通讯的内容表述比较复杂、详尽,讲究场面和细节的描写。

(3) 表达方式不同。

消息多用叙述,而通讯在叙述的基础上还要运用描写、议论、抒情等写作手法。

(4) 结构不同。

消息有固定的结构形式。通讯的结构与一般记叙文章相同,基本上按时间、逻辑及二者结合的顺序安排结构。

5. 通讯的写作

(1) 选好典型,确立主题。

典型是通讯的筋骨,主题是通讯的灵魂。选好典型,确立主题对通讯来说十分重要。选择什么样的典型呢?要选择具有代表性、具有普遍意义、具有宣传价值和教育意义的人和事,选择在一定时期内人们所关注的问题。确立什么样的主题呢?要确立体现时代精神、表现时代风尚的主题,确立反映人物和事物本质、规律的主题。

(2) 写好人物。

写好人物是通讯写作的重要任务。无论是人物通讯还是事件通讯都要把人物写好。写人物离不开事,因此,写人物必写事,写人物自己所做的事,写能揭示人物内心世界的事。写人物还要用人物自己的语言、行为、活动来表现人物。写人物要写得有血有肉,有内心活动;写事要具体、形象,有原委,有情节。

(3) 安排好结构。

纵式结构是指按时间顺序、情节展开的顺序或作者认识事物发展的顺序来安排的结构。在这种结构里,时间顺序、情节展开的顺序、作者认识事物发展的顺序成为行文的线索。在采用这种结构时要详略得当、布局巧妙、富有变化,避免平铺直叙。

横式结构是指用空间变换或事物性质来安排材料。这种结构概括面广,要注意不同空间的变换,恰当地安排通讯所涉及的各方面的问题。采用空间变换的方法组织结构时,要用地点的变化组织段落;按事物性质安排结构时,要围绕主题,并列地写出几个不同的侧面。

纵横结合式结构是指以时间顺序为经,以空间变化为纬,把两者结合起来运用。采用这种结构形式,要以时空的变化来组织结构。

三、新闻特写

1. 新闻特写的几种不同定义

新闻特写是指截取新闻事实的横断面,即抓住富有典型意义的某个空间和时间,通过一个片段、一个场面、一个镜头,对事件或人物、景物做出形象化报道的有现场感的新闻体裁。

新闻特写用类似电影"特写镜头"的手法来反映事实,是作者深入事件现场采写的一种现场感较强、篇幅较短的新闻文体。新闻特写侧重"再现",往往用不同的写作手法集中突出地描述某一重大事件的发生现场或某些重要、精彩的场面,生动形象地将所报道的事实再现在读者面前。

2. 新闻特写的种类

(1) 事件特写,即摄取与再现重大事件的关键场面。

(2) 场面特写,即新闻事件中精彩场面的再现。

(3) 人物特写,即再现人物的某种行为,绘声绘色,有强烈的动感。

(4) 景物特写,即对于有特殊意义或有价值的罕见景物的描写。

(5) 工作特写,即对于某一工作场面的生动再现。

(6) 杂记性特写,即各种具有特写价值的新闻现场的生动再现。

四、新闻评论

新闻评论是社会各界对新近发生的新闻事件所发表的言论的总称。新闻和评论构成报纸的两大文体。

1. 新闻评论的特点

(1) 与其他的评论一样,新闻评论由论点、论据和论证三要素组成,具有政策性、针对性和准确性。

(2) 在有限的篇幅中,新闻评论主要靠独特的见解吸引读者。

(3) 新闻评论立意新颖、论述精当、文采斐然。

(4) 新闻评论主要面向广大的群众。

2. 新闻评论的种类

目前,新闻评论的分类方式有以下几种。

(1) 按照评论对象的内容划分,新闻评论分为政治评论、军事评论、经济评论、社会评论、文教评论和国际评论等。

(2) 按照评论的性质功用划分,新闻评论分为解说型评论、鼓舞型评论、批评型评论和论战型评论等。

(3) 按照评论写作论述的角度划分,新闻评论分为立论性评论、驳论性评论、阐述性评论、解释性评论和提示性评论等。

(4) 按照评论的形式划分,新闻评论分为社论、编辑部文章、评论、本报评论员文章、短评、编后、编者按、思想评论、专栏评论、新闻述评、论文、漫谈、专论和杂感等。

五、网络新闻写作

1. 消息的结构

(1) 标题。

标题分为单行题及多行题。

其中,多行题由以下几个部分组成。

① 引题(眉题、肩题):交代背景。

② 主标题:概括主要新闻或消息。

③ 副标题:补充说明主标题。

(2) 导语。

导语一般是对事件或事件中心的概述。

(3) 主体。

主体的作用是承接导语,扣住中心,对导语所概括的事实做比较具体的叙述,是导语内容的具体化。

(4) 背景。

背景是用来说明原因、条件、环境等。

(5) 结语。

结语,也称为小结,其作用是指出事情的发展方向等。

2. 网络新闻标题的制作

网络新闻标题和传统新闻标题其实没有太大的区别,最主要的区别在于网络新闻标题只能用实题,而传统新闻标题由于可以使用复合式标题的结构,也可以使用虚题。一般情况下,由于独特的超链接新闻呈现方式,网络新闻注定只能用一行实题作为新闻标题。其次,网络新闻标题可以有不同的版本,也就是说,网络新闻的首页标题与二、三级页面的标题可以不一致。由于网络新闻的阅读是分层的,读者最先看到的只能是新闻标题,看不到导语和新闻的主体部分,所以,网络新闻标题的特点就在于:① 概括新闻事实;② 吸引读者点击;③ 起到导语作用。其中,"吸引读者点击"是网络新闻标题最重要的作用。下面就首页标题与二、三级页面标题不同的特点加以说明。

下面的例子展示了新闻标题从首页到二、三级页面的变化。

"卢拉访华"是2023年4月14日搜狐网首页的新闻标题(参见图4-1)。

- 高端访谈 ｜凡人微光｜把爱写成诗 ｜特写：荔枝树下话振兴
- 海南自贸港 勇立潮头更开放 ｜一带一路新乐章 ｜外贸成绩单
- 巴西总统高度评价巴中关系 ｜双向奔赴 ｜国家区域医疗中心
- "琼"尽好物看消博 ｜中国高质量发展 ｜科学佩戴口罩
- 重实践 ｜善于在精细中出彩 ｜不断推进"两个结合"
- 卢拉访华 ｜新华全媒 ｜乘着火车去老挝 ｜中国有约 ｜脱贫
- 全球连线 ｜国际 ｜环时深度 ｜漫评美国芯片法案 ｜阿富汗
- 昔日戈壁荒滩 今朝果蔬飘香 ｜豫剧在台湾70年发展历史

图4-1　搜狐网首页"卢拉访华"报道画面之一

点击这则新闻后，进入了"卢拉访华为巴西打开机遇之门"的二级页面(参见图4-2)。

图4-2　搜狐网"卢拉访华为巴西打开机遇之门"的二级页面

我们可以看到新闻标题已经变得更加具体明确，"卢拉访华为巴西打开机遇之门"显然比首页的"卢拉访华"给人的信息量更大。为了适应读者快速阅读的习惯，减少读者点击和等待的时间，很多新闻网站已经不再设置三级页面的跳转。

在上面这个例子中，新闻标题变化的目的显然是更好地说明新闻事实，让读者能够了解到更细致、更准确的新闻内容。这种变化体现了网络新闻标题写作的灵活性和自由度，传统新闻标题由于阅读的直接性，一般很少采用此种变化。

一般情况下,读者浏览网络新闻都是从标题开始的。读者在阅读的开始只能看到标题,只有点击标题后才能看到导语以及正文部分。所以标题的重要性对于网络新闻来说要超过导语。

3. 网络新闻导语的写作

提炼和构思导语是把握、掌控新闻全篇的第一步,也是关键环节。

新闻正文通常由导语、主体和结尾组成,而导语是整个新闻的核心。通常,新闻记者在采访之前、采访中间和采访之后头脑中始终在思考一个问题,即所采新闻的核心内容是什么,以及如何恰当地来表现它。而这种思索一旦成形并付诸行动转化为文字,最先落实的部分往往就是新闻的开头——导语。导语完成了,新闻标题的拟定和新闻正文的写作也就变得比较顺畅了。

网络编辑阅看的新闻往往已经有了现成的导语,但是这并不能代替网络编辑本人的思考、选取和提炼的过程。网络编辑首先需要领会和把握新闻的内容,把看到的导语与自己心中拟写的导语加以比较。

网络编辑在阅读来稿的同时就应开始审视和思考新闻的要点、表达逻辑及用词。网络编辑如果发现某一稿件在内容和表达等方面都达到了比较高的水准,那么这一报道就可以进入刊发播出的程序。假如网络编辑发现稿件质量特别是导语质量不理想,而补充材料的质量又差强人意,那么他们就需要自己动手进行修改。

导语的修改是一项复杂的工作。导语虽然位居新闻报道开篇之首,但是它的形成往往是总揽全篇材料和内容之后概括和提炼的结果。网络编辑的概括、提炼的能力需要经过长期的锻炼。只有具备敏锐捕捉新闻的能力的网络编辑才能写好导语,进而写好新闻报道。

新闻导语的写作本质上是在强调直入主题,但这并不是说所有的导语都是千篇一律的"开门见山"模式。导语也可以有一些变化。在传统媒介上,新闻消息导语的写作可以有下列类型。

(1) 叙述式导语(直述式)。

这种导语是直接把消息中最主要、最新鲜的事实简单直接地概括叙述出来,是最典型的"开门见山"式。

(2) 描写式导语(渲染式)。

这种导语先对消息进行概括性陈述,营造背景,然后再对最新动态事实进行报道。与描写式导语类似的还有点题式、故事式、比兴式等。它们大都是以不同的方式由"外"及"内"、由"表"及"里"地开头,然后把最新鲜的、最重要的新闻内容和盘托出。这类做法的得失利弊是需要根据具体情况进行分析、判断的。这种导语的分寸感比较难掌握,网络编辑可以通过大量阅读导语和消息来慢慢体会。

(3) 设问式导语。

这种导语形式是首先提出问题或者摆出困惑,引起受众的关注和兴趣,以激起他们继续阅读下文的欲望。下面的例子是以设问句为导语的开头:"一架飞机能从宽仅14.62米的巴黎市中心的凯旋门门洞飞过吗?巴黎的英雄们正在做着他们的试验。"在这则实例中,读者首先读到的是一个未知结果的悬念,而且导语中"巴黎的英雄们"究竟是谁也颇费猜想。读者只有接着往下读才能找到答案。设问模式的优点是有"悬念",缺点是有点绕弯子。值得提醒的是,一旦弯子绕得太大,"悬念"又没有引起人的求知欲的话,结果有可能适得其反。

(4) 引语式导语。

直接引语用作导语是传统媒介上常见的样式之一,使用时应该多加小心。有几点特别值得提出:首先,所用引语一定是加引号的、严格的直接引语,转述的间接引语已经等于改编,不再是这里讨论的问题;其次,所用引语应尽量挑选掷地有声的"点睛"之语,这样能起到一语胜千言之效,否则引语的使用反而给人笨拙的印象;最后,所用引语应该让受众很容易解读其语言含义,不要让人感到很费解。

(5) 评论式导语。

评论式导语是指从评论入手或把叙事和议论交织在一起,用夹叙夹议的方法对新闻事实进行简要评论的导语,又称评述式导语或议论式导语,是新闻导语中较常用的一种表述方式。评论式导语常见的具体表现形式有:先叙述事实,然后进行议论;先作评论,再写出评论的根据,即事实。

修改导语有时就是重新撰写导语。在下笔改写导语时,上述导语类型都可以纳入考虑的范围。具体采取何种类型或样式的导语并不是最关键的,最关键的是要根据新闻素材的实际情况来具体安排。在构思和改写过程中,经验不多的网络编辑可以从拟写叙述式导语入手,先采取平直的方式写出导语,然后再进行修改和加工,在工作中不断积累经验,提高传播表达的技能。

在审阅和编改新闻导语时,有若干经验性总结可供参考。

(1) 要抓住和突出最主要的内容,不要主次不分,把一堆信息都塞进导语。

(2) 遣词用语要直接、准确,不要抽象、含混、拖沓啰唆。

(3) 可强调内容、结果、现状、意义和特点,不要纠结于过程或次要枝节。

(4) 要注意信息来源的可靠性,对内容信息尽可能做多方核对,不要轻易认可看似合理的内容。

(5) 要有批判的审视意识,不要不加分析地接受新闻稿件内提供的内容和结论。

(6) 要把事情和问题讲清楚、说明白,不要把自己都没有搞懂的或者和目标受众关系不大的内容及信息甩给读者。

(7) 要注意客观评论,不要直接进行主观评论。

(8) 要注意审核语言的表达,不要出现常识、逻辑或用语上的错误。

(9) 导语要尽可能短。

我们可以从以下几个角度改写并提炼导语:第一,通过对比的方式引发读者联想;第二,通过具体数字增加真实感;第三,直接引用新闻当事人的原话;第四,通过设问的方式吸引读者的好奇心。

案例 4-1

新闻标题:五角大楼高层密件为何落入低阶士兵手中?美媒分析三大原因

2023 年 4 月 14 日 来源:《新京报》

导语：海外网 4 月 14 日电 据美国《纽约邮报》报道，当地时间 13 日，五角大楼"泄密门"嫌犯杰克·特谢拉(Jack Teixeira)在位于马萨诸塞州的家中被捕。消息曝光后，"一个拥有绝密权限的 21 岁年轻人"迅速登上各大美媒头条。

主体：

根据《纽约邮报》汇总的信息，特谢拉在马萨诸塞州空军国民警卫队第 102 情报联队服役，于 2022 年 7 月晋升为一等飞行员，他拥有的是空军授予的最低士官军衔。"为何 21 岁的如此年轻且低阶的士兵能够获取通常在五角大楼高层流通的涉密信息？"带着疑问，美媒分析了三大原因。

原因 1：年轻士兵也会获得安全许可

五角大楼发言人帕特·莱德(Pat Ryder)表示，根据职位安排，一些低阶服役人员一入伍就需要安全许可，特谢拉的工作内容可能也需要一个获取敏感信息的安全许可。

《纽约邮报》说，虽然官员们没有说明特谢拉是否具有安全许可，但他的工作内容涉及网络传输系统，可能会被要求处理和维护敏感的信息渠道。

原因 2：所在单位接触外国情报

特谢拉所属的空军国民警卫队第 102 情报联队负责为被派遣至美国国内及国外的飞行员提供情报。第 102 情报联队在官网介绍信息中说，其任务是为远征作战和国土安全提供全球精确情报，并训练经验丰富的飞行员。因此，第 102 情报联队可能会负责提供与乌克兰有关的情报。

原因 3：国民警卫队被曝支援乌克兰

虽然美国的国民警卫队通常负责应对骚乱和自然灾害，但五角大楼此前已启动国民警卫队力量赴欧洲支援乌克兰。根据《华盛顿邮报》日前报道的一份泄露文件，北达科他州空军国民警卫队侦查中队曾参与分析乌克兰无人机作战过程。不过，五角大楼迄今尚未公开宣布启动国民警卫队以支持乌克兰。

美国政治新闻网站 13 日报道说，美国国防部官员对涉案人员是 21 岁年轻士兵并不感到惊讶。美国国防部官员和专家透露，在美国，相对低阶的士兵获取绝密信息的情况并不罕见。专门研究国家安全的律师马克·扎伊德(Mark Zaid)援引美国国家反情报和安全中心数据表示，超过 100 万美国政府雇员和承包商享有这种特权。例如，在五角大楼，初级军官经常负责为高层整理简报。

报道说，自"泄密门"事件发生以来，五角大楼高层一直在收紧机密信息的分发。泄密事件引发了关于"是否有太多人接触军方敏感机密"的讨论。

【**分析**】这篇新闻标题采用了疑问句的形式。首先，标题的内容"五角大楼高层密件为何落入低阶士兵手中？"就非常吸引人。而这篇新闻的导语写作更是吊足了读者的胃口，因为作者没有直接给出美国媒体分析的三大原因，而是说"消息曝光后，'一个拥有绝密权限的 21 岁年轻人'迅速登上各大美媒头条"。这样的写法更加吸引读者，使其想往下阅读以尽快找到答案。接下来主体段是导语段的展开，然后作者才非常清晰地写出美国媒体分析的三大原因。这种悬念故事性的写作手法可以给读者更多的想象空间。

案例 4-2

新闻标题：24省份"五一"假期旅游数据出炉，这两省人均消费涨三成以上（节选）

2023-05-08　来源：极目新闻

导语：截至目前，已经有24个省份公布了"五一"假期的旅游数据。其中，河南以5518万人次位列旅游人数榜首，浙江以369.7亿元位列旅游收入榜首，北京以1474.4元位列人均消费榜首。

主体：

游客都去哪里了

今年"五一节"，全国旅游人数达到2.74亿人次，创造历史纪录。而在此之前的历史最高纪录不是2019年，而是2021年。2019年"五一"假期，全国国内旅游接待总人数1.95亿人次。2021年"五一"假期，全国国内旅游接待总人数2.3亿人次。

在这24个省份游客人数排名中，河南、广东和四川游客人数均超过了4000万人次，分别为5518万、4546.1万和4018.34万人次。但是，其中只有广东与2021年"五一"假期相比增加了268.1万人次；河南和四川，相比2021年"五一"假期人数分别下降了8.03万人次和1640万人次。

中国旅游研究院院长戴斌撰文分析，这个假期，游客走得更远了。"五一"节假日期间，游客平均出游半径180.82公里，同比增长81.59%；目的地平均游憩半径15.98公里，同比增长167.16%。跨省游客比例达24.50%，较去年同期提高15.5个百分点；83.47%的游客出游距离在100公里以上，占比较去年同期提高9.73个百分点。

不过，四川师范大学历史文化与旅游学院教授、劳动与实践教育研究院院长，四川省导游协会会长陈乾康向第一财经表示，这个旅游人数数据的变化也可能有统计口径变化带来的差异。

根据官方公布的数据，2019年"五一"假期期间，四川全省共接待游客4322.87万人次；2021年"五一"假期，四川共接待游客5658.34万人次；2022年"五一"假期，四川省累计接待游客4401.08万人次；今年"五一"期间，四川省接待游客4018.34万人次，但是，官方发布显示，游客数量同比增长104.6%。

实际上，今年"五一"假期，游客人数增长最多的省份是位于2000万和3000万人次的梯队。

江苏、云南和浙江分别为3988.18万、3501.3万和3125万人次，相比2021年分别增加了451万、1717万和668.4万人次。而广西、福建和甘肃分别为2892.39万、2644.32万和2030万人次。相比2019年，广西接近翻倍，福建增加了约1000万人次。

游客人数增长最多的省份主要集中在这个区间，尤其是云南和广西接近翻倍地增长。2019年"五一"假期，云南省接待游客人数为1192.8万人次，今年与之相比增长超过3倍。

【分析】 本篇新闻的导语写得相当不错，用旅游人数、消费金额和人均消费金额三个不同维度的数据说话，准确地说明"五一"小长假旅游市场的回升和消费增长，主体部分采用的是引用专家的话来进一步说明今年"五一"假期旅游与往年相比的具体变化，这种引用第三者特别是专家的话的新闻写作显得更加客观，更有说服力。我们看到同样的新闻，如果运用

第4章 网络新闻写作与多媒体编辑

到具体的数字能够让读者对新闻事实有更加细致而真切的了解,对于提高读者的阅读兴趣有很大的帮助。

案例 4-3

新闻标题:山东淄博烧烤火出圈后,"从政府到市民没有一个掉链子"

2023-04-14 15:21:35 来源:人民日报健康客户端

导语:"我们并没有刻意做什么,就从3月中旬开始,客流量一下子就多了起来,增幅大概在50%,还有很多外地人特意赶过来吃烧烤,现在每天下午5点半之后过来一般就需要等位了。"4月13日,山东淄博吴氏烧烤老板吴楠告诉人民日报健康客户端记者,确实要感谢近段时间,大家为淄博烧烤做的努力。

主体:

淄博市商务局办公室的一名工作人员向人民日报健康客户端记者表示,为了迎接来自全国各地的游客,淄博推出了一系列措施。在"烧烤专列"上为游客准备贴心小礼物、增加"淄博烧烤"定制专线公交等。"希望能够给外地游客提供更好的旅行体验,不想因为工作上的不到位或者不努力,把这个好事变成坏事。"

主打的就是烟火气

近日,山东淄博烧烤爆火,相关话题和帖子在网络上热度飞涨,各地的年轻人不断涌入淄博,让淄博成为网红城市。

"我就住在八大局菜市场旁边,淄博烧烤没火起来之前这里人流量就很大,下班时很多人会在这里买晚饭或食材,这两天最大的变化就是多了很多年轻面孔,成群结队地聚集在很多小吃摊位前,全天人都特别多。"山东淄博市民李女士告诉记者,淄博烧烤一直是她记忆里的味道,很好吃。

淄博烧烤、淄博美食忽然引起广泛关注,还要从一条自媒体视频说起。一位自媒体博主将其在山东淄博八大局菜市场购买美食、吃烧烤的视频放到网上,并表示"山东烧烤看淄博,淄博消费更是绝。"视频内博主在上述菜市场购买了很多美食,不缺斤少两、物价便宜成为共同特征。

除此之外,在多个视频平台,"淄博烧烤"话题短视频播放量高达28.1亿次;在购物平台上,"淄博烧烤"相关搜索也登上热搜榜单,本周搜索量上升119%。

不仅是线上,线下也同样火热。数据显示,仅3月份,淄博就接待外地游客480多万人次,同比增长了134%,旅游收入增长了60%。

"淄博烧烤主打的就是一个烟火气,一般来说,烧烤店面装修都很简单,就是方桌+马扎,只要天不冷,大家都会选择在室外吃,桌面上一个小烤炉,点单之后店家会把烤串烤到七分熟端上来,最后的三分钟交由食客自己烤,在炭火的加持下,可以清晰地看到烤串上的肉冒出的油光,听到噼里啪啦爆油的声音,烤串+小饼+葱三件套,完美发挥出食物的鲜香。"李女士这样形容淄博的烧烤。在她的记忆里,夏天在路边撸串喝啤酒,是淄博晚上最常见的景象。

当地设立烧烤名店"金炉奖",将举办淄博烧烤节

"淄博,你努力的样子,感动到让人哭泣!"这是一位网友对于淄博烧烤出圈的评价。这位网友称,为了留住这波来自全国各地的游客,淄博上到政府,下到每一个市民,可以说没有一个掉链子。

早在3月10日，淄博市政府就召开发布会，设立淄博烧烤名店"金炉奖"、成立烧烤协会、宣布"五一"举办淄博烧烤节，还直接发放25万烧烤消费券。

为方便广大游客奔赴"烤场"，铁路部门专门在济南与淄博之间开通"烧烤专列"，淄博市文旅局"一把手"带领全市文旅系统"代言人"做推介；淄博市内还新增21条"淄博烧烤"公交专线，为游客带来"打卡热门烧烤店"线路攻略。

"淄博烧烤这波热度，说实话我们也没想到会持续这么久。各个部门各司其职，大家都想着把它做得更好一点。"4月13日，人民日报健康客户端记者致电淄博市商务局，办公室工作人员向记者介绍，希望能够给外地游客提供更好的旅行体验，这是努力的方向。这种机会很难得，不想因为工作上的不到位或者不努力，把这个好事变成坏事。

这名工作人员表示，为了迎接来自全国各地的游客，淄博推出了一系列措施。在"烧烤专列"上为游客准备贴心小礼物、增加"淄博烧烤"定制专线公交等，很多网友也在网络上晒出了专列和公交的视频。"五一"小长假即将来临，届时预计会有更多游客来到淄博，希望尽最大努力服务好大家。

【分析】 这是典型的用新闻当事人的语言作为导语，这样做的好处是让导语显得生动、富有生活气息，似乎读者通过新闻当事人的语言就能够感同身受。试想，如果导语换一种写法，表达出来的效果可能就没有原稿效果好。

案例4-4

新闻标题：今年沙尘天气为何如此频繁？

2023-04-14 19:12:00 来源：新华网

导语：4月9日至13日，我国再次出现大范围沙尘天气。据中央气象台统计，此次过程已是今年以来我国出现的第8轮沙尘天气过程，同时也是3月以来出现的第6次沙尘天气过程。今年沙尘天气为何如此频繁？

主体：

今年以来最强两次沙尘均主要起源蒙古国

今年以来，我国已出现8次沙尘天气过程，为近十年以来同期最多。

3月19日至23日强沙尘暴过程强度最强、影响范围最广，也是2000年以来3月第三强过程，影响面积超过485万平方公里。

4月9日至13日的这轮沙尘天气过程则是今年我国出现的第二强沙尘暴天气过程，沙尘范围覆盖超过20个省（自治区、直辖市），影响面积达到460万平方公里；内蒙古、山西、河北、北京、天津等地出现沙尘暴，内蒙古局地出现强沙尘暴。

国家卫星气象中心监测显示，这两次沙尘天气过程的载沙量都比较大。

国家气象中心环境气象室主任张碧辉介绍，气象卫星沙尘起源轨迹追踪监测显示，今年以来最强的两次沙尘过程均主要起源于蒙古国，主要沙源地距离北京600余公里，受传输影响导致北京空气质量持续性达到严重污染级别。

多方面原因导致今年沙尘天气偏多

国家气候中心、国家气象中心多位专家分析认为，多方面原因共同导致今年沙尘天气偏多。

——亚洲冬季风周期性变化。从1971年以来我国沙尘暴站点数的逐年变化可见,我国沙尘天气在经历2000至2003年的活跃期之后,2021年以来有再次活跃的迹象。这可能与亚洲冬季风进入了一个强周期阶段,导致春季通过沙尘源地的地面风速增加有关。研究表明,亚洲冬季风存在着明显的周期性变化,其中最为显著的是20年至30年左右的周期,这可能是自2002年我国出现严重沙尘暴天气过程之后,2021年、2023年沙尘天气过程再次增多的主要原因。

——下垫面状况利于起沙。2022年植被生长季,蒙古国降水较常年同期偏少,沙源地植被覆盖情况较差;2023年3月以来,蒙古国南部和我国西北地区沙源地气温较常年同期偏高1℃至4℃,降水偏少2成至5成,部分地区偏少5成以上,温高雨少导致冻土层沙土快速融化,干土层增厚,植被返青期推迟,表层土的抗风蚀能力差。另外,3月以来内蒙古的积雪覆盖面积约为23.9万平方公里,较2022年同期(66.5万平方公里)明显偏小,不利于抑制沙尘源地起沙,这也是今年3月以来沙尘偏多的原因之一。

——大气环流形势利于沙尘向我国输送。3月以来,位于北极地区的极涡势力较常年同期偏强,造成北方多大风天气;低层风场为气旋性环流,有利于蒙古气旋活动,将沙尘卷扬至空中并随着冷空气自蒙古国向我国传输,影响长江中下游以北大部分地区。

沙尘天气次数总体呈下降趋势

国家气候中心专家介绍,我国北方地区每年都会受到沙尘烦扰,其中也有一定的规律。我国全年超过7成的沙尘天气出现在春季,其中最频繁发生的月份是4月,其次为3月和5月。

历史资料统计,2000年至2022年,我国共出现307次沙尘过程,年均出现次数为13.35次,2014年出现次数最少,2001年最多;2000—2010年年均次数为15.73次,出现沙尘暴过程年均次数为8.55次,2011年以后沙尘次数明显减少,强度明显减弱,2011—2022年年均次数为11.17次,沙尘暴过程年均次数为3次。另外,2000年以来,出现时间最早的沙尘过程为2000年,最晚是2017年。

面对沙尘天气,专家建议公众做好个人防护,关好门窗,开启空气净化器,采用洒水、开启加湿器、用湿墩布拖地等方式除尘,外出佩戴好口罩、纱巾等防尘用品,回家清洗面部、鼻腔,开车减速慢行、打开车灯等。(记者于子茹 陈杰)

【分析】这篇报道就是新闻记者采用设问式导语写成的。所谓设问,就是自问自答,是悬念式导语的写作方式。新闻记者在导语部分提出一个问题让读者思考,在主体部分自己来解答这个问题。

4.2 网络新闻专题策划

网络新闻专题是指以集纳的方式围绕某个重大的新闻事件或事实,在一定的时间跨度内,运用新闻各种题材及背景材料,调用文字、图片、声音、视频和图像等多种表现形式进行连续的、全方位的、深入的报道和展示新闻主题前因后果、来龙去脉的新闻报道样式。

一、网络新闻专题的选题策划

各种重大的新闻事件用网络新闻专题的形式来表达是网络新闻的强项,其效果往往优于一般性的网络新闻报道。同时,和报纸的深度报道比,网络新闻专题也表现出自身的独特优势。

网络新闻的选题可以来自以下几个方向。

1. 重大突发事件

重大突发事件是所有媒体关注的焦点,但是能够形成全方位、立体式、多角度的报道的媒体并不多。网络新闻专题报道形式最适合报道这类新闻。这类新闻的报道思路可以是进程式报道,即跟随事件的开始与不断变化的进程作全程追踪式的报道;也可以是前因式报道,即通过报道探求突发事件的起因、背景,以及其他的社会环境因素,让受众更深入地理解偶然事件中所包含的必然因素;[1]还可以是影响式报道,即全面分析事件给大众带来的影响。

2. 重大社会问题或现象

社会生活中很多的社会问题或者现象都会引起大众的极大关注,如房价、高考、医改和教育等。这些问题或者现象并不是重大的突发事件,但是会一直吸引大众的视线和注意,因为很多问题直接关系到大众最关心的民生问题。大众需要对这些重大的问题或者现象有全面的解读。即使有些问题是热点,很多人很了解,但仍然不可能像媒体那样非常全面地了解到各种信息和资料。还有一些重大的问题,很多人可能只是了解冰山一角,对于冰山下面复杂而深刻的背景并不了解。网络新闻专题的选题策划就是要挖掘这些问题或现象背后的深层原因,全面剖析并且呈现给大众。

做重大社会问题或现象的专题报道可以有不同的方法和策略,如可以采用纵向挖掘与横向展开的方法。纵向挖掘就是以时间发展为轴,通过分析重大社会问题或现象产生的原因、历史、背景以及它的未来发展方向、趋势、可能性等因素,充分展示问题的纵向层面;横向展开就是不仅纵向地关注问题的发展,还要以时间横向地展开,向其他的地区、国家、社会或者同一个时间层面上去拓展问题或现象的相似性、差异性或广泛性。

另外一种方法是类似于报纸专题报道的同题组合,即将同一主题下不同侧面、不同着重点的多篇稿件形成一个稿群,聚集在一个主题下,如重要主题报告的分解稿件、重大新闻事件的多向解读等。

3. 可预知重大事件

可预知重大事件往往是大众都十分清楚、熟悉的一些重大事件或者纪念日等,如奥运会、世界杯、抗日战争胜利80周年等。由于大众对这些重大事件的发生时间、地点、内容及形式等都有一定的了解,对于这些事件公众的内心当中都会有自己的期待和展望。网络编辑在策划这类选题时可以采用以下几种方法。

(1) 全景式报道。

既然是大众都比较熟悉的重大事件,只作一般性的报道是难以满足读者内心对事件信息获取的期望值的。全景式的报道方式可以全方位、多角度、立体组合式地展示事件的多个角度、侧面、层次等。

---

[1] 彭兰. 网络新闻编辑教程[M]. 武汉:武汉大学出版社,2007.

(2) 预测评论式报道。

预测评论式报道是从预测事件的规模、形态、事件跨度以及评论事件所蕴含的意义、影响、作用等角度进行报道的。

(3) 同步式报道。

同步式报道就是跟随事件的一步步进行、展开，从事件的前期、中期、后期等几个阶段以同步速度进行现场式的直播报道，每天不断更新事件的最新进展和变化，直到事件结束。这种报道尤其适合体育赛事的报道。

二、网络新闻专题的内容策划

1. 重大突发事件的内容策划

重大突发事件的内容策划必须具备以下几个关键要素。

(1) 事件经过。

事件经过是最重要的部分。最好把事件中的各种细节展示给读者，使读者了解整个事件的发生经过。

(2) 当事人的态度。

重大突发事件往往涉及众多人物，关系到众多人员的生命、财产安全，影响面巨大。所以在报道策划中能否在第一时间找到新闻的当事人，了解到各方的态度、立场、感想、判断，并在第一时间公布出来，这是衡量专题报道策划分量高低的重要指标。

(3) 时间线。

要有一条时间线把突发事件从头到尾串联起来。

(4) 示意图。

仅通过文字有时很难说明一个重大事件的来龙去脉，而通过图片、图表、示意图来解释人物关系、空间位置、地理状态、利益纠葛、实力对比等要素则更加清晰、准确、易懂。

(5) 读者互动。

网络的最大优势就是互动方便，通过博客、留言、网友投票等互动方式，让更多的读者参与到事件的报道中来，让读者的参与成为报道的一部分。

(6) 专题组图。

以图片形式传达整个事件的经过。

网络新闻专题案例之一："3·21"东航 MU5735 航空器飞行事故

图 4-3 为新华网 2022 年 3 月"'3·21'东航 MU5735 航空器飞行事故"专题报道的页首部分。

事件说明：2022 年 3 月 21 日，东航一架波音 737 客机在执行昆明—广州航班任务时，于梧州上空失联。已确认该飞机坠毁。机上人员共 132 人，其中旅客 123 人、机组 9 人。民航局已启动应急机制，派出工作组赶赴现场。

图 4-3　新华网"'3·21'东航 MU5735 航空器飞行事故"新闻专题画面之一

图 4-4 是新华网 2022 年 3 月"'3·21'东航 MU5735 航空器飞行事故"新闻专题的部分界面。事故爆发不久,新华网就迅速制作出了新闻专题,内容之丰富、资料之翔实、速度之快捷,显示了新华网对于重大突发事件的快速报道能力。这是一起典型的重大突发事件,造成了非常惨痛的人员死亡,引起了全国乃至全世界的高度关注。

▎要闻

关于"3·21"东航MU5735航空器飞行事故调查初步报告的情况通报

民航局回应东航失事客机传言

中共中央政治局常务委员会召开会议 习近平主持会议

美国国家运输安全委员会工作小组抵达中国参与事故调查

刘宁:再接再厉善始善终深入细致做好"3·21"东航MU5735航空器飞行事故善后处置工作

▎扫一扫,手机访问

▎视频新闻

图 4-4　新华网"'3·21'东航 MU5735 航空器飞行事故"新闻专题画面之二

从以上新闻专题的每个栏目分析新华网的策划思路。

图 4-5 是图片报道。第一时间展示政府展开的搜救行动。

图 4-6 是视频新闻,全部是民航局相关负责人的权威发布。

图 4-7 至图 4-10 都是按照时间倒叙方式发布的关于东航飞行器事故的动态新闻。

▎图片报道

张志文:累计安置遇难者家属695人

钟畅姿:梧州市殡仪馆已妥善保管遇骸遗物

图 4-5　新华网"'3·21'东航 MU5735 航空器飞行事故"新闻专题画面之三

第 4 章　网络新闻写作与多媒体编辑

▍视频新闻

朱涛：主要搜救任务已基本完成

朱涛：两部黑匣子正在解码中

朱涛：调查工作已取得初步进展

图 4-6　新华网 "'3·21'东航 MU5735 航空器飞行事故"新闻专题画面之四

▍更多动态

一组图带你了解"3·21"东航MU5735航空器飞行事故调查最新进展

"3·21"东航MU5735航空器飞行事故主要搜救任务已基本完成 7个焦点问题受关注

关于坠机事故，最新权威回应

搜寻到飞机残骸碎片49117件

累计安置遇难者家属695人

图 4-7　新华网 "'3·21'东航 MU5735 航空器飞行事故"新闻专题画面之五

调查工作已取得初步进展

将在事发30天内完成初步调查报告

两部黑匣子正在解码中

4万多件飞机残骸正在开展清理摆位工作

主要搜救任务已基本完成

银保监会："3·21"东航MU5735航空器飞行事故保险理赔工作正积极开展

王勇：依法依规扎实开展事故调查 稳妥有序做好善后各项工作

"3·21"东航MU5735航空器飞行事故最新情况：黑匣子译码工作正在进行、持续为遇难者家属提供善后支持

图 4-8　新华网 "'3·21'东航 MU5735 航空器飞行事故"新闻专题画面之六

习近平等领导同志向东航飞行事故遇难同胞默哀

遇难者DNA比对工作已完成、黑匣子译码工作正在进行……第八天发布会最新信息

朱涛：两部黑匣子相关译码工作正在进行

已组织遇难者家属累计809人次到事故现场悼念

无人机累计搜索面积约954.6万平方米

梧州市殡仪馆已妥善保管遗骸遗物

基本掌握飞机残骸大致分布和深度

事故现场总体开挖土方量超17000立方米

图 4-9　新华网"'3·21'东航 MU5735 航空器飞行事故"新闻专题画面之七

两部黑匣子相关译码工作正在进行

累计找到飞机残骸和碎片36001件

132名机上人员DNA比对详细情况披露

132名遇难者DNA比对工作已完成

一图了解"3·21"东航航班飞行事故调查最新进展

搜寻在继续

鸣笛声在山谷中回荡

关于东航坠机事故家属善后处置工作，有这些安排

无人机为搜救人员空中喷洒消毒

图 4-10　新华网"'3·21'东航 MU5735 航空器飞行事故"新闻专题画面之八

从上述分析中,我们看到重大突发事件的报道是有规律可循的。按照重大突发事件构成的关键要素来策划内容,然后在内容上加以丰富,就能较好地做出策划工作。

2. 重大社会问题或现象的内容策划

重大社会问题或现象的内容策划可以有两类策划思路:一类是服务导向型策划;另一类是思考导向型策划。

(1) 服务导向型策划。

这类专题的主要策划思路是通过大量、真实的统计数据、图表等元素展示新闻事件或者问题出现后的结果。通过指南、地图、专业知识、背景介绍和示意图等方式为网民提供实用性的服务与帮助。当然也有一定数量的专家意见和评论,再加上网民的参与及互动,增加了专题内容的丰富性与可读性。

服务导向型策划内容需要具备的关键要素如下。

① 统计数据。

通过各种大量真实的数据反映问题或现象的结果。

② 实用指南。

重大问题涉及面广,波及人群众多,影响人们的日常生活,可以制作相关实用指南、手册以提供有效的服务。

③ 专家评论。

专家与学者往往是某一方面的意见领袖,他们的意见与评论往往具有一定的权威性,对于相关问题提出的解决方案很可能是十分有效和及时的。

④ 示意图。

通过各种图表、图片等手段展示问题或现象的原理。

⑤ 网民互动。

网络新闻专题案例之二:2023 全民国家安全教育日

新闻专题说明:2015 年 7 月 1 日生效的《中华人民共和国国家安全法》第 14 条规定,每年 4 月 15 日为全民国家安全教育日,人民网作为中央级媒体以专题新闻的形式宣传普及全民国家安全教育日非常有必要。

图 4-11 至图 4-13 是人民网"2023 全民国家安全教育日"新闻专题画面。

图 4-11　人民网"2023 全民国家安全教育日"新闻专题画面之一

导语　国家安全是指国家政权、主权、统一和领土完整、人民福祉、经济社会可持续发展和国家其他重大利益相对处于没有危险和不受内外威胁的状态，以及保障持续安全状态的能力。自觉关心、维护国家安全，是每个公民的基本义务，国家安全的真正实现有赖于人人参与、人人有可为。2015年7月1日生效的《中华人民共和国国家安全法》第14条规定，每年4月15日为全民国家安全教育日。

图4-12　人民网"2023全民国家安全教育日"新闻专题画面之二

图4-13　人民网"2023全民国家安全教育日"新闻专题画面之三

（2）思考导向型策划。

这类策划的中心思路是通过融合对新闻事件的报道、分析、解读、预测，引起读者对事件深层次的思考。它的重点不在于就事论事，而在于以点带面、举一反三。通过对一件事情的分析，延伸出一类事件，并且预测、展望这类事件对未来的深远影响，以引发读者更多的思考。

思考导向型策划内容必须具备的关键要素如下。

① 问题或现象的提出。

交代问题或现象的始末缘由，让读者对问题或现象有个全面的认识。

② 专家或学者的评价。

各方专家的分析、预测、评价和展望能引起读者的关注，这时候专家或学者就成为一种特别的资源，谁能邀请到相关现象的权威人士发表意见，谁的专题也就更有分量。

③ 不同媒体的评价。

通过集纳不同媒体对于这类问题的评价、分析来展示问题的复杂性与对问题关注的广泛性,并以此吸引更多的读者。

④ 网民互动。

通过博客留言、留言板和网民投票等形式调动更多网民的参与。

⑤ 延伸阅读。

不仅要有相关问题的进一步背景分析,还要有同类问题或现象的对比,不同国家与地区针对同类现象的回顾与点评。

网络新闻专题案例之三：这就是信心

事件说明：全球面临经济下滑,消费疲软,物价高涨的情况,不少人都对2023年中国经济的发展走向持悲观态度。在这种情况下,新华网推出了"这就是信心"的新闻专题(参见图4-14),从多视角观察与分析中国经济的发展情况,以翔实的数据说话,不断提振国人和外国投资者的信心。

图 4-14　新华网"这就是信心"新闻专题

3. 可预知重大事件的内容策划

可预知重大事件的内容策划的重点不在于详细地描述事件的来龙去脉,而是预测事件可能出现的结果以及产生的深远影响。可预知重大事件的内容策划需要具备的要素包括：(1) 回顾事件往年的情景；(2) 报道事件前发生的新闻；(3) 预测事件发生时的场景；(4) 分析与预测事件对未来的影响。

三、网络新闻专题信息手段策划

网络新闻专题报道的构成要素包括：文字、图片、视频、音频、统计图、示意图、地图和互动等。

1. 文字

文字是网络新闻中最重要的组成部分,在网络新闻专题中,文字也具有其他形式无法替代的作用。文字的作用主要表现在以下几个方面:

(1) 及时、全面地报道新闻;

(2) 进行深度分析;

(3) 展开评论;

(4) 提供背景资料与知识。

2. 图片

网络新闻专题中的图片形式有新闻照片、资料照片、采访对象照片和报纸版面照片等。图片的作用是传达现场感、补充与解释新闻信息、调节阅读节奏、消除距离感和提供比较等。

3. 视频

视频是包含画面、声音、文字和图片等多种手段并将之综合运用的信息手段。

视频材料的应用在专题中不宜太多,因为视频内容往往容量较大,会占用较大的空间,视频较多会影响专题页面打开的速度。

4. 音频

网络新闻专题中的音频素材主要包括音频新闻、采访录音、录音历史资料、背景音乐等。音频的主要作用是提供补充信息、渲染现场感、加强真实感和传达报道基调等。

5. 统计图

统计图是指运用 Excel 等电子表格软件生成的柱形图、直方图、扇形图等统计图。统计图的主要作用是说明新闻事实、提供对比分析和解释新闻背景等。统计图的最大好处是把抽象、枯燥的数字和情况具体化、形象化。

6. 示意图

为了说明新闻事件中文字与图片等形式无法说明的复杂结构与关系,有些网络新闻专题有必要提供相关的示意图。示意图分成静态示意图和动态示意图两种。

7. 地图

地图作为新闻事件的图示材料,可以直观地呈现新闻事件的地理环境、背景资料、当前形势、事件进展等。

8. 互动

互动的形式很多,受众调查、网民投票、评论和留言等形式都是增强专题与网民之间互动的主要手段。

4.3 视听语言基础知识

一、视听语言的种类及特点

视听语言就是利用视听刺激的合理安排向受众传播某种信息的一种感性语言,包括影像、声音等内容。是语言就必然要有语法,这便是我们所熟知的各种镜头调度的方法和各种音乐运用的技巧。

1. 新闻图片

新闻图片是通过视觉手段来传达信息的新闻报道体裁,是新闻的一个重要组成部分。广义的新闻图片主要包括:新闻照片,是指利用摄影技术制作完成的用于报道新近发生的事实的图片;新闻漫画,是指一种在特定新闻报道载体上,运用夸张、幽默的绘画形象和构图语言,专门报道或评议国内外发生的时事、社会新闻的绘画形式;新闻图表,分为统计图、示意图和地图,是指综合运用文字、图形符号、照片、线条、数据、色彩等元素,可以传达、解释新闻信息的图表。而狭义的新闻图片则仅仅是指新闻摄影。新闻摄影作为一种视觉新闻,是新闻形象的现场摄影纪实,以图文结合的形式传递新闻信息。

新闻图片具有新闻性、形象性、真实性、直观性和瞬间性的特点。

2. 图表

图表是一种很好的将对象属性数据直观、形象地"可视化"的手段。图表在网络新闻报道中的应用非常广泛。广义的图表包括表格、地图和示意图等。作为新闻事件的图示材料,图表具有显示事件的地理位置、当前形势和事件进展等作用。

3. 动画与三维动画

动画与三维动画是静态图片的发展,除了具备图片的特点外,还具有更生动、更活泼和互动性更强的效果。动画与三维动画更容易吸引读者的注意,成为网页中的重点。

4. 视频

视频泛指将一系列的静态影像以电信号的方式加以捕捉、记录、处理、储存、传送与重现的各种技术。

5. 声音

声音是文字信息的一种有力补充,同时对于影像而言也是一种重要的辅助手段,很多时候声音和影像是无法分开的。

二、多媒体新闻报道的一般要求

1. 新闻摄影的一般要求

新闻摄影的要求可以分为两类,第一类是主题上的要求,第二类是内部形式上的要求。

从新闻摄影的主题来看,需要考虑的新闻性因素包括新闻性、真实性、直接性、及时性等特点。①

(1) 主题上的要求。

① 新闻性。

新闻性即新闻记者确定的摄影报道的主题应是具有新闻价值的事物。新闻摄影报道应该最大限度地追求照片的信息量。

② 真实性。

真实性即拍摄的事实是真实的,照片应符合事实或人物的本来面目。此外,新闻摄影最好能展现人物在特定环境中自然流露的瞬间形象,应该避免"导演""摆拍"的现象。

---

① 盛希贵. 新闻摄影教程[M]. 北京:中国人民大学出版社,2003.

③ 直接性。

直接性是指所拍形象直接来自现实生活和新闻事件发生现场,直接地呈现给受众,不经过再创作或加工。

④ 及时性。

及时性即新闻摄影是对新近发生的事实的一种报道。

(2) 内部形式上的要求。

① 具有瞬间的张力。

任何事物的发展都有一个过程,一张照片只能抓住这一过程中的某一瞬间。人们如果能将某个瞬间抓拍好,就能透过它感受到事物的全貌和发展、演化的过程,从瞬间中感受到事物发展的连续性和情节性。在新闻摄影中,瞬间可以有以下几种。

- 瞬间的黄金点:捕捉的是欲就未达之势,表现的是感情欲露还含的微妙动人之处。
- 高潮瞬间:往往是最惊心动魄和最有感染力的瞬间。
- 高潮后的瞬间:常常孕育着事物内在意义的延伸,启发读者高潮后的回味和思考。
- 情节瞬间:摄取的是富有象征性的内容,需要读者加以想象来补充。

② 具有强烈的现场气氛。

好的新闻照片应该能将新闻事件发生的现场和新闻人物活动的现场气氛如实记录,让人如临其境、如见其人、如闻其声。

③ 体现人物的情感与性格。

新闻记者应该将典型人物置于典型环境之中,用具体、恰当的摄影语言表现人物的情感和性格。

2. 广播电视新闻报道的一般要求

(1) 从广播电视媒体的特点出发进行选题策划。

在选题策划时,网络编辑应该选用那些适合于用广播电视媒体来表达的内容。新闻记者应该做好先期的报道策划,如事先了解拍摄现场、拍摄机位和拍摄素材等情况。

(2) 处理好带机采访与脱机采访的关系。

带机采访即利用录音机、摄像机等进行拍摄采访,其目的是直接获得节目中所需要的素材。脱机采访即不需要借助机器进行的采访,它可作为带机采访的前期准备,或是完成外围的信息收集工作。在具体的采访过程中,这两者通常是相互补充的。

(3) 尽可能多地捕捉鲜活、真实的原生态信息。

广播电视媒体的优势在于现场性和直观性,在广播电视新闻采访中,网络编辑要尽量捕捉原生态的信息,如具有鲜明个性的人物形象、富有特点的现场情景或生动真实的现场气氛等,这些信息能增强新闻的感染力。

(4) 尽力实现内容与形式的完美结合。

广播电视新闻节目的制作相比文字报道会更多地涉及内容与形式的关系。画面的构图、组接,声音的剪辑等均属于形式上的东西。形式处理得好,可以为内容添色;反之,会为之减色。内容是第一位的,形式要服务于内容,尽量实现内容与形式的完美结合。

三、照片的拍摄

拍照的第一步就是要确定拍摄位置，不同的拍摄视点会得到不同的图片，这里的不同最主要的还是体现在构图上。

构图在摄影学上一般会涉及三个方面：一是拍摄距离，二是拍摄方向，三是拍摄高度。拍摄距离，就是拍摄者与拍摄对象之间的距离。这种距离能在一定程度上影响摄影构图（排除镜头推拉作用），与此同时，也就产生了景别的概念。

1. 景别的选取

相机与被摄体距离的不同使景物呈现出来的范围的差别称为景别。我们一般把景别分为远景、全景、中景、近景和特写五大类，这五种景别的拍摄范围是逐渐减小的。

（1）远景。

远景一般为表现广阔空间或开阔场面的画面。如果以成年人为尺度，由于人在画面中所占的面积很小，基本上在远景中仅呈现为一个点状体。

远景视野深远、宽阔，主要表现地理环境、自然风貌和开阔的场面。远景画面还可分为大远景和远景两类。

大远景主要用来表现辽阔、深远的背景和渺茫宏大的自然景观，比如莽莽的群山、浩瀚的海洋和无垠的草原等。

远景的画面构图一般不用前景，而注重通过深远的景物和开阔的视野将观众的视线引向远方，要注意调动多种手段来表现空间深度和立体效果。所以，远景拍摄尽量不用顺光，而选择侧光或侧逆光以形成画面层次，显示空气透视效果，并注意画面远处的景物线条透视和影调明暗，避免画面成为一块平面，单调乏味。

（2）全景。

全景一般为表现人物全身形象或某一具体场面全貌的画面。全景画面能够完整地表现人物的形体动作，可以通过对人物形体动作的表现来反映人物内心的情感和心理状态，可以通过特定环境和特定场面来表现特定人物。此外，环境对人物有说明、解释、烘托和陪衬的作用。

全景画面还具有某种"定位"作用，即确定被摄对象在实际空间中方位的作用。如拍摄一个小花园，加进一个所有景物均在画面中的全景镜头，可以使所有景色收于镜头之中，使它们之间的空间关系及具体方位一目了然。

在拍摄全景时要注意各元素之间的调配关系，以防喧宾夺主。拍摄全景时，不仅要注意空间深度的表达和主体轮廓线条、形状的特征化反映，还应着重于环境的渲染和烘托。

（3）中景。

中景是主体大部分出现的画面。对于人像摄影来说，中景是表现成年人膝盖以上部分，观众能看清人物半身的形体动作和情绪交流。

中景的分切破坏了该物体的完整形态和力的分布，而其内部结构线则相对清晰，成为画面结构中的主要线条。

在拍摄中景时，场面调度要富于变化，构图要新颖优美。拍摄时，必须注意抓取具有本质特征的现象、表情和动作，使人物和镜头都富于变化。特别是拍摄物体时，更需要摄像人员把握住物体内部最富表现力的结构线,用画面表现出一个最能反映物体总体特征的局部。

(4) 近景。

近景是表现成年人胸部以上部分或物体局部的画面,它的内容集中在主体,画面包含的空间范围极其有限,主体所处的环境空间几乎被排除出画面。

近景是表现人物面部神态和情绪、刻画人物性格的主要景别,用它可以充分表现人物或物体富有意义的局部。近景可以细致地表现人物的精神和物体的主要特征。使用近景可以清楚地表现人物心理活动的面部表情和细微动作,容易产生交流。

在拍摄近景时,拍摄者要充分注意画面形象的真实、生动和客观、科学。构图时,拍摄者应把主体安排在画面的结构中心,背景要力求简洁,避免庞杂无序的背景分散观众的视觉注意力。

(5) 特写。

特写是表现成年人肩部以上的头像或某些被摄对象细节部分的画面。通过特写,可以细致描写人的头部、眼睛、手部、身体上或服饰上的特殊标志、手持的特殊物件及细微的动作变化,以表现人物瞬间的表情和情绪,展现人物的生活背景和经历。

特写画面内容单一,可起到放大形象、强化内容、突出细节等作用,会给观众带来一种预期和探索的意味。

在拍摄特写画面时,构图力求饱满,对形象的处理宁大勿小,空间范围宁小勿空。另外,在拍摄时不要滥用特写,特写频繁或停留时间过长,反而导致观众对特写形象的视觉和心理关注程度降低。

2. 拍摄角度与方位的选择

拍摄角度包括拍摄高度、拍摄方向和拍摄距离。拍摄高度分为平拍、仰拍和俯拍三种。拍摄方向分为正面角度、侧面角度、斜侧角度和背面角度等。拍摄距离是决定景别的元素之一。

(1) 平摄。

平摄是指摄影机与被摄对象处于同一水平线的一种拍摄角度。平摄一般可以分为正面拍摄、侧面拍摄和斜面拍摄三种。

① 正面拍摄。

镜头光轴与对象视平线(或中心点)一致,构成正面拍摄。正面拍摄的镜头优点是:画面显得端庄,构图具有对称美;用来拍摄气势宏伟的建筑物,给人以正面全貌的形象;拍摄人物,能比较真实地反映人物的正面形象。正面拍摄的缺点是:立体感差,因此常常借助场面调度,增加画面的纵深感。

② 侧面拍摄。

侧面拍摄是指从与对象视平线成直角的方向拍摄。侧面拍摄分为左侧拍摄和右侧拍摄。侧面拍摄的特点有利于勾勒对象的侧面轮廓。

③ 斜面拍摄。

从介于正面、侧面之间的角度拍摄为斜面拍摄。斜面拍摄能够在一个画面内同时表现对象的两个侧面,给人以鲜明的立体感。斜面拍摄是影视拍摄中最常见的拍摄角度。

(2) 仰摄。

仰摄是指摄影机从低处向上拍摄。仰摄适用于拍摄高处的景物，能够使景物显得更加高大、雄伟。用镜头代表影视人物的视线，有时可以表示对象之间的高低位置。由于透视关系，仰摄使画面中水平线降低，前景和后景中的物体在高度上的对比因之发生变化，使处于前景的物体被突出、被夸大，从而获得特殊的艺术效果。影视拍摄中常用仰摄镜头，表达人们对英雄人物的歌颂，或对某种对象的敬畏。

仰摄的角度近似垂直，叫作大仰，一般表示人物的视点，以表现其晕眩、昏厥等精神状态。

(3) 俯摄。

与仰摄相反，俯摄是指摄影机从高处向下拍摄，给人以低头俯视的感觉。俯摄镜头视野开阔，用来表现浩大的场面，有其独到之处。

从高角度拍摄，画面中的水平线升高，周围的环境得到较充分的表现，而处于前景的物体投影在背景上，让人感到它被压近地面，变得矮小而压抑。在影视拍摄中用俯摄镜头表现反面人物的可憎渺小或展示人物的卑劣行径。

(4) 顶摄。

顶摄是指摄影机拍摄方向与地面垂直。用顶摄来拍摄某些杂技节目或歌舞演出有其独到之处。它可以从通常人们根本无法达到的角度把一些富有表现力的造型拍成构图精巧的画面。顶摄的作用还在于它改变了被摄对象的正常状态，把人与环境的空间位置变成了线条清晰的平面图案，从而使画面具有某种情趣和美感。

(5) 倒摄。

倒摄是指电影摄像机内胶片经过片门时，以反方向运转进行拍摄的方法。用这种方法摄取的物体运动过程，以正方向运转放映，可以获得与实际运动方向相反的效果。倒摄常用于拍摄惊险场面。在影视拍摄中也常用倒摄方法。

(6) 侧反拍摄。

侧反拍摄是指从被摄物的侧后方拍摄。在这种拍摄方法中，人物几乎成为背影，面部呈现较少，可以产生奇妙的感觉。

3. 光线的选择

根据光线的照射方向可将拍摄分为顺光、侧光、逆光和顶光等。

(1) 顺光。

顺光亦称"正面光"，即光线投射方向与拍摄方向一致的照明。顺光时，被摄体受到均匀的照明，景物的阴影被自身遮挡，影调比较柔和，能隐没被摄体表面的凹凸及褶皱，但处理不当会使画面显得比较平淡。顺光不利于在画面中表现大气透视效果，空间立体效果的表现也较差。在色调对比和反差上也不如侧光、侧逆光丰富。顺光不但可以使影调柔和，同时还可以很好地体现景物固有的色彩效果，在进行光线处理的时候，往往把较暗的顺光用作副光或者造型光。

(2) 侧光。

侧光为光线投射方向与拍摄方向大约成90°的照明。受侧光照明的物体有明显的阴暗面和投影，对景物的立体形状和质感有较强的表现力。侧光往往会形成一半明一半暗的过于折中的影调和层次,在大场面的景色中往往形成不均衡的画面。这就要求在构图上考虑受光面景物和阴影在构图上的比例关系。

(3) 逆光。

逆光亦称"背面光",是来自被摄体后面的光线照明。由于从背面照明,只能照亮被摄体的轮廓,所以逆光又称作轮廓光。逆光有正逆光、侧逆光和顶逆光三种形式。在逆光的照明条件下,景物大部分处在阴影之中,只有被照明的景物轮廓使这一景物区别于另一种景物,因此层次分明,能很好地表现大气透视效果。在拍摄全景和远景中往往采用这种光线,可使画面获得丰富的层次。

(4) 顶光。

顶光是来自被摄体上方的光线照明。在顶光照明下,景物的水平面照度大于垂直面照度,景物的亮度间距大,缺乏中间层次。在顶光下拍摄人物会产生反常的、奇特的效果,如前额发亮、眼窝发黑、鼻影下垂、颧骨显得突出、两腮有阴影,不利于塑造人物形象的美感。如果用辅助光提高阴影亮度形成小光比也可获得较好的造型。在风光摄影中,拍摄位置恰当也可获得较好的影调效果。顶光包括顺顶光、顶光和顶逆光,前两者的照明效果相似,后者与逆光的效果相似。

4. 画幅安排

画幅有横画幅与竖画幅两种。

(1) 横画幅。

横画幅是看上去最自然、用得最多的一种画幅形式,其原因是多方面的:首先,因为人的生理特点,人的两眼是水平的,眼睛的横视场角远大于纵视场角。其次,因为地平线是水平的,大多数东西都是在水平面上延伸的,人们沿水平方向观察事物要比沿垂直方向观察事物更自然、更舒服。在横画幅中,水平线被强调,使画面有一种内在的稳定性,事物之间的横向联系、事物的横向排列、运动体的水平运动可以得到突出表现,如宽阔的地平线、平静的海面和人物之间的交流等。最后,横画幅还有利于表现高低起伏的节奏感,如桂林山水等。如果横画幅被加宽,则水平线的造型力将被进一步强化。

(2) 竖画幅。

竖画幅也是一种常用的画幅形式,它有利于表现垂直线特征明显的景物,往往显得景物高大、挺拔、庄严等。在竖画幅中欣赏者的视线可以上下巡视,可以把画面中上下部分的内容联系起来。竖画幅还有利于表现平远的事物,它往往结合俯拍角度,展现事物在一个平面上的延伸,突出远近层次。如果竖画幅被加长,则可以增强其画面力度。

5. 摄影构图设计

从广义上说,摄影构图贯穿着摄影创作的整个构思和再现过程。从狭义上来说,摄影构图是指摄影画面的布局和结构。展开来说,摄影构图就是以现实生活为基础,又以比现实生活更富有表现力和艺术感染力的表现手段,把客观对象有机地组织安排在画面里,使思想得到充分的表达。

摄影构图法则中,人们最熟悉的就是构图"三分法",即将画面纵横均分为三等份,从而使画面被分割成为九个相等的方块,四条分割线上出现四个交叉点。通常摄影者就在这四点上选择一处作为趣味中心的最佳位置(参见图 4-15)。

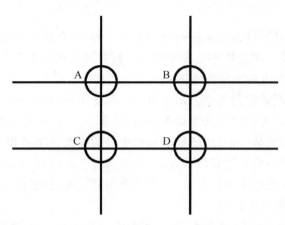

图 4-15　构图"三分法"

摄影构图的基本要求就是构图所应注意的事项。初学者了解了这些基本常识可少走弯路,减少失误。

(1) 画面简洁。

初学者总想把什么东西都拍到画面里,构图时易犯杂乱无章的毛病。胶片的画幅是有限的,容不得一点多余的东西。什么都想拍入的画面,结果往往是什么都拍不好、说不清。因此,画面简洁就成了摄影构图的第一要求。

要求画面简洁的目的就是让画面精练、主体鲜明,清晰而透彻地表达主题思想。我们可用避开、舍弃和隐没三种方法消除与主题无关的东西。

① 避开。

避开就是在多余的物体进入画面的时候不急于按动快门,或改变拍摄时间,等待时机,或改变取景的方法,躲避其对画面的干扰。拍摄人物场面时,取景框里出现不必要的人是常有的事,在方便的时候可请对方离开,在不便声张的时候可等对方离开取景范围时再拍照。在户外拍摄人物时,有时前景或背景会出现电线、电线杆之类的阻挡物,这些物体是固定的,不能像人那样随时移动,在这种情况下只能改变取景位置后再进行拍摄。

② 舍弃。

舍弃是指通过画面取舍、缩小取景范围或放大剪裁等方法将妨碍主体形象表现的物体删除掉的方法。画面内容的繁简在取景框里看得很清楚。发现多余之景时就将其舍去。拍摄会场一角,需相对突出一个人或几个人时,可以将画面边缘部分的人或景物全部舍去,也可留一半,以缺损的形象衬托完整的形象。用缩小取景范围的方法也能把多余的物体舍去。

③ 隐没。

当出现在画面中间的杂乱物体无法取舍时,或用大光圈缩小景深使其隐没,或用某种物体遮挡,还可以采用对底片进行涂红(使其不透光、呈白色)或放大时进行局部减光等方法使其隐没。

(2) 主次分明。

我们追求画面简洁的目的,就是在画面中突出主体,并合理显示陪体,让画面层次分明,从而更具逻辑性。怎样才能让画面主次分明呢？我们可以从以下几个方面去努力。

① 在几类物体中突出其中一类物体。

如在山区拍照,我们的眼前可能会出现山、树、鸟等多种物体,这时如能重点突出某一物体,画面就会分出主次。再如城市的大街上有人、汽车、楼房……它们的体积可能相差悬殊,但只要我们有意识地突出某一部分,就能在画面中分清主次。有意识地突出某一部分,就是把该部分安排在画面某一引人注目的地方,并把镜头焦点也落在该部分上。采用这一方法,即使陪体形象在体积上超过了主体形象,也不会吸引观赏者的视线。

② 在同类物体中突出主要物体。

我们有时需要把镜头专门对准水,有时需要把镜头专门对准森林,有时需要专门表现人,这样画面内均是同类物体,其外观没有太大的差别。那么如何才能理出主次关系呢？此时如能着重刻画一个(适合于小场面)或几个物体(适合于较大场面),画面自然主次分明。

③ 在同一物体上突出某一个重点。

每一个物体都是由许多具体结构组成的,如一棵大树有树叶、树枝和树干,镜头只要相对靠近某一部位,使画面具有虚实、大小、远近之分,主次关系也就明确了。再如人脸长有眼睛、鼻子和嘴巴等多种器官,利用明暗对比、虚实对比等方法也能理出一个主次。对此,有一点不可轻视：在一个物体上所突出的重点应该是该物体最具形象特色、最具魅力的部位。否则,我们为之付出的努力也就失去了意义。

(3) 内容完整。

追求画面简洁、结构紧凑、重点突出,意味着需要对画面进行适当的剪裁。这样就涉及如何裁的问题。对此,初学者易剪裁多,造成画面残缺。保持画面完整也是摄影构图所应把握的重要环节。

画面完整是对一幅作品的基本要求。摄影构图的最高目标是画面完美,完整与完美是紧密联系在一起的。画面残缺不仅影响照片内容的完整性,而且还会损害主体形象,影响主题思想的表达。

什么样的画面才算完整呢？是不是把现场的东西全部摄入镜头画面才算完整呢？如此取景画面固然完整,却不完美,并且又走进了主次不分、平庸乏味的误区。因此,摄影构图的完整是相对的,我们可根据拍摄场面的大小把握画面的完整性。

① 大场面。

大场面一般要用全景拍摄。此类画面容纳的物体多而小,只能保证重点区域形象完整,四周裁去一些景物,不影响画面的大局。

② 一般场面。

一般场面多为中景画面。此类场面有一定的规模,同时也具有一定的重点。只要该重点形象完整,四周的景物裁去一些并不会造成画面的缺损,相反,还能使画面紧凑、重点突出。

③ 局部形象。

局部形象多为近景或特写画面,一般用来拍摄物体局部和人体某一部位。每一物体都是由若干个分体组成的。这时集中刻画某一个趣味点,舍弃别的分体,人们并不觉得缺少了什么,因此它也是完整的。

四、视频的采集与编辑

1. 运用运动摄像

运动摄像就是利用摄像机在推、拉、摇、移、跟、甩等形式的运动中进行拍摄的方式,是突破画框边缘的局限、扩展画面视野的一种方法。

运动摄像符合人们观察事物的习惯,在表现固定景物较多的内容时运用运动镜头可以变固定景物为活动画面,增强画面的活力。

前面我们讲了视频处理的一些术语,如景别、拍摄角度和光线的处理,下面我们来详细讨论运动摄像。

(1) 推。

推是指使画面由大范围景别连续过渡的拍摄方法。推镜头一方面是把主体从环境中分离出来,另一方面是提醒观察者对主体或主体的某个细节给予特别注意。

(2) 拉。

拉与推正好相反,它把被摄主体由近至远、由局部到全体地展示出来,使得主体或主体的细节渐渐变小。拉镜头强调的是主体与环境的关系。

(3) 摇。

摇是指摄像机的位置不动,只做角度的变化,其方向可以是左右摇或上下摇,还可以是斜摇或旋转摇。摇的目的是将被摄主体的各部位逐一展示,或展示规模,或巡视环境等。其中最常见的摇是左右摇,在拍摄电视节目时经常使用。

(4) 移。

移是"移动"的简称,是指摄像机沿水平线做各方向移动并进行拍摄。移动拍摄要求较高,在实际拍摄中需要专用设备配合。移动拍摄可产生巡视或展示的视觉效果,如果被摄主体属于运动状态,使用移动拍摄可在画面上产生跟随的视觉效果。

(5) 跟。

跟是指跟随拍摄,即摄像机始终跟随被摄主体进行拍摄,使运动的被摄主体始终在画面中。跟的作用是能更好地表现运动的物体。

(6) 甩。

甩实际上是摇的一种,具体操作是在前一个画面结束时,镜头急骤地转向另一个方向。在甩的过程中,画面变得非常模糊,等镜头稳定时才出现一个新的画面。甩的作用是表现事物、时间和空间的急剧变化,给人们造成一种心理上的紧迫感。

运用运动摄像时,要在运动的起点与终点留一段稳定时间,叫作起幅和落幅。同时还要注意运动速度对画面节奏造成的影响,不同的速度会造成完全不同的感觉。

慢速运动拍摄犹如从容叙述,给观众带来一种悠然、自信和洒脱的感觉,或是一种庄严、肃穆和沉痛的情绪。急速运动适合表现明快、欢乐和兴奋的情绪,还可以表现强烈的震动感和爆发感。

2. 镜头组接规律

(1) 镜头的组接必须符合观众的思维逻辑和影视表现规律。

镜头的组接要符合生活的逻辑、思维的逻辑,如果不符合逻辑,观众就看不懂。做影视节目要表达的主题与中心思想一定要明确,在这个基础上我们才能根据观众的心理要求(思维逻辑)确定选用哪些镜头,怎样将它们组合在一起。

(2) 景别的变化要采用"循序渐进"的方法。

一般来说,拍摄一个场面的时候,"景"的发展如果过分剧烈,就容易连接不起来;相反,如果"景"的变化不大,同时拍摄角度变化亦不大,那么拍出的镜头也不容易组接。由于以上原因,我们在拍摄的时候"景"的发展变化需要采取循序渐进的方法。

(3) 镜头组接中的拍摄方向和轴线规律。

在拍摄过程中,主体物进出画面时,我们需要注意拍摄的总方向,要从轴线的一侧拍,否则两个画面接在一起,主体物就要"撞车"。

"轴线规律"是影视摄制中保证空间统一感的一条规律。它规定在用分切镜头拍摄同一场面的相同主体的时候,拍摄的总方向须限制在轴线的同一侧(180°范围内)。在拍摄的时候,如果摄像机的位置始终在主体运动轴线的同一侧,那么构成画面的运动方向、放置方向就是一致的,否则就是"跳轴"了。"跳轴"的画面除了特殊的需要以外是无法组接的。

(4) 镜头组接要遵循"动接动""静接静"的规律。

如果两个画面中同一主体或不同主体的动作是连贯的,可以动作接动作,达到顺畅、简洁过渡的目的,我们简称为"动接动"。如果两个画面中的主体的运动是不连贯的,或者它们中间有停顿时,那么这两个镜头的组接必须是在前一个画面主体做完一个完整动作停下来后,再接一个从静止到开始运动的镜头,这就是"静接静"。以"静接静"的方法组接时,前一个镜头结尾停止的片刻叫"落幅",后一镜头运动前静止的片刻叫"起幅","起幅"与"落幅"的时间间隔为一两秒。运动镜头与固定镜头的组接同样需要遵循这个规律。如果一个固定镜头接一个运动镜头,则运动镜头的开始要有"起幅";如果一个运动镜头接一个固定镜头,那么运动镜头要有"落幅",否则画面就会给人一种跳脱的视觉感。有时为了达到特殊的效果,也会有"静接动"或"动接静"的镜头。

(5) 镜头组接的时间长度。

我们在拍摄影视节目的时候,每个镜头停滞时间的长短是由多种因素决定的。首先是根据要表达内容的难易程度、观众的接受能力来决定,其次还要考虑画面构图等因素。如画面选择的景物不同,那么包含在画面里的内容也不同。远景、中景等镜头的画面包含的内容较多,观众看清楚这些画面上的内容所需要的时间就相对长些,所以画面停留的时间也会长一些。而对于近景、特写等镜头的画面所包含的内容较少,观众在短时间内即可看清,所以画面停留的时间可短些。

另外,一幅或者一组画面中的其他因素也会对画面的长短起制约作用。如同一个画面,亮度亮的部分比亮度暗的部分更能引起人们的注意,因此该幅画面在表现亮的部分时,长度应该短些,在表现暗的部分时,长度应该长一些。在同一幅画面中,动的部分比静的部分先引起人们的视觉注意,因此如果要重点表现动的部分时,画面停留的时间要短些,要重点表现静的部分时,则画面停留的时间应该稍长一些。

(6) 镜头组接影调色彩的统一。

黑的画面上的景物，不论原来是什么颜色，最后都会变为许多深浅不同的黑白层次，进而组成软硬不同的影调。对于彩色画面来说，除了影调要统一外，色彩也要保持统一。无论是黑白画面还是彩色画面的组接都应该保持影调色彩的一致性。如果把明暗或者色彩对比强烈的两个镜头组接在一起（除了特殊的需要外），就会使人感到生硬和不连贯，影响内容的通畅表达。

(7) 镜头组接节奏。

影视节目的题材、风格，情节的跌宕起伏和环境气氛，人物的情绪等是影视节目节奏的总依据。影片节奏除了通过演员的表演、镜头的转换、运动音乐的配合、场景的时间空间变化等因素体现以外，还需要运用组接手段严格掌握镜头的尺寸和数量、调整镜头顺序、删除多余的镜头才能完成。也可以说，组接节奏是影片总节奏的最后一个组成部分。

影视节目的任何一个情节或一组画面都要从节目表达的内容出发来处理节奏问题。如果在一个宁静祥和的环境里用了快节奏的镜头转换，就会使观众觉得突兀跳跃，心理上难以接受。然而在一些节奏强烈、激荡人心的场面中，就应该考虑运用种种冲击因素，使镜头的变化速率与观众的心理要求一致，以增强观众的激动情绪，达到吸引观众的目的。

3. 镜头转场技巧

一个完整的影视节目由多个情节段落组成，而每一个情节段落则由若干个蒙太奇镜头段落（或称蒙太奇句子）组成，每一个蒙太奇镜头段落又由一个或若干个镜头组成。场面的转换首先是镜头之间的转换，同时也包括蒙太奇镜头段落之间的转换和情节的段落之间的转换。为了使影视作品内容的条理性更强、层次的发展更清晰，在场面与场面之间的转换中需要一定的手法。转场的方法多种多样，但通常可以分为两类：一类是用特技做转场，也叫技巧转场；另一类是用镜头的自然过渡做转场，也叫无技巧转场。

(1) 技巧转场。

技巧转场一般用于影视节目情节段落之间的转换，它强调的是心理的隔断性，目的是使观众有较明确的段落感觉。由于电子特技机、非线性编辑系统的发展，特技转换的手法有数百种之多，但归纳起来不外乎以下几种形式。

① 淡出与淡入。

淡出是指上一段落的最后一个镜头画面逐渐隐去直至黑场，淡入是指下一段落的第一个镜头画面逐渐显现直至达到正常的亮度。淡出与淡入画面的长度一般为 2 秒，但实际编辑时应根据影视节目的情节、情绪和节奏的要求来决定。有些影视节目中淡出与淡入之间还有一段黑场，给人一种间歇感，适用于自然段落的转换。

② 扫换。

扫换也称划像，可分为划出与划入。前一个画面从某一方向退出荧屏称为划出，下一个画面从某一方向进入荧屏称为划入。划出与划入的形式多种多样，根据画面进、出荧屏的方向不同，可分为横划、竖划和对角线划等。扫换一般用于内容或意义差别较大的两个段落之间。

③ 叠化。

叠化是指前一个镜头的画面与后一个镜头的画面相叠加，前一个镜头的画面逐渐隐去，后一个镜头的画面逐渐显现的过程。在电视编辑中，叠化主要有以下几种功能：一是用于

时间的转换,表示时间的消逝;二是用于空间的转换,表示空间已发生变化;三是用于表现梦境、想象、回忆等插叙、回叙场合;四是用于表现景物变幻莫测、目不暇接。

④ 翻页。

翻页是指第一个画面像翻书一样翻过去,第二个画面随之显露出来。现在由于三维特技效果的发展,翻页已不再是一种单纯的模式。

⑤ 停帧。

对前一段落结尾画面的最后一帧做停帧处理,可使人产生视觉的停顿,这比较适合于不同主题段落间的转换。

⑥ 运用空镜头。

运用空镜头转场的方式在影视作品中十分常见,特别是在早期的电影中,当某一位英雄人物壮烈牺牲之后,经常接转苍松翠柏、高山大海等空镜头。这样做是为了让观众在情绪发展到高潮之后能够回味作品的情节和意境。运用空镜头进行画面转场可以增加作品的艺术感染力。

除了以上常见的转场方法外,技巧转场还包括正负像互换、焦点虚实变化等。

(2) 无技巧转场。

以上谈的是技巧转场,在视频剪辑中更常用的是无技巧转场。常用的无技巧转场方法包括以下几种。

① 相同主体转场。

上下两镜头通过同一主体转场。如前一个镜头为幼儿园墙上的游泳圈,下一个镜头为游泳圈特写拉出,孩子们在游泳。也可以跟随主体人物走到一个新的场景来转场。

② 主观镜头转场。

所谓主观镜头是指借片中人物的视觉方向所拍摄的镜头。主观镜头转场就是前一个镜头为片中的人物在看,下一个镜头就是他(她)所看到的场景。

③ 封挡镜头转场。

封挡镜头转场就是上一个镜头为人物逐渐走近挡住镜头,下一个镜头为主体人物出现在另一个场景;或是一个镜头为主体人物跑动,下一个镜头为主体人物背部衣服的特写,随后主体人物向前跑,镜头拉出场景发生转变。

④ 特写转场。

特写能够暂时集中人的注意力,使人们忽略环境的记忆,使转场没有大的视觉跳动。无论前面一个镜头是什么,后面的镜头都从特写开始。例如一个镜头为人提着皮箱上了火车,下一个镜头为脚走路的特写,然后接全景到达家门口。

⑤ 动势转场。

利用人物、交通工具等动势的可衔接性及动作的相似性作为场景时空转换的手段。如,一个镜头为人向楼梯口跑去,下一个镜头是他从楼梯跑上来冲进房间。

⑥ 出画入画。

出画入画就是上一个镜头为一个汽车开出画面,下一个镜头为汽车从另一个场景进入画面。

⑦ 消失转场。

消失转场就是上一个镜头为主体人物进门被门口的墙挡住消失了,下一个镜头为主体人物出现在另外的房间;再比如,上一个镜头为汽车被树木、烟尘挡住,下一个镜头为汽车进入另一个场景。

⑧ 承接式转场。

承接式转场就是上一个镜头为一只手在按送电按钮,下一个镜头是某一个地方的灯亮了。

⑨ 运动镜头转场。

运动镜头转场是利用摄像机的运动来作为场景的转换因素。比如《伟人周恩来》中上一个镜头为"西花厅"三个字拉出到门口拍摄院子的全景,然后做"动接动"处理,下一个镜头为医院住院楼的中景逐渐拉近到周恩来住院的房间窗户,再下一个镜头为走廊的画面,逐渐上推到房间的门口。

⑩ 声音转场。

比如,先把一个人的声音铺在楼房的空镜上,然后下一个镜头是这个人在办公室接受采访的谈话。再比如《藏北人家》中上一个场景是措达放牧牧场的雪山,下一组镜头是家里雪山下的帐篷,同时播放解说词进行转场:男人出去放牧,女人在家里干家务活。这里既有相同主体转场,又有声音转场,转场显得流畅自然。

4. 蒙太奇

蒙太奇是 Montage 的音译,原为建筑学术语,意为构成、装配,现在是指镜头剪辑的技巧和方法,是影视电影创作的主要叙述手段和表现手段之一。蒙太奇一般包括画面剪辑和画面合成两方面。画面剪辑是指由许多画面或图样并列或叠化而成的一个统一的图画作品,画面合成是指制作这种组合方式的艺术或过程。

简要地说,蒙太奇就是根据影片所要表达的内容和观众的心理顺序,将一部影片分别拍摄成许多镜头,然后再按照原定的构思组接起来。概括而言,蒙太奇就是把分切的镜头组接起来的手段。由此可知,蒙太奇就是将摄像机拍摄下来的镜头,按照生活逻辑、推理顺序、作者的观点倾向及美学原则连接起来的手段。

人们总结出两类蒙太奇模式,它们分别是叙述蒙太奇和表现蒙太奇。

(1) 叙述蒙太奇。

叙述蒙太奇是指按照事物的发展规律、内在联系、时间顺序把不同的镜头连接在一起,叙述一个情节,展示一系列事件的剪接方法。叙述蒙太奇又可分为线索式蒙太奇、平行式蒙太奇、积累式蒙太奇、复现式蒙太奇、插叙与倒叙蒙太奇等。

(2) 表现蒙太奇。

表现蒙太奇又称"列蒙太奇",是指根据画面的内在联系,通过画面与画面以及画面与声音之间的变化与冲击,创造单个画面本身无法产生的概念与寓意,激发观众联想。表现蒙太奇细分为联想式蒙太奇、隐喻式蒙太奇、对比式蒙太奇、错觉式蒙太奇和抒情式蒙太奇等。

五、声音运用的基本规律

1. 音视频节目中的声音运用

音视频节目中的声音一般分为人声、解说、音响和音乐四个部分。

(1) 人声。

人声是指画面中出现的人物所发出的声音,分为对白、独白和心声等几种形式。

① 对白。

对白也称对话,是指节目中人物相互之间的交谈。对白在人声中占相当大的比重,再与人物的表情、动作、音响或音乐配合,使画面的主题突出,外部动作得到扩充,内部动作得到发展。

② 独白。

独白是节目中人物潜在心理活动的表述,它只能采用第一人称。独白常用于人物幻想、回忆或披露自己心中鲜为人知的秘密,往往起到深化人物思想和情感的作用。

③ 心声。

心声是以画外音形式出现的人物内心活动的自白。心声可以在人物处于运动、静止状态时使用,或者在出现人物特写时使用。心声既可以披露人物发自肺腑的声音,也可以表达人物对往昔的回忆或对未来的憧憬。心声作为人物内心的表述,不管是直露的还是含蓄的,都将丰富厚重画面的表现力,使画面中含糊的含义趋于清晰和明朗。运用心声时,应对音调和音量有所控制:情要浓,给观众以情绪上的感染;音要轻,给观众以回味和思索的余地;字要重,给人以真实可信的感觉。

(2) 解说。

解说一般采用解说人不出现在画面中的旁白形式,它所起的作用是:强化画面信息;补充说明画面;串联内容、转场;表达某种情绪。解说与画面的配合关系分为声画同步、解说先于画面、解说后于画面三种。

(3) 音响。

音响是指与画面相配合的除人声、解说和音乐以外的声音。音响的作用有助于揭示事物的本质,增加画面的真实感,扩大画面的表现力。音响只能给人以听觉上的感受,只能反映事物的一部分特点,因此它所反映的事物往往是不清晰、不准确的。

音响在运用上可采用将前一个镜头的效果延伸到后一个镜头的延伸法,也可以采用画面上未见发声体而先闻其声的预示法,还可以采用强化、夸张某种音响的渲染法,以及不同音响效果的交替混合法。

(4) 音乐。

音乐具有丰富的表现功能,是视频节目中不可缺少的重要元素。在视频节目中,音乐不再属于纯音乐的范畴,而是成了一种既适应画面内容需要,又保留了自身某些特征与规律的影视音乐。音乐的主要作用是作衬底音乐、段落划分和烘托气氛。

在配乐的过程中,要注意不要只追求音乐的完整、旋律的优美,这样容易使配乐游离于主体之外,分散观众注意力。配乐的格调要和谐,调式、风格差别较大的乐曲不要混杂在一起。同时也不要从头到尾反复用一首曲子。不要使用广为观众熟悉的音乐。音乐应与解说、音响在情绪上相配合。音乐不宜太多太满。

2. 新闻报道中的声音运用

(1) 音响素材。

从新闻报道的角度,可以将声音分为以下几类。

① 新闻事件的实况音响。

新闻事件的实况音响也称主体音响或典型音响,它们与报道主题直接相关。合理地运用实况音响可给人强烈的真实感与现场感。

② 新闻事件中的人物访谈。

这类音响素材的采集如果在新闻记者的控制下进行,可有效地实现新闻记者的传播意图。

③ 新闻现场的环境音响。

新闻现场的环境音响如果运用得当可以很好地营造现场气氛,让听众身临其境。

④ 音响资料。

音响资料即以前采集的与本新闻报道相关的声音素材。它往往作为新闻的背景材料,用来丰富报道的内容。

⑤ 音乐。

在某些报道中,可以适当地采用音乐作为背景,以起到渲染气氛、烘托主题的目的。但注意音乐不能作为音响报道的主角。

(2) 音响报道。

音响报道就是将以上不同类型的音响素材与新闻稿结合起来形成含有音响的新闻报道。音响报道的类型分为以下几种。

① 录音新闻。

录音新闻是一种比较简短、时间性很强、利用现场音响进行报道的广播形式。录音新闻应该满足广播新闻的一切要求。报道的事实必须具有新闻性,必须具有音响场面。

录音新闻由文字新闻演变而来,它要求简短、精悍、迅速、及时。结构上同文字新闻差不多,一般具有导语、主题、结尾,背景材料则可根据实际情况进行添加。这种形式适用于报道各种重要会议的开幕、闭幕的消息,或重要工程开始和完成的消息。工农业生产和其他各行业的新成就以及国家或民族间的活动等也可采用录音新闻的形式。

录音新闻是由音响和文字两部分共同来表现新闻主题的,因此,除了一般新闻稿件写作的基本要求之外,还必须注意文字与音响之间的配合。

② 录音现场报道。

录音现场报道是报道的一种,是指在新闻现场运用实况音响和现场解说描述新闻事实和现场情景的报道形式。它以再现事物及其现场的瞬间状态和情景为主要表现目标,以典型的富于表现力的现场音响作为必要手段,以现场的即时解说、述评为贯穿始终的主线。录音现场报道多用于报道重大的预发性事件或活动,一般在现场进行采录、解说,经过加工、合成后播出,具有高度的时效性和强烈的现场感。

③ 录音专访。

录音专访是以新闻记者对某个人物、事件或问题进行专题访问的一种音响报道形式。录音专访比一般报道更详细、生动。

音响报道还有录音通讯、录音特写和录音评论等形式。

3．声音采集与制作的质量要求

（1）达到一定的响度要求。

（2）有效控制噪声。

（3）声音保真度高。

（4）具有真实感。

（5）恰当地进行混合处理。

（6）声画对位、衔接自然。

4.4　视频编辑软件 Premiere 的应用

一、创建与设置项目

Premiere 是网络视频剪辑中常用的软件，本章节我们以"Premiere Pro 2023"版本为学习案例。使用 Premiere 软件剪辑视频，首先要创建项目。

1．通过欢迎界面创建项目

单击 Premiere Pro 2023 快捷方式图标，启动软件，系统弹出主页界面，列出了【新建项目】【打开项目】这样两个不同功能的按钮，如图 4-16 所示。此时只需单击【新建项目】按钮即可创建新的 Premiere 影片剪辑项目。

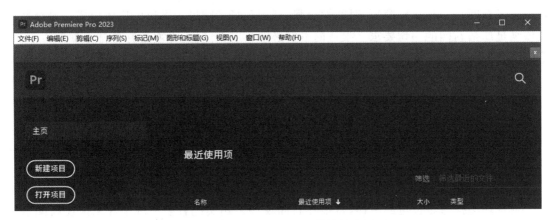

图 4-16　Premiere Pro 2023 项目创建界面

2．在 Premiere 主界面内创建项目

在进入 Premiere 主界面后，可在左上角方框内修改项目名称和项目存储位置，单击右下角的【创建】按钮，即可在主界面内创建项目。如图 4-17 所示。

第 4 章　网络新闻写作与多媒体编辑

图 4-17　在主界面内创建项目

> **注意**
> 　　Premiere 一次只能打开一个项目,在主界面内新建的项目要注意修改项目名称和选择储存位置,如果未进行该操作,那么新建项目将会替换已存在的项目,覆盖其当前内容,并且无法撤销。
> 　　在剪辑影片过程中,直接按组合键 Ctrl＋Alt＋N 后也可弹出【新建项目】对话框。

3. 设置常规配置信息

进入主界面后,在左上角【文件】下拉菜单里可以找到【项目设置】按钮,单击打开对话框,在默认情况下,【项目设置】对话框将直接显示【常规】选项卡中的内容。如图 4-18 所示,在这个对话框中可以设置项目文件名称以及保存项目文件的位置,同时还可以调整安全框及音频、视频显示格式。

在【暂存盘】选项卡中可以设置采集到的音视频素材、视频预览文件和音频预演文件的保存位置,如图 4-19 所示。完成后单击【新建项目】对话框中的【确定】按钮,即完成项目文件的创建工作。

图 4-18　设置项目参数　　　　　图 4-19　设置临时文件储存位置

> **注意**
> 【暂存盘】选项卡中会默认设置项目的路径。由于各个临时文件夹的位置参数都会直接记录在项目文件中，因此，不要更改临时文件夹的名称和保存位置，否则项目所用文件的链接会丢失，导致无法正常进行项目的编辑工作。一般情况下采用默认的保存位置即可。

二、创建与设置序列

剪辑视频必须先创建序列，因为一切剪辑和特效等操作都要在序列里进行。

1. 新建项目时创建序列

新建项目文件后，在左上角【文件】下拉菜单里找到【新建】【序列】按钮，或者使用组合快捷键 Ctrl+N，直接弹出【新建序列】的界面。在默认显示的【序列预置】中，列出了众多序列的预置方案，在选择某种方案后，还可在右侧文本框内查看描述信息，如图 4-20 所示。在我国主要采用 PAL 制，所以要在众多预置中选择 PAL。

在实际操作过程中，我们要根据视频素材的像素大小，或者视频播出平台规定的像素大小，来设置【新建序列】的像素大小，这就要在【常规】选项卡中进行操作。

以视频素材的像素大小为例，首先要在视频原素材文件夹中找到相应视频，进行【右键菜单】—【属性】—【详细信息】查看操作，在弹出的对话框里查看视频分辨率（帧宽度、帧高度）、像素长宽比、帧速率、音频等信息，以此为依据建立序列。

然后回到 Premiere 软件，单击【设置】选项卡，将【编辑模式】设置为【自定义】模式，在视频部分的【画面大小】中输入视频实际宽、高的像素数，如图 4-21 所示。【时基】即序列内的帧速率,一般情况下设为25.00帧/秒。【像素长宽比】直接影响到序列画面的大小,要按照视频的实际像素长宽比去设置,以防止像素长宽比不一致,造成人物变形,或者视频和窗口的大小不一致。【场】要填入实际视频的场序。场序的种类有上场优先、下场优先和无场(上、下场优先是隔行扫描,无场是逐行扫描)三种,具体选择何种场序要通过视频的播放进行设置,如果运动画面边缘出现黑道,或者重影,证明【场】设置错误,要新建序列设置,然后将已经剪辑的视频复制粘贴到新建序列中。【显示格式】设为25fps时间码。

音频选项中的【采样率】用于统一控制序列内音频文件的采样率,【显示格式】用于调整序列中音频的标尺单位。

其他选项一般采用默认即可。当新序列内各项参数调整完以后,单击【确定】按钮,即可进入Premiere主界面。

2. 在项目内新建序列

有时新建的序列在通过剪辑后发现场设置的参数或者画面的大小不对(有黑边)。遇到这种情况时就需要在项目内新建序列,操作过程:【文件】【新建】【序列】打开【新建序列】重新设置相关参数。

图4-20 选择序列预置方案

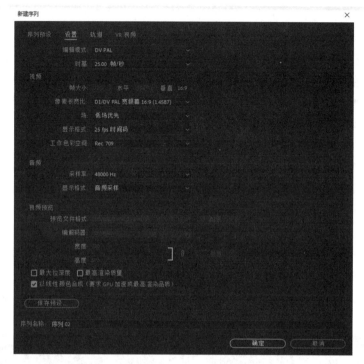

图 4-21　自定义设置序列

> **注意**
> 序列画面的大小,最好和视频素材一致。如果窗口大视频小,那么最终视频效果不但会有黑边,而且为了适配窗口的大小,画面的像素会被放大,图像质量就会随之下降。一些人认为序列建得越大,画面质量就会越好,但这是一个错误的想法。如果素材很小,却硬要将序列建得很大,那么只能以牺牲画面的清晰度作为代价。

三、剪辑视频

1. 导入素材

导入素材的方法有四种:

(1) 在 Premiere 软件左上角【文件】下拉菜单里找到【导入】选项,此时会弹出【导入】窗口,接着在【导入】对话框中找到文件,单击打开,项目会自动出现导入进度条并进行素材的导入。如图 4-22 所示。

(2) 在项目面板空白处双击,弹出导入菜单。

(3) 使用快捷键 Ctrl+I 弹出导入菜单。

(4) 当把 Premiere 项目最小化寻找素材时,在文件夹中找到素材,单击选中,按住鼠标左键不放,并移动到工具栏 Premiere 图标处,此时项目会自动打开,此时仍不松手直到鼠标将文件拖到项目窗口。

第 4 章　网络新闻写作与多媒体编辑

此外,还可以根据需要将素材的文件夹直接导入。

图 4-22　导入素材

2. 定义影片

导入素材后,可以对素材进行不同类型的设置,在项目窗口选中该素材点击鼠标右键,打开【修改剪辑】面板,即可修改素材的像素长宽比、场序等,如图 4-23 所示。

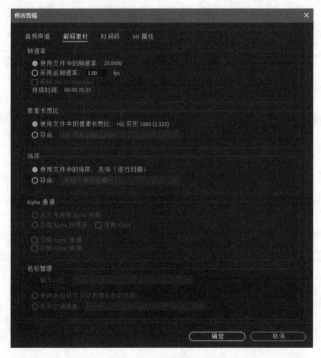

图 4-23　修改素材设置

3. 主界面介绍

"Premiere Pro 2023"左上角为【素材源监视器】【效果控件】【音频剪辑混合器】等折叠面板，上半部分的中间是【节目监视器】面板，右上角是【效果】【基本图形】折叠面板，左下角是【项目】【媒体浏览】【信息】【历史记录】等折叠面板，正下方是【工具栏】【时间线】面板，主界面窗口还可以根据操作习惯进行折叠调整，如图 4-24 所示。

图 4-24　主界面

4. 时间线工具面板

▶ 选择工具（快捷键 V）：选择的标准光标。把光标放在片段的边缘，光标则会变成调整工具，此时用光标拖动片段边缘，可以拉长片段或缩短片段。

轨道选择（快捷键 A）：用于在特定的轨道上的所有选择，按住 Shift 键可以选择所有轨道。

波纹编辑（快捷键 B）：当波纹媒体靠近素材的左边或者右边的时候，可以调整时间线中素材的入点和出点，后边的素材会跟着前移或者推后，整体上节目的长度也会因此发生变化。

滚动编辑（快捷键 N）：允许动态地滚动两个素材之间的编辑点，同时保持整体节目的长度不变。

比例拉抻（快捷键 X）：通过拉长或者缩短素材在时间线上的持续时间，减慢或者增加素材的速度。本操作不会流出、减少素材的像素，只是对素材的长度进行拉长或压缩，动作会变快或变慢。

剃刀（快捷键 C）：该工具可对单个素材做切割和剪切操作。

外滑（快捷键 Y）：在时间线上的素材片段上左右拖动此工具可以改变入点、出点位置，在节目窗口中可以观察到素材的变化情况，同时可以保持原片段长度以及切口位置不变。

内滑（快捷键 U）：在时间线上的素材片段上左右拖动该工具，会影响到相邻素材片段的长度，整体节目的长度也会发生变化。

钢笔（快捷键 P）：该工具可在时间线上选择和创建关键帧，使用 Ctrl 键可以添加关键帧，按住 Shift 键可以选择、调整不连续的关键帧。

矩形（该工具在"Premiere Pro 2023"版本里暂无快捷键）：矩形工具可在节目监视器窗口中绘制矩形，并在时间轴面板的空轨道中自动生成图形剪辑。在图标的下拉菜单里还可调出椭圆工具和多边形工具，用来绘制相应图形。

手形（快捷键 H）：在时间线上单击或左右拖动该工具，可以调整观察区域，起到左右滚动观察区域的作用。

缩放（快捷键 Z）：该工具可放大和缩小时间线。选择并单击是放大，按住 Alt 键为缩小。

文字（快捷键 T）：可在节目监视器中创建字幕，并进行相应样式参数调整。

5. 三点编辑

"三点编辑"是指将素材中选中的片段编辑到时间线上，即节目中。在操作时需要选择素材的入点、出点和时间线上的入点这样三个点。

接下来，我们以一组镜头剪辑为例，来讲解"三点编辑"的操作方法。

（1）双击 Premiere 软件左下角【项目】面板的空白处，导入视频素材，在【项目】面板里再双击素材，使之在素材源窗口打开。

（2）拉动素材源窗口的时间游标，在 00:04:13:03 位置的时间点停住，单击左括号，设此点为素材的入点，这时我们看到时间标尺上入点以后的部分呈现高亮显示，如图 4-25 所示。

（3）单击素材源窗口的播放按钮，或者通过键盘的"上下左右"方向键进行逐帧播放，让时间游标走到 00:04:17:18 位置，单击右括号，此刻时间标尺会清除该点之后的高亮显示区，表示此点为素材的出点。素材源窗口右下角的时间显示告诉我们这个运动镜头（从入点到出点）共计选择了 4 秒 16 帧，如图 4-26 所示。

图 4-25　设置素材入点

图 4-26　设置素材出点

(4) 接下来，我们需要设置【时间线】面板上的入点，把这个镜头编在节目所需要的时间点上。这个镜头是第一个镜头，我们把时间游标放在时间线标尺 00:00:00:00 的位置，在节目窗口单击左括号，则时间线上和节目窗口都从 00:00:00:00 点开始高亮显示，这表明设置了编辑的时间点，如图 4-27 所示。

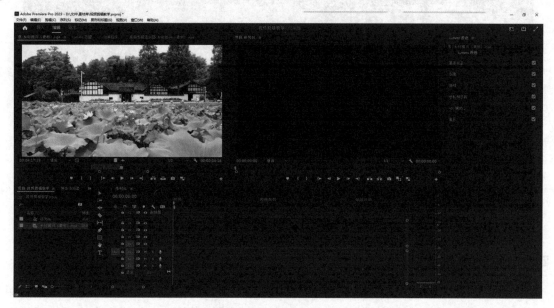

图 4-27　设置时间线入点

注意

　　素材源监视器和节目监视器左下角显示的时间为指示器所在时间点，在没有打上入点和出点时，右下角时间显示的是整个片段时间，如果打上入点、出点，则显示入点、出点之间的时间长度。

(5) 三个点都设置好之后，单击素材源窗口下方的【覆盖】按钮，选中的素材片段就会插入到时间线面板中，此时，我们用"三点编辑"方法剪辑的第一个镜头就完成了，如图 4-28 所示。如此重复以上操作方法，便可将影片所需镜头剪辑成组。

6. 时间线剪辑

　　为了提高剪辑速度，实践中经常会使用时间线剪辑。方法是将音视频素材拖放到时间线上，用剃刀快捷键"C"切口，用快捷键"V"将切好的片段移动到合适位置，将两个镜头无缝拼接起来。也可在素材窗口，拉动素材找到入点，按快捷键"I"设置入点，找到大概的出点，然后按快捷键"O"设置，接着在窗口单击鼠标等待光标变为手形后拖动到时间线上，再将光标放在片段边缘等待其变为调整工具后，精细调整出点。如果需要单独抓取视频则需要点击素材窗口下方的【仅拖动视频】按钮进行拖动，如果需要单独抓取音频，则需要点击素材源窗口下方的【仅拖动音频】按钮进行拖动。

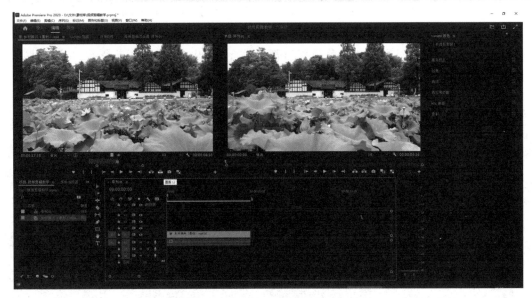

图 4-28　执行覆盖编辑

四、字幕制作

(1) 在工具栏面板找到【T】字图标,即文字工具。点亮文字工具后,在节目监视窗口单击鼠标左键,待光标闪动后即可输入文字,此时在时间线面板的空白轨道上会出现一段字幕素材,叠放在第一个视频片段上方,如图 4-29 所示。

图 4-29　新建字幕

(2) 双击时间线面板上的字幕素材,软件右侧会弹出【基本图形】面板,该面板为字幕工作区,在字幕工作区内,可调整文字字体、大小、颜色、字间距、不透明度等参数。

第 4 章　网络新闻写作与多媒体编辑

五、视频切换效果

为了使字幕自然地出现和消失,我们可以为字幕加交叉叠化效果。点击软件右上角的【效果】面板,选择【视频过渡】【溶解】【叠加溶解】,将光标移至效果名称上并按住鼠标左键将效果拖拽到字幕片段的左边缘,待光标变形后松手,再次操作将效果拖拽到右侧边缘。此时将时间指示器放到视频切换的位置便可看到相应的效果,如图 4-30 和图 4-31 所示。

图 4-30　添加叠加溶解视频过渡效果

图 4-31　叠加溶解视频过渡效果预览

注意

在视频片段上加视频过渡效果也如此操作,但有的视频过渡效果要调整运动方向等,方法是在时间线上双击该效果,在特效控制台中展开并单击效果名称,然后再对效果的具体施加位置进行调整。

加视频特效的方法和视频切换方法大同小异,只不过加视频特效时不是将效果拖放到片段边缘,而是拖放到片段上,这时在视频片段上会出现一条绿色的线,展开效果控制面板便可调整参数、设置效果。

六、视频输出

完成视频剪辑后调整工作区域条,使之覆盖要输出的节目,如图 4-32 所示。

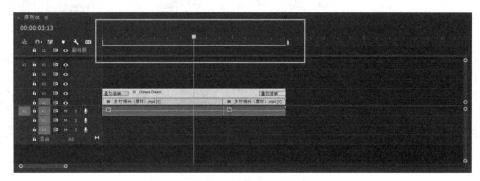

图 4-32 调整工作区域条

在软件主界面左上角单击【导出】按钮,便会进入【媒体文件】参数设置面板。在该面板中可对视频文件的名称、储存位置、输出格式、最终尺寸、像素纵横比、场序、比特率等一系列内容进行设置,如图 4-33 所示。

图 4-33 导出设置

完成所有参数设置后,点击右下角的【导出】按钮,Premiere 软件会直接进行导出工作,导出后的视频将依据储存路径存放在相应的文件夹内。

如果同时有多个视频需要导出,则要另外安装"Adobe Media Encoder"软件,在软件右下角点击【发送至 Media Encoder】按钮,将需要导出的视频编辑项目添加至"Adobe Media Encoder"软件的输出队列内,即可队列生成视频文件。

本章内容的重要性不言而喻。网络编辑的主要工作内容就是内容编辑、内容创作和内容策划。这些工作做得好坏是衡量一个网络编辑工作能力强弱的主要指标。所以这部分的训练就显得非常重要。标题的制作、导语的写作、稿件的整合和内容的修改等内容是十分重要的,其中的知识讲解和相关训练都从网络编辑工作的实际出发,对于提高网络编辑的策划、整合与组织能力有很大的帮助。

一、单选题

1. 新闻述评是一种有述有评、评述相间的报道形式,可将其归类为(　　)。

　　A. 特写　　　　B. 评论　　　　C. 消息　　　　D. 通讯

解析:这道题的考点在于对新闻述评的归类上,考生对于新闻述评的接触不多,往往会根据字面理解认为述评是评论的一种。其实,新闻述评是一类特殊的消息。所以正确的答案为选项 C。

2. 请看导语:

要不了三个月,杭州居民须做的第一件事将是把家庭密码输在一个电子计算机大小的智能终端操作屏上,以告诉智能终端主人回来了。否则,30 秒钟后,智能终端将立即向警方报告,有人非法闯入他人家庭。

杭州有线网络工程负责人向记者描述了杭州人将要过的这样一种生活片段……杭州,将成为中国第一个真正意义上的 e 城市。

上述导语属于(　　)。

　　A. 评论式导语　　　B. 结论式导语　　　C. 叙述式导语　　　D. 描写式导语

解析:这道题我们可以采用排除法。仔细阅读题干,我们发现这则导语并没有展开评论,也没有下什么结论,所以可以排除选项 A 和选项 B。叙述式导语的特点是直接对新闻事实中最重要、最新鲜的内容进行摘要或归纳,而这则导语并不是,所以选项 C 也不对。最后只剩下选项 D 了,也就是描写式导语。所以正确答案为选项 D。

二、多选题

1. 在新闻摄影中，一张好的新闻照片应具有瞬间的张力，这里的"瞬间"包括（　　）。

　　A. 瞬间的黄金点　　　　　　　　　B. 高潮瞬间

　　C. 高潮后的瞬间　　　　　　　　　D. 情节瞬间

解析：这道题属于新闻摄影的基本要求中的内部形式上的要求。内部形式上的要求有三个方面，其中第一个就是瞬间的张力。新闻摄影的瞬间包括瞬间的黄金点、高潮瞬间、高潮后的瞬间和情节瞬间。所以这道题的答案为选项 ABCD。

2. 面对面采访是一种人际交流，除语言符号外，采访交流还可借助非语言符号，它包括（　　）。

　　A. 表情　　　　B. 肢体语言　　　　C. 服饰　　　　D. 空间距离

解析：这道题考查的是面对面采访的非语言符号问题。非语言符号包括很多种，如表情、肢体语言、服饰、空间距离、环境陈设布置、图形标志、人体距离、时间调节和艺术等。所以正确答案为选项 ABCD。

一、单选题

1. 提出"新闻是新近发生的事实的报道"的是（　　）。

　　A. 约翰·博加特　　　　　　　　　B. 黄远生

　　C. 陆定一　　　　　　　　　　　　D. 邵飘萍

2. 在采访对象不知情的情况下，通过偷拍、偷录等记录方式，或者隐瞒新闻记者的身份以体验的方式进行的采访是（　　）。

　　A. 面对面采访　　　　　　　　　　B. 电话采访

　　C. 体验采访　　　　　　　　　　　D. 隐性采访

3. 新闻价值中新闻事件参与者及其业绩的知名程度，属于（　　）。

　　A. 时新性　　　　B. 接近性　　　　C. 重要性　　　　D. 显著性

4. 以事实的重要性程度或受众关心程度依次递减的次序，先主后次地安排消息中各项事实内容，这种消息的结构是（　　）。

　　A. 倒金字塔结构　　　　　　　　　B. 时间顺序式结构

　　C. 对比式结构　　　　　　　　　　D. 提要式结构

5. 下列属于消息标题的是（　　）。

　　A. 快女的黑幕流言

　　B. 对杰克逊搞个人崇拜，荒唐

　　C. 教育部称今年全国高校毕业生就业率达 68%

　　D. 人人爱哈佛是教育的耻辱

6. 只抓取新闻事件中富有特征的片段，并加以浓重的渲染，这类新闻体裁属于（　　）。

　　A. 新闻通讯　　　　B. 新闻特写　　　　C. 新闻花絮　　　　D. 新闻述评

7. 不同的景别会引起观众不同的心理反应,侧重于揭示人物内心世界的景别是(　　)。
   A. 全景　　　　B. 中景　　　　C. 特写　　　　D. 近景

8. 将主体置于画面的视觉中心,常采用(　　)。
   A. 二分法　　　B. 三分法　　　C. 六分法　　　D. 九分法

9. 光线投射方向与拍摄方向大约成90°的照明,属于(　　)。
   A. 顺光　　　　B. 侧光　　　　C. 逆光　　　　D. 顶光

10. 2月25日,2024年国际乒联世乒赛团体赛在韩国釜山结束全部赛程。在刚刚进行的男子团体决赛中,由王楚钦、樊振东和马龙出阵的中国队以3∶0战胜法国队,夺得冠军。这是中国乒乓球队连续第11次,也是历史上第23次捧起世乒赛男子团体冠军奖杯——斯韦思林杯。上述导语属于(　　)。
    A. 叙述式导语　　　　　　　　B. 结论式导语
    C. 评论式导语　　　　　　　　D. 描写式导语

二、多选题

1. 如何选择好的新闻角度(　　)。
   A. 突出重点　　B. 旧中觅新　　C. 由近及远
   D. 以小见大　　E. 虚中觅实

2. 叙事性蒙太奇包括(　　)。
   A. 线索式蒙太奇　　　　　　　B. 平行式蒙太奇
   C. 积累式蒙太奇　　　　　　　D. 复现式蒙太奇

3. 一般音频节目中的声音通常包括(　　)。
   A. 人声　　　　B. 解说　　　　C. 音响　　　　D. 音乐

4. 运动摄像,就是利用摄像机在(　　)等形式的运动中进行拍摄的方式。
   A. 推与拉　　　B. 摇与移　　　C. 跟　　　　　D. 甩

5. 照片可有两种画幅,分别是(　　)。
   A. 高画幅　　　B. 横画幅　　　C. 长画幅　　　D. 竖画幅

6. 按内容分,通讯一般分为(　　)几种。
   A. 人物通讯　　B. 事件通讯　　C. 概貌通讯　　D. 工作通讯

7. 按评论写作论述的角度分类,有(　　)几种类型。
   A. 立论性评论　B. 驳论性评论　C. 阐述性评论
   D. 解释性评论　E. 提示性评论

8. 人声是指画面中出现的人物所发出的声音,分为(　　)几种形式。
   A. 对白　　　　B. 独白　　　　C. 心声　　　　D. 旁白

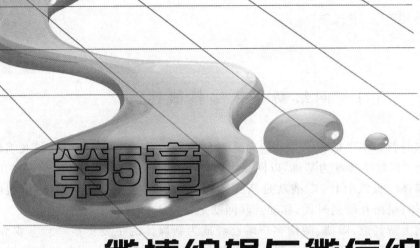

第5章

微博编辑与微信编辑

 本章导读

1. 新媒体编辑主要包括微博编辑与微信编辑两种。
2. 微博编辑的工作职责与能力要求。
3. 微信编辑的工作职责与能力要求。
4. 微博编辑业务能力的训练:(1)话题策划;(2)撰写文案;(3)与粉丝互动。
5. 微信编辑三种能力的提升:(1)标题写作能力的提升;(2)内容创作能力的提升;(3)运营能力的提升。

5.1　网络新媒体编辑概述

美国《连线》杂志对新媒体下的定义为"所有人对所有人的传播"。联合国教科文组织对新媒体下的定义为"以数字技术为基础,以网络为载体进行信息传播的媒介"。不同的时代会出现不同的新媒体。报纸时代,广播就是新媒体;广播时代,电视就是新媒体;电视时代,互联网就是新媒体;桌面互联网时代,移动互联网就是新媒体。

当今移动互联网大行其道,微博、微信客户端已经成为新媒体的主要传播平台与媒介。新媒体编辑主要包括微博编辑与微信编辑两种。本章主要探讨的就是如何做好微博编辑与微信编辑的工作。

5.2　微博编辑的职责与能力要求

微博是微型博客(MicroBlog)的简称,即"一句话博客",是一种通过关注机制分享简短实时信息的广播式的社交网络平台。微博作为活跃的社交媒体平台已经充分发挥了它的新媒体特性。越来越多的机构开始设置微博编辑的工作岗位。

一、微博编辑的工作职责

微博编辑的工作职责包括:
(1) 负责微博业务的内容编辑,包括每日内容更新、微博发布等工作;
(2) 对微博群进行维护和建设;
(3) 参与市场网络推广;
(4) 能独立进行微博主题设置以及专题的策划,包括微博内容的制作。

例如,某网站财经微博编辑的工作职责具体包括以下几点。
(1) 负责某网站财经微博的维护工作,包括内容的编辑、审核、专题制作;
(2) 负责微博的运营,包括内容推广、内容合作、话题营销等,维护用户关注度;
(3) 利用微博平台推动各项线上、线下活动;
(4) 协助主编处理其他运营事务;
(5) 熟练运用Photoshop等软件,具有较强的专题制作能力;
(6) 思维活跃,有创造力;吃苦耐劳,积极进取。

二、微博编辑的能力要求

微博编辑的基本能力要求是:
(1) 有较强的文案撰写和语言表达能力,能进行原创内容的撰写;
(2) 熟练使用Word、Excel、Photoshop等软件,有简单图片处理能力,了解HTML;
(3) 对市场有敏锐的洞察力,熟悉论坛、博客、微博、QQ群、贴吧等常用网络推广的方式。

对于微博编辑的更高要求有：
(1) 具有一定的策划推广能力，熟悉网站推广及营销的策略；
(2) 熟练操作常用网页制作软件和网络搜索工具，了解网站开发、运行及维护的相关知识；
(3) 熟悉网站编辑工作流程；
(4) 工作认真并且效率高，有良好的沟通能力及团队协作能力，能承受工作压力；
(5) 兴趣广泛，具有大局观和团队精神。

5.3 微信编辑的职责与能力要求

微信是腾讯公司于2011年1月21日推出的一个为智能终端提供即时通信服务的免费应用程序。微信支持跨通信运营商、跨操作系统平台，仅通过网络即可快速发送免费（需消耗少量网络流量）的语音短信、视频、图片和文字，同时，也可以使用通过流媒体共享的内容资料和基于位置的"摇一摇""漂流瓶""朋友圈""公众平台""语音记事本"等服务插件。微信编辑特指微信公众平台的内容编辑。

一、微信编辑的工作职责

(1) 负责微信端的搭建与维护，微信合作的开拓与运维，微信用户的日常维系；
(2) 负责微信公众号的运营推广工作与数据监控；
(3) 挖掘和分析网友的使用习惯、情感及体验感受，及时掌握新闻热点，有效完成专题策划活动，策划撰写原创话题文章及微信运营方案，增加粉丝互动机会；
(4) 根据推广方案结合微信特点发送各种微信内容；
(5) 深入了解互联网，尤其是微信的特点及资源，并有效运用相关资源，做到微信与其他资源的匹配与协调；
(6) 负责传播计划的执行，及时有效地与各相关部门沟通并融洽地合作，顺利推进整体项目的进程；
(7) 掌握微信新功能的使用及持续进行新媒体领域的开发与研究。

二、微信编辑的能力要求

(1) 具备良好的数据分析能力、语言及文字表达能力，文笔好，书面和口头沟通能力强，熟悉网络语言的写作特点，能够独立完成微信营销策划方案的撰写；
(2) 学习能力强，兴趣广泛，关注时事，喜欢并乐于接受新鲜事物，头脑灵活；
(3) 对微信运营有独特的见解；
(4) 熟练使用Word、Excel、PPT等Office软件及Photoshop等图像处理软件；
(5) 有较强的团队合作意识，善于沟通协调，有一定的创意，可以提出自己的独特想法；
(6) 熟悉社交媒体营销的市场状况并可深入思考社交媒体未来的发展方向，熟悉主流的推广和运作模式；
(7) 具备良好的危机处理能力、客户沟通能力和服务意识。

5.4 微博编辑业务能力的训练

一名合格的微博编辑,需要具备多方面的知识与能力。微博编辑既要具备网络编辑的网络新闻采编业务能力以及使用简单的网页制作工具的能力,同时更重要的是具备一定的创意策划能力。好的微博编辑就是网络编辑及广告创意策划人的结合体。对于一名微博编辑而言,最难的可能就是培养创意策划能力。这是社交媒体对于新媒体编辑提出的更高要求。

微博的出现使得网民的阅读趋于碎片化、快餐化。对于篇幅较长的新闻,网民越来越没有耐心完成通篇阅读,他们似乎越来越习惯于依赖通过微阅读迅速完成对新闻事件概貌的了解,而微博就是微阅读最好的工具之一。要想提高微博的影响力,编辑首先要把握网民的心态,了解他们最想获得的信息,对症下药、有的放矢地进行话题的策划、文案的创作与有效的互动。

一、话题策划

很多企业经常抱怨说:我们企业的微博编辑每天都在发微博、和网友互动,工作也相当敬业,可为什么粉丝数就是上不去呢?其实解决这个问题也不难,只要我们多去学习那些优秀的企业微博,看看他们是如何做的,就能从中找到一些技巧和方法。

1. 方法一:口碑传播

所谓口碑传播,即企业通过提供有价值的信息和服务,利用用户之间的主动传播来实现网络营销信息传递的目的。很多微博话题策划中的经典案例都是利用了这种方法。我们可以学习与借鉴海底捞的案例。

"人类已经无法阻挡海底捞"的口碑传播

"昨天在海底捞,无意中跟朋友抱怨京东抢的奈良美智大画册怎么还没到货,结果服务员结账的时候问了我京东会员账户,今天一早三本大画册都送来了!"

这条微博被转发了35000多次。可能本是一个无心之举,也有可能是推手为之。不过很明显的是,海底捞抓住了这个机遇,在一定程度的传播后,看到机会,由更专业的公司迅速地介入到了传播中,甚至打造了"人类已经无法阻挡海底捞"的广告语,乃至出现了海底捞体。

"海底捞体"的基本模板是:某天我在某海底捞吃火锅,席间我无意间说了一句……(包括但不限于愿望、情绪、抱怨、看法),在我结账时……(愿望成真、安抚情绪,例如收到亲制玉米饼、文字祝福贺卡、其他礼物,甚至消费免单等)。

网民自发参与并制造段子,在更高程度上传播了海底捞的品牌,这恐怕是海底捞没有想到的。

与此相仿的是凡客诚品当年创造的凡客体,也是极大地点燃了用户的创作热情,从而带来了极大的品牌传播效应。

从这个案例中我们发现，网民大多会追逐新奇、创新的内容，微博平台本来就是一个创造新鲜事物与流行语的平台，很多我们之前没听说过的词汇与流行语都是通过微博迅速传播与扩散的。问题的关键是，微博编辑是否具备足够的敏锐度和创造力，是否能够迅速捕捉到当下的流行趋势制造话题并让话题发酵，然后通过网民自发的传播与扩散，形成热点，进而让微博产生足够多的互动和关注，增强品牌的影响力。

2. 方法二：借助热点话题营销

借助热点话题，通俗的说法就是蹭热度。作为一名微博编辑，学会借助热点事件的热度，巧妙加以利用，也是不错的选择。不同行业的从业者，可以根据自己的行业属性和特点寻找并选择热门的话题加以利用并传播自己的内容。比如，每年三月最热门的话题就是"烟花三月下扬州"，无数人去扬州旅游后晒出了自己拍的美景美食照片。如果你经营或服务的是一家与出行、住宿、餐饮等行业有关的企业，这就是一个最好的利用热门话题的机会，你可以根据自家经营的品类，借用与改造"烟花三月下扬州"这个话题。比如，你经营或服务的是一家餐馆，就可以改成"烟花三月来（餐馆的名字）"；你经营或服务的是一家酒店，就可以改成"烟花三月住（酒店的名字）"；你经营或服务的是一个食品品牌，就改成"烟花三月吃（食品的名字）"；等等。再提炼出自家产品的独特卖点，用亲切生动的语言描述产品，并附上精美的照片和视频，可以在一定程度上提升品牌的曝光度和亲和力。

虽然说不同的行业可能有不同的特点和行业属性，但不同行业在话题策划方面还是有共同点的。微博编辑要善于思考与总结优秀的微博话题策划案例，经过不断学习与模仿，一定能做到举一反三、运用自如。

二、撰写文案

有了优秀的创意后，第二步就是把好的创意变成可读性非常强的文字。但微博文案受到字数的限制，这又给微博编辑提出了非常高的要求。这里我们总结出撰写微博文案的五大要点。

1. 简短、精练

微博文案文字要简短，这样用户就可快速地阅读，而太长的微博他们常常不会读。此外，创作文案还需精练，要做到字斟句酌、反复推敲。真正的高手用几十个字就能创作出精彩的文案。

2. 微博的三要素

为提高被转发的概率，每条微博应该包含如下三个要素：

一个@：微博中要提到至少一个微博用户以确保有人会读它，幸运的话他还会与他的粉丝分享此条微博。

一个#：话题符号"#"可使你的微博更容易被他人搜索到，这样可以提高微博被粉丝之外的人看到的概率。

一个链接：链接是好东西。无论是照片还是视频，或者是你分享的文章，链接是你将有用的内容分享给粉丝的途径。根据互联网营销专家史蒂夫·韦伯的研究，包含链接的微博比不包含链接的微博转发率高3倍。

3. 最佳的发微博时间

一般来说,周五是转发微博的高峰,平日下午3点后发微博会增加转发的概率。很多免费和收费的服务可检测粉丝何时在线,以告诉你何时会获得最高的关注度。

4. 正确的链接位置

绝大多数人会将链接放在微博最后,但这是错误的。研究发现,放在微博的四分之一处的链接点击率最高。

5. 能够引起互动的内容

微博编辑的任务就是与粉丝进行互动。无论是标题还是内容,编辑既可以采用提问的方式进行撰写,以增强与用户的互动,也可以采用夸张的写法增加用户的好奇心,还可以抛出具有争议性的话题以提高用户对话题的讨论度。

三、与粉丝互动

与粉丝互动看似简单,但要做好也并非易事。做好与微博粉丝的互动,不仅需要耐心与时间,更需要方法与技巧。微博编辑与粉丝的互动类型有很多,除了解释、说明、提问和回答这些一般性的互动方法,还有以下几种互动方法。

1. 征集意见

不定期地向粉丝征求各种意见,比如:希望粉丝提出本企业微博的不足并说明如何改进;询问发送的内容是否符合粉丝的需求;询问发送的时间是否合适;询问微博风格是否不够轻松活泼;对于相关问题的解释与说明是否到位等。在征集意见时,语气要尽量诚恳、平和,以显示真诚的态度。

2. 发起话题讨论

分析粉丝心理,研究当下的时事动态、新闻热点,从中寻找到与企业或企业所在行业相关联的话题,并及时地发起话题讨论。只要选择的话题具有一定的热度并且是粉丝乐于讨论的,一般情况下,都能获得不错的互动与评论。

3. 发起投票

发起投票是很多微博账号早期运营中经常用到的方法之一。微博编辑往往就某一个话题或事件展开投票,投票中的选项不建议设置得太复杂,一般情况下设置为"支持""反对""无所谓"三项即可。此外,发起投票和发起话题讨论在粉丝互动中经常联合运用。

4. 有奖竞答、竞猜

因为有奖品的鼓励,竞答和竞猜往往能唤起粉丝参与的热情,这是微博编辑至今在与粉丝互动中屡试不爽的方法。当然奖品的选择是非常有讲究的,不可太贵也不可太便宜,要分析粉丝的心理,选择粉丝最需要的奖品。这样会提高粉丝的参与度。

5.5 微信编辑三种能力的提升

微信编辑主要针对的是微信公众号。无论是服务号还是订阅号,内容是否具有吸引力,服务是否到位、及时,操作是否方便、简单,都是衡量微信公众号运营好坏的标准。一名优秀的微信编辑需要提升标题写作能力、内容创作能力和运营能力。

如今微信已经成为人们日常生活中重要的应用软件,每天人们花在微信聊天及朋友圈上的时间越来越多。因此,相应的微信公众号也越来越多。如何才能在众多的微信公众号中脱颖而出,给微信公众号的运营者和编辑带来了巨大挑战。正像当年的微博一样,人们对微信的新鲜感已经不像微信刚刚推出时那样强烈了,想要提高用户对微信公众号的品牌忠诚度和品牌黏性越来越难了。我们建议微信编辑的工作重点应该从以下三个方面加强。

一、标题写作能力的提升

腾讯公司副总裁、微信创始人张小龙说微信公众号有句口号:再小的个体,也有自己的品牌。毫无疑问,微信公众号的确是中小企业和个人打造品牌的最好选择。其实,我们完全可以把微信公众号看成是互联网时代的新媒体平台。这种媒体平台的最大好处就是,既可以做一对多的大众传播,也可以做一对一的点对点传播。微信公众号还有一大特点就是闭环传播,品牌基本不会受到竞品的干扰。

微信公众号既然拥有媒体属性,那么传统媒体"内容为王"的做法仍然适用于微信公众号。移动互联网时代的最大特点是去中心化、碎片化。人们在忙碌的生活和工作中不可能看太长、太沉重的文章,所以内容有趣、有料是微信公众号内容的基本要求。做到内容有趣的最重要一步就是反复推敲标题。标题是否吸引人是文章能否被打开阅读的关键。同样的内容,换一个标题,制造一点悬念,可能会增加几倍的阅读量。微信公众号文章的标题类型一般可分为以下七种。

1. 故事型

【例5-1】他为了她,放弃王位,做了她70年侍卫……

2. 数字型

【例5-2】两个月花掉74亿,小米帝国埋下了多少雷?

一看到这样的数字,用户就会非常想知道这74亿都花在了什么地方。

3. 独家型

【例5-3】[独家]考研必看!命题组长揭秘考研命题规则

这种标题最能抓人"眼球",屡试不爽。

4. 实际操作型

【例5-4】70后大叔教你如何做好微信运营

这种标题体现的是帮读者解决问题,干货满满,十分不错。

5. 分析问题型

【例5-5】反思移动互联网热潮:概念套概念,产品在哪儿?

从标题可以看出,文章是对当今流行的问题、现状做分析,属于有料的内容。

6. 真相揭秘型

【例5-6】震惊!那些重口味的历史真相……

这种标题可以有效调动读者的好奇心,让人有点击的欲望。

7. 盘点型

【例5-7】盘点2022年改变国人命运的10项教育改革

这种盘点型的标题也非常好,可以帮助用户全面地了解一个事件的全貌。

当然，除了文章标题要吸引人，文章的内容也非常重要。如果编辑的文笔很好，写出的文章自然很吸引人。但是如果编辑没有太好的文笔，或者不擅长某类文章的写作也没有关系，只要按照上述七类标题的思路去拟定标题，同时多看一些有趣、有料的文章，多学习、多借鉴，一样可以写出让用户点赞的文章。

二、内容创作能力的提升

微信公众号内容的创作不同于新闻稿件的撰写。新闻稿件是陈述事实，把新近发生的事情尽量准确客观地传播给受众。微信公众号内容的创作更加复杂和多样化。如果从企业运营的角度出发，微信公众号的内容更偏重于公关稿件和广告文案风格。这就要求微信编辑要不断提升多种文体的驾驭能力。比如，公关稿件的内容创作就需要更加巧妙地把自己要传播的产品或品牌不露声色地融合到自己的内容中，做到产品、品牌或者观点的巧妙植入，让用户在不知不觉中认同和接受你的内容。如果是广告文案风格内容的撰写，则要求微信编辑有较强的广告文案输出能力和创意策划能力，这对于新闻专业的从业者来说确实有比较大的难度。想要提升这方面能力，除了专门接受相关专业知识的培训外，最快的办法就是学习并借鉴其他公众号的内容。

三、运营能力的提升

微信公众号运营的直接目的是获得更多粉丝和提高影响力，最终目的就是实现盈利。微信编辑提高对微信公众号的运营能力就非常重要。

微信公众号运营包括内容创作、账号管理和用户运营三大基本环节。在内容创作方面，需要考虑公众号的主题、风格和形式。主题是指公众号的定位，风格是指公众号的表现方式，形式是指公众号的形态。除此之外，还要考虑公众号的内容更新频率、排版和图文比例等问题。

在账号管理方面，需要考虑公众号的账号名称、头像、背景图片、二维码图片以及对应的微信公众平台运营账号。

在用户运营方面，要考虑如何吸引用户关注和如何保持用户关注度。通常情况下，吸引用户关注的方法有两种：一是在互联网上利用各种手段宣传；二是通过微信好友或者朋友圈介绍。要想保持用户关注度，就必须不断地向用户提供新鲜、有价值的内容。对于大型企业的微信公众号来说，还要考虑利用微信广告、微信商城、微信小程序、微信直播平台以及各种工具来进行内容分享。

微信公众号的运营，要做的事情很多，微信编辑在公众号的运营过程中要对出现的问题进行整体的分析，对数据进行整理、评估，对整个运营流程进行优化，及时调整企业微信营销方向。

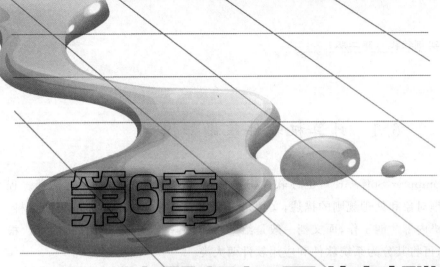

第6章

计算机与网络基础知识

 本章导读

  本章分成两部分：第一部分介绍计算机软件基础知识，第二部分介绍计算机网络基础知识。

  计算机软件基础知识包括：计算机系统软件和应用软件等。

  计算机网络基础知识包括：计算机网络的定义、计算机网络的功能、计算机网络协议等。

6.1 计算机软件基础知识

计算机软件(Computer Software),也称软件,是指计算机系统中的程序及其文档。程序是计算任务的处理对象和处理规则的描述,文档是为了便于了解程序所需的阐明性资料。程序必须装入计算机内部才能工作,而文档一般是给人看的,不一定要装入计算机内部。根据软件用途的不同,可将其分为系统软件和应用软件两大类。

系统软件是负责管理计算机系统中各种独立硬件的软件,使得它们可以协调工作。系统软件使得计算机使用者和其他软件将计算机当作一个整体而不需要考虑每个硬件是如何工作的。

一般来讲,系统软件包括操作系统和一系列基本的工具,如编译器、数据库管理、存储器格式化、文件系统管理、用户身份验证、驱动管理和网络连接等方面的工具。

应用软件是为了某种特定的用途而被开发的软件。它可以是一个特定的程序(如一个图像浏览器),也可以是一组功能联系紧密、可以互相协作的程序的集合(如微软公司的 Office 软件),也可以是由众多独立程序组成的一个庞大的软件系统(如数据库管理系统)。较常见的应用软件有:文字处理软件(如 WPS、Word 等)、信息管理软件、辅助设计软件(如 AutoCAD)、实时控制软件、教育与娱乐软件。

一、系统软件

操作系统(Operating System,OS),传统意义上是指对计算机硬件进行直接控制及管理的系统软件。操作系统的功能一般包括处理器管理、存储管理、文件管理、设备管理和作业管理等。当多个程序同时运行时,操作系统负责规划以及优化每个程序的处理时间。

操作系统是用户和计算机的接口,同时也是计算机硬件和其他软件的接口。操作系统的功能包括管理计算机系统的硬件、软件及数据资源,控制程序运行,改善人机界面,为其他应用软件提供支持等,使计算机系统的所有资源最大限度地发挥作用,提供各种形式的用户界面,使用户有一个好的工作环境,同时还可为其他软件的开发提供必要的服务和相应的接口。实际上,用户是不用接触操作系统的,操作系统管理着计算机的硬件资源,同时按照应用程序的资源请求,为其分配资源,如划分 CPU 时间、开辟内存空间、调用打印机等。

二、应用软件

1. 文字处理软件

文字处理软件是现代化办公中不可缺少的软件,它用于输入、存储、编辑和打印文字材料。现有的中文文字处理软件主要有微软公司的 Word 和金山公司的 WPS。

2. 电子表格数据处理软件

电子表格数据处理软件用于一些简单的数据表处理,如学校中的成绩处理、股市行情分析等,主要的软件有微软公司的 Excel 和金山公司的 WPS。目前常用的电子表格处理软件不仅能进行基本的数据录入和排列,还能通过安装拓展插件,进行数据的统计和分析,大大提高了工作效率。

3. 信息管理软件

信息管理软件用于输入、存储、修改、检索各种信息,如工资管理软件、人事管理软件和计划管理软件等。这种软件发展到一定水平后,可将各个单项的软件相互联系起来,这样计算机和管理人员便组成了一个和谐的整体,各种信息可在其中合理地流动,形成一个完整、高效的信息管理系统。针对不同的部门、行业和需求,技术人员可以编制不同的信息管理系统,也可以设计通用的信息管理系统。

4. 图形、图像处理软件

(1) Photoshop。

Photoshop 是 Adobe 公司旗下最为出名的图像处理软件之一,是集图像扫描、编辑修改、图像制作、广告创意、图像输入与输出于一体的图像处理软件。Photoshop 深受广大平面设计人员和电脑美术爱好者的喜爱,是目前应用最广泛的图像处理软件。从功能上看,Photoshop 可分为图像编辑、图像合成、校色调色及特效制作等模块。

(2) Illustrator。

Illustrator 是 Adobe 公司推出的专业矢量绘图工具。Illustrator 是应用于出版、多媒体和在线图像的工业标准矢量插画软件。作为全球最著名的图形软件,Illustrator 以其强大的功能和体贴的用户界面占据了全球矢量编辑软件市场的大部分份额。尤其是基于 Adobe 公司的 PostScript 专利技术的运用,Illustrator 在桌面出版领域具有极大的优势。

(3) Freehand。

Freehand 是 Macromedia 公司推出的一个功能强大的平面矢量图形设计软件,无论用户要做的是广告创意、书籍海报、机械制图,还是要绘制建筑蓝图,Freehand 都是一件强大、实用、灵活的利器。

(4) CorelDRAW。

CorelDRAW 是由加拿大 Corel 公司开发的一款操作简单、应用范围广泛的矢量绘图软件,其矢量图形编辑功能强大,是目前受专业设计人员喜爱的矢量绘图软件之一。

(5) Fireworks。

Fireworks 软件可以加速 Web 的设计与开发,是一款创建与优化 Web 图像和快速构建网站与 Web 界面原型的理想工具。Fireworks 在图形和图像处理方面的功能不如其他软件丰富,但在网页设计中对 Web 图像的优化较为方便快捷。

Adobe Fireworks CS3 不仅具备编辑矢量图形与位图图像的灵活性,还提供了一个预先构建资源的公用库,并可与 Adobe Photoshop CS3、Adobe Illustrator CS3 和 Adobe Dreamweaver CS3 软件瞬时集成,并在 Adobe Fireworks CS3 中将设计迅速转变为模型,或利用来自 Adobe Illustrator CS3 和 Adobe Photoshop CS3 的其他资源,直接置入 Adobe Dreamweaver CS3 中便可轻松地进行开发与部署。

5. 动画制作软件

(1) Flash。

Flash 是美国 Macromedia 公司所设计的一种二维动画软件。通常包括 Adobe Flash，用于设计和编辑 Flash 文档；以及 Adobe Flash Player，用于播放 Flash 文档。Flash 大量应用于互联网网页的矢量动画文件格式。Flash 使用向量运算的方式，产生出来的影片占用的存储空间较小。使用 Flash 创作出的影片有自己的特殊档案格式（SWF）。

(2) 3D Studio Max。

3D Studio Max 常简称为"3DS Max"，是 Discreet 公司（后被 Autodesk 公司合并）开发的基于 PC 系统的三维动画渲染和制作软件。其前身是基于 DOS 操作系统的 3D Studio 系列软件。在 Windows NT 出现以前，工业级的 CG 制作被 SGI 图形工作站所垄断。3DS Max 与 Windows NT 组合的出现一下子降低了 CG 制作的门槛，首先运用在电脑游戏的动画制作中，随后运用在影视片的特效制作中，如《X 战警 2》《最后的武士》等。

在应用范围方面，3DS Max 广泛应用于广告、影视、工业设计、建筑设计、多媒体制作、游戏、辅助教学及工程可视化等领域。拥有强大功能的 3DS Max 被广泛地应用于电视及娱乐业中，如片头动画和视频游戏的制作，深深扎根于玩家心中的角色"劳拉"的形象就是 3DS Max 的杰作。3DS Max 在影视特效方面也有一定应用。在国内发展得相对比较成熟的建筑效果图和建筑动画的制作中，3DS Max 的使用更是占据了绝对的优势。

6. 音频编辑软件

(1) Adobe Audition。

Adobe Audition 的前身为 Cool Edit。2003 年 Adobe 公司收购 Syntrillium 公司的全部产品并全部用于充实 Adobe 公司阵容强大的视频处理系列软件。Adobe 在图形图像界的影响可谓人尽皆知，做起音频来自然也不含糊。Adobe Audition 功能强大、控制灵活，使用它可以录制、混合、编辑和控制数字音频文件，也可轻松地创建音乐、制作广播短片、修复录制缺陷。通过与 Adobe 视频应用程序的智能集成，还可将音频和视频内容结合在一起。使用 Adobe Audition 软件，用户将获得实时的、专业级的效果。

Adobe Audition 是一个非常出色的数字音乐编辑器和 MP3 制作软件。不少人把它形容为音频"绘画"程序，用户可以用声音来"绘制"音调、歌曲的一部分。而且它还提供了多种特效为用户的作品增色：放大噪音、降低噪音、压缩、扩展、回声、失真、延迟等。用户可以使用 Adobe Audition 同时处理多个文件，轻松地在几个文件中进行剪切、粘贴、合并、重叠声音的操作。使用 Adobe Audition 可以生成的声音有噪音、低音、静音和电话信号等。该软件还包含 CD 播放器。该软件的其他功能包括：支持可选的插件、崩溃恢复、支持多文件、自动静音检测和删除、自动节拍查找、录制等。另外，它还可以在 AIF、AU、MP3、Raw PCM、SAM、VOC、VOX、WAV 等文件格式之间进行转换，并且能够保存为 RealAudio 格式。

(2) GoldWave。

GoldWave 是一个集声音编辑、播放、录制和转换为一体的音频工具，它虽小巧，功能却不弱。GoldWave 可打开的音频文件相当多，包括 WAV、OGG、VOC、IFF、AIFF、AIFC、AU、SND、MP3、MAT、DWD、SMP、VOX、SDS、AVI 和 MOV 等格式的音频文件，用户也可以从 CD、VCD、DVD 或其他视频文件中提取声音。GoldWave 内含丰富的音频处理特效,从一般特效如多普勒、回声、混响、降噪到高级的公式计算(利用公式在理论上可以产生用户想要的任何声音),效果多多。

7. 视频编辑软件

(1) Adobe Premiere。

Adobe Premiere 是一个非常优秀的桌面视频编辑软件。它通过合成、剪辑多轨的影像与声音来制作 Microsoft Video for Windows(.avi)、QrickTime Movies(.mov)等动态影像格式。Adobe Premiere 提供了各种操作界面来达成专业化的剪辑需求。在影视广告后期制作领域中,Adobe Premiere 发挥了举足轻重的作用。Adobe Premiere 可以处理由电脑制作的动画影像或是由非线性编辑系统输入的实物影像。在 Adobe Premiere 中加以剪辑、加工,可以使视频后期编辑在 PC 平台上得以顺利实现。

(2) Sony Vegas。

Sony Vegas 是一个专业影像编辑软件,可与 Adobe Premiere 相媲美。其剪辑、特效、合成、播放一气呵成。结合高效率的操作界面与多功能的优异特性,可让用户更简易地创造丰富的影像。Sony Vegas 是一个集影像编辑与声音编辑为一体的软件,其中,无限制的视轨与音轨更是其他影音软件所没有的特性。该软件在效益上更提供了视讯合成、进阶编码、转场特效、修剪及动画控制等。无论是专业人士还是个人用户,都可因其简易的操作界面而轻松上手。

8. 网络应用软件

常用的网络应用软件包括浏览器软件(如微软公司的 IE、傲游公司的傲游浏览器、Mozilla 公司的火狐浏览器等)、电子邮件收发软件(如微软公司的 Outlook、腾讯的 Foxmail 等)、FTP 软件(如 Cuteftp)、即时通信软件(如腾讯公司的 QQ 等)、压缩软件(如 WinZip、WinRAR)等。

近年来,随着移动互联网的发展,针对手机客户端的软件(App)应用发展快速,出现了抖音、快手、微信视频号等短视频社交类应用,这类应用的用户群增长迅速,用户活跃度非常高。抖音公司公布的数据显示,截至 2023 年 1 月,抖音用户数量为 8.09 亿。快手公司官方的数据显示,2022 年底,快手用户数量超过 6 亿。从平均日活跃用户数来看,截至 2022 年 6 月,微信视频号达到 8.13 亿,抖音为 6.8 亿,快手为 3.9 亿。可以说,网络应用软件的发展与互联网行业的发展趋势密不可分。

9. 流媒体软件

(1) Real Media。

Real Media 由 RealNetworks 公司推出,包括 RealAudio、RealVideo 和 RealFlash 三类文件。RealAudio 是一种新型流式音频,采用 Streaming Audio 文件格式。它包含在 Real Media 中,主要用在低速的广域网上实时传输音频信息。RealVideo 是一种高压缩比的视频格式,可以使用任何一种常用于多媒体及 Web 上制作视频的方法来创建 RealVideo 文件。RealFlash 播放器是一个集 Flash 管理、播放与保存,网络 Flash 搜索与下载,网络经典 Flash 及时展示的多功能 Flash 播放器。

(2) QuickTime。

QuickTime 是苹果公司提供的系统及代码的压缩包,它拥有 C 和 Pascal 的编程界面,更高级的软件可以用它来控制时基信号。在 QuickTime 中,时基信号被叫作"影片"。应用程序可以用 QuickTime 来生成、显示、编辑、拷贝、压缩影片和影片数据,就像通常操纵文本文件和静止图像那样。除了处理视频数据以外,QuickTime 还能处理静止图像,动画图像,矢量图,多音轨,MIDI 音乐,三维立体、虚拟现实全景和虚拟现实的物体,当然还包括文本。

QuickTime 可以使任何应用程序中都充满各种各样的媒体。

(3) Windows Media。

Windows Media 也是一种网络流媒体技术,本质上和 Real Media 是相同的。Windows Media Player 是由微软公司开发的一款音频、视频播放器,它以兼容格式多、播放功能强大等一系列突出优点深受用户们的喜爱,通常简称为"WMP"。Windows Media 支持通过插件增强功能,在 V7 及以后的版本可支持换肤。Windows Media 可以播放 MP3、WMA、WAV 等一系列音频文件,由于竞争关系微软默认不支持 RM 文件,不过在 V8 以后的版本,如果安装了解码器,RM 文件仍可以播放。视频方面可以播放 AVI、MPEG-1 格式的文件,安装 DVD 解码器以后可以播放 MPEG-2、DVD 格式的文件。

10. 网页制作软件

Dreamweaver 是美国 Macromedia 公司开发的集网页制作和网站管理于一身的"所见即所得"的网页编辑器,它是第一套针对专业网页设计师开发的视觉化网页制作工具,利用它可以轻而易举地制作出跨越平台限制和跨越浏览器限制的充满动感的网页。目前"网页三剑客"(Dreamweaver、Flash 和 Fireworks 的合称)均已被 Adobe 公司收购。

6.2 计算机网络基础知识

一、计算机网络的定义

计算机网络就是计算机与计算机之间通过连接介质互联起来,按照网络协议进行数据通信,实现资源共享的一种组织形式。

由于连接介质和通信协议的不同,计算机网络的种类繁多。但一般来讲,计算机网络可以按照它覆盖的地理范围划分成局域网和广域网。局域网一般是指分布于几公里范围内的网络,常见的局域网有校园网、大楼网等。广域网又称外网、公网,是连接不同地区局域网或城域网计算机通信的远程网。广域网通常跨接很大的物理范围,所覆盖的范围从几十公里到几千公里,它能连接多个地区、城市和国家,或横跨几个洲并能提供远距离通信,形成国际性的远程网络。广域网并不等同于互联网。

二、计算机网络的功能

计算机网络有很多用处,其中最重要的三个功能是数据通信、资源共享和分布处理。

1. 数据通信

数据通信是计算机网络最基本的功能。它用来快速传送计算机与终端、计算机与计算机之间的各种信息,包括文字信件、新闻消息、咨询信息、图片资料和报纸版面等。利用这一特点可将分散在各个地区的单位或部门用计算机网络连接起来,进行统一的调配、控制和管理。

2. 资源共享

"资源"是指网络中所有的软件、硬件和数据资源。"共享"是指网络中的用户都能够享受部分或全部的资源。如某些地区或单位的数据库(如飞机机票、饭店客房等)可供全网使用;某些单位设计的软件可供需要的地方有偿调用或办理一定手续后调用;一些外部设备如打印机可面向用户,使不具有这些硬件设备的地方也能使用这些硬件设备。如果不能实现资源共享,那么各地区都需要一套完整的软件、硬件及数据资源,这样将大大地增加全系统的投资费用。

3. 分布处理

当某台计算机负担过重时,或该计算机正在处理某项工作时,网络可将新任务转交给空闲的计算机来完成,这样处理能均衡各计算机的负载,提高处理问题的实时性;对大型综合性问题,可将问题的各部分交给不同的计算机分头处理,充分利用网络资源,扩大计算机的处理能力,即增强实用性。对解决复杂问题来讲,多台计算机可联合使用并构成高性能的计算机体系,这种协同工作、并行处理要比单独购置高性能的大型计算机便宜得多。

三、计算机网络的分类

网络中计算机设备之间的距离可远可近,即网络覆盖地域面积可大可小。按照联网的计算机之间的距离和网络覆盖面的不同,网络一般分为局域网(LAN,即 Local Area Network)、城域网(MAN,即 Metropolitan Area Network)、广域网(WAN,即 Wide Area Network)和互联网(Internet)。局域网相当于某厂或某校的内部电话网,城域网犹如某地只能拨通市话的电话网,广域网就像国内直拨电话网,互联网则类似于国际长途电话网。

互联网因其英文单词"Internet"的谐音又称"因特网"。在互联网应用如此发达的今天,它已成为我们每天都要打交道的一种网络,无论从地理范围,还是从网络规模来讲,它都是最大的一种网络。从地理范围来说,互联网可以是全球计算机的互联,这种网络的最大特点就是不定性,整个网络的计算机随着人们网络的接入每时每刻都在不断地变化。当连在互联网上的时候,用户的计算机可以算是互联网的一部分,但一旦用户断开互联网的连接,用户的计算机就不再属于互联网了。互联网的优点也是非常明显的,即信息量大、传播广,无论用户身处何地,只要连接互联网就可以对任何联网的用户发出信函和广告。因为这种网络十分复杂,所以实现这种网络连接的技术也是非常复杂的。

四、网络协议

网络协议(Network Protocol)是计算机网络中互相通信的对等实体间交换信息时所必须遵守的规则的集合。当前的计算机网络的体系结构是以 TCP/IP 协议为主的 Internet 结构。对等实体通常是指在计算机网络体系结构中处于相同层次的通信协议进程。网络协议

是为计算机网络中进行数据交换而建立的规则、标准或约定的集合,而且还定义了所传输信息的词汇表和这些词汇所表示的意义(语义)。

Internet 网络体系结构以 TCP/IP 协议为核心。其中 IP 协议用来给各种不同的通信子网或局域网提供一个统一的互联平台,TCP 协议则用来为应用程序提供端到端的通信和控制功能。

五、互联网提供的主要服务

1. Telnet(远程登录系统)

Telnet 协议是 TCP/IP 协议族中的一员,是 Internet 远程登录服务的标准协议和主要方式。它为用户提供了在本地计算机上完成远程主机工作的能力,即在终端使用者的电脑上使用 Telnet 程序,用它连接到服务器。终端使用者可以在 Telnet 程序中输入命令,这些命令会在服务器上运行,就像直接在服务器的控制台上输入一样,可以在本地控制服务器。如要开始一个 Telnet 会话,则必须输入用户名和密码来登录服务器。Telnet 是常用的远程控制 Web 服务器的方法。

传统 Telnet 连线会话所传输的资料并未加密,这代表所输入及显示的资料,包括账号名称及密码等隐密资料可能会遭其他人窃听,因此有许多服务器会将 Telnet 服务关闭,改用更为安全的 SSH。Microsoft Windows 从 Vista 版本开始,Telnet 用户端不再是预先安装,而是要手动从程式集里启动才可以使用。而之前的版本,只要计算机启动了 TCP/IP 服务,Telnet 用户端就可以同时使用。

Telnet 也是目前多数纯文字式网络论坛所使用的协议,部分网络论坛尚提供 SSH 服务,以保证安全的资讯传输。

2. FTP(文件传输)

FTP(File Transfer Protocol)是文件传输协议的简称,用于 Internet 上的控制文件的双向传输。同时,它也是一个应用程序(Application),用户可以通过它把自己的个人计算机与世界各地所有运行 FTP 协议的服务器相连,访问服务器上的大量程序和信息。

3. Gopher(信息检索)

Gopher 是 Internet 上一个非常有名的信息查找系统,它将 Internet 上的文件组织成某种索引,很方便地将用户从 Internet 的一处带到另一处。它允许用户使用层叠结构的菜单与文件,以发现和检索信息,并且拥有世界上最大、最神奇的编目。

Gopher 客户程序和 Gopher 服务器相连接,并能使用菜单结构显示其他的菜单、文档或文件,并可进行索引,同时可通过 Telnet 远程访问其他应用程序。Gopher 协议使得 Internet 上的所有 Gopher 客户程序能够与 Internet 上的所有已"注册"的 Gopher 服务器进行对话。

Gopher 是 Internet 工具中最激动人心的发展之一,它使新用户不必成为技术专家就能迅速找到 Internet 上面的许多优秀资源。

4. Usenet(新闻讨论组)

Usenet 是 Uses Network 的缩写。它是 Internet 上信息传播的一个重要组成部分,也是 Internet 上一种高效率的交流方式,它通过由个人或公司负责维护的新闻服务器提供服务,并可管理成千上万个新闻组。

5. E-mail(电子邮件)

电子邮件是一种通过电子手段提供信息交换的通信方式,是 Internet 应用最广的服务。通过网络的电子邮件系统,用户可以用非常低的价格(不管发送到哪里都只需负担电话费和网费即可),以非常快速的方式(几秒钟之内可以发送到世界上任何用户指定的目的地),与世界上任何一个角落的网络用户联系,这些电子邮件可以是文字、图像、声音等各种方式。

电子邮件系统由电子邮件服务器、电子邮件协议和电子邮件处理软件组成。电子邮件服务器是处理邮件交换的软硬件设施的总称,包括电子邮件程序、电子邮件箱等。它是为用户提供全面电子邮件服务的电子邮件系统,人们通过访问服务器实现邮件的交换。服务器程序通常不能由用户启动,而是一直在系统中运行,它一方面负责发出本计算机上的电子邮件,另一方面负责接收其他主机发过来的电子邮件,并把各种电子邮件分发给每个用户。当前常用的电子邮件协议有 SMTP、POP3、IMAP4,它们都隶属于 TCP/IP 协议组,默认状态下,分别通过 TCP 端口 25、100 和 143 建立连接。目前个人计算机端主要的电子邮件处理软件有微软公司的 Outlook Express 和腾讯公司的 Foxmail。

伴随手机媒体的发展,不少手机制造商在手机中设置了邮件收发功能,用户可以便捷地通过手机收发邮件。一些邮件服务提供商也推出了邮件客户端,用户安装后,就可以通过手机在网上随时收发邮件。

6. WWW(万维网)

万维网(亦称"网络""WWW""3W",英文全称是"World Wide Web")是一个资料空间。在这个空间中,一个有用的事物称为一个"资源",并且由一个全域"统一资源标识符"(URL)标识。这些资源通过超文本传输协议(Hypertext Transfer Protocol)传送给使用者,而后者通过点击链接来获得资源。从另一个角度看,万维网是一个通过网络存取的互联超文件(Interlinked Hypertext Document)系统。万维网常被当成互联网的同义词,但是万维网其实是靠着互联网运行的一项服务。

7. BT 下载

BT 是一种互联网上新兴的 P2P 传输协议,全名叫"BitTorrent",中文全称"比特流",最初的创造者是美国计算机程序员布拉姆·科恩,现在则独立发展成一个有广大开发者群体的开放式传输协议。

BT 已经被很多个人和企业用来在互联网上发布各种资源,其好处是不需要资源发布者拥有高性能的服务器就能迅速有效地把发布的资源传向其他的 BT 软件使用者,而且大多数的 BT 软件都是免费的。

BT 发布体系包含发布资源信息的 torrent 文件、作为 BT 客户软件中介者的 tracker 服务器、遍布各地的 BT 软件使用者(通常称作 Peer)。发布者只需使用 BT 软件为自己发布的资源制作 torrent 文件,将 torrent 文件提供给人下载,并保证自己的 BT 软件正常工作,就能轻松完成发布。下载者只要用 BT 软件打开 torrent 文件,软件就会根据在 torrent 文件中提供的数据分块、校验信息和 tracker 服务器地址等内容和其他运行着 BT 软件的计算机取得联系,并完成传输。

8. BBS(电子公告板系统)

BBS 的英文全称是 Bulletin Board System,翻译为中文就是"电子公告板系统"。BBS 最早是用来公布股市价格等信息的,当时 BBS 连文件传输的功能都没有,只能在苹果计算机上运行。早期的 BBS 与一般街头和校园内的公告板性质相同,只不过是通过电脑来传播或获得消息。一直到个人计算机开始普及之后,有些人尝试将苹果计算机上的 BBS 转移到个人计算机上,BBS 才渐渐普及开来。近年来,由于各类社交软件的兴起,传统的 BBS 用户活跃度相对下降。

9. IM(即时通信)

IM 的英文全称是 Instant Messaging,翻译为中文就是"即时通信""实时传讯",这是一种可以让用户在网络上建立某种私人聊天室(chatroom)的实时通信服务。大部分的即时通信服务提供了状态信息的特性——显示联络人名单、联络人是否在线及能否与联络人交谈。目前,在互联网上受欢迎的即时通信软件包括微信、QQ、MSN、Skype 等。

2011 年 1 月 21 日腾讯公司推出的一个为智能终端提供即时通信服务的免费应用程序——微信。腾讯公司在 2023 年 3 月公布的数据显示,微信活跃用户已经超过 13.132 亿,用户覆盖 200 多个国家和地区、超过 20 种语言,已经成为国内最大的即时通信软件。微软公司旗下的 MSN 已经退出了中国市场,而 Skype 定位与 QQ 有所区别,主要业务仍是传统的网络电话。

六、互联网相关的常见概念

1. 域名(Domain Name)

域名,是指企业、政府、非政府组织等机构或者个人在互联网上注册的名称,是互联网上企业或机构间相互联络的网络地址。域名地址的组成形式:主机机器名.单位名.网络类型名.顶级域名。

域名可分为不同级别,包括顶级域名、二级域名等。

顶级域名又分为两类:一是国家顶级域名(national Top-Level Domain-names,简称 nTLDs),目前 200 多个国家或地区都按照 ISO3166 国家代码分配了顶级域名,如中国是.cn,美国是.us,日本是.jp 等;二是国际顶级域名(international Top-Level Domain-names,简称 iTLDs),如表示工商企业的.com,表示网络提供商的.net,表示非营利组织的.org 等。

目前大多数域名争议都发生在.com 的顶级域名下,因为多数公司上网的目的都是盈利。为加强域名管理,解决域名资源的紧张,Internet 协会、Internet 分址机构及世界知识产权组织(WIPO)等国际组织经过广泛协商,在原来三个国际通用顶级域名(.com、.net、.org)的基础上新增加了 7 个国际通用顶级域名:.firm(公司企业)、.store(销售公司或企业)、.Web(突出 WWW 活动的单位)、.arts(突出文化、娱乐活动的单位)、.rec(突出消遣、娱乐活动的单位)、.info(提供信息服务的单位)、.nom(个人),并在世界范围内选择了新的注册机构来受理域名注册申请。

二级域名是指顶级域名之下的域名,在国际顶级域名下,它指域名注册人的网上名称,如.ibm、.yahoo、.microsoft 等;在国家顶级域名下,它表示注册企业类别的符号,如.com、.edu、.gov、.net 等。

2. IP 地址

IP 地址，就是指给每个连接在 Internet 上的计算机分配的一个 32 位的地址。

Internet 上的每台计算机都有一个唯一的 IP 地址。IP 协议就是使用这个地址在主机之间传递信息，是 Internet 能够运行的基础。IP 地址的长度为 32 位，分为 4 段，每段 8 位，用十进制数表示，每段范围为 0~255，段与段之间用句点隔开，如 159.226.1.1。IP 地址由两部分组成：一部分为网络地址，另一部分为主机地址。IP 地址分为 A、B、C、D、E 五类。常用的是 B 和 C 两类。IP 地址就像我们的家庭住址一样，如果用户要写信给一个人，就要知道对方的地址，这样邮递员才能把信送到。计算机发送信息就好比是邮递员送信，它必须知道唯一的"家庭地址"才不会把信送错人家。只不过我们的"家庭地址"是用文字来表示的，而计算机的地址是用十进制数来表示的。

3. DNS

DNS(Domain Name System)是域名系统的缩写，该系统用于命名组织到域层次结构中的计算机和网络服务。在 Internet 上域名与 IP 地址之间是一对一（或者一对多）的，域名虽然便于人们记忆，但计算机之间只能互相认识 IP 地址，所以就需要将域名转换为 IP 地址。它们之间的转换工作称为域名解析，域名解析需要由专门的域名解析服务器来完成，DNS 就是进行域名解析的服务器。DNS 命名用于 Internet 等 TCP/IP 网络中，通过用户的名称查找计算机和服务。当用户在应用程序中输入 DNS 名称时，DNS 服务可以将此名称解析为与之相关的其他信息，如 IP 地址。因为用户在上网时输入的网址是需要通过域名解析系统解析找到相对应的 IP 地址后才能实现上网的，所以域名的最终指向其实是 IP 地址。

4. TCP/IP 协议

TCP/IP 是 Transmission Control Protocol/Internet Protocol 的缩写，翻译成中文就是"传输控制协议/互联网络协议"。TCP/IP 协议是 Internet 最基本的协议，简单地说，TCP/IP 协议是由网络层的 IP 协议和传输层的 TCP 协议组成的。

5. URL

URL 的英文全称是 Uniform Resource Locator，翻译成中文就是"统一资源定位符"，也被称为网页地址，是互联网上标准的资源地址。它最初是由蒂姆·伯纳斯·李发明用来作为万维网的地址的。现在它已经被万维网联盟编制成名为"RFC1738"的互联网标准，是用于完整地描述 Internet 上网页和其他资源的地址的一种标识方法。

Internet 上的每一个网页都具有一个唯一的名称标识，通常称为 URL 地址，这种地址可以是本地磁盘，也可以是局域网上的某一台计算机，更多的是 Internet 上的站点。简单地说，URL 就是 Web 地址，俗称"网址"。

6. HTML

HTML(HyperText Markup Language)即超文本标记语言或超文本链接标示语言，是目前网络上应用最为广泛的语言，也是构成网页文档的主要语言。

设计 HTML 语言的目的是把存放在一台计算机中的文本或图形与另一台计算机中的文本或图形联系在一起，形成有机的整体。用户不用再考虑具体信息是在当前的电脑上还是在网络上的其他电脑上。用户只需使用鼠标在某一文档中点取一个图标，Internet 就会马上转到与此图标相关的内容上去，而这些信息可能存放在网络的另一台电脑中。HTML

文本是由 HTML 命令组成的描述性文本，HTML 命令可以说明文字、图形、动画、声音、表格和链接等。HTML 的结构包括头部（Head）和主体（Body）两个部分，其中，头部描述浏览器所需的信息，而主体则包含所要说明的具体内容。

对于网络编辑和网页设计人员来说，熟悉和掌握 HTML 是基本要求。对于网络编辑来说，即使不能熟练使用 HTML 完成网页的编辑，也必须熟悉 HTML，能够看懂 HTML 文本，以便在已有文本的基础上进行必要的修改。无论是网络编辑，还是新媒体编辑，掌握 HTML 有助于更好地进行页面外观的美化、内容的排版，从而提升页面的关注度。

7. 超链接

超链接在本质上属于网页的一个部分，它是一种允许用户同其他的网页或站点之间进行链接的元素。各个网页链接在一起后才能真正地构成一个网站。所谓的超链接，是指从一个网页指向一个目标的链接关系，这个目标可以是另一个网页，也可以是相同网页上的不同位置，还可以是一个图片、一个电子邮件地址、一个文件，甚至是一个应用程序。当浏览者单击已经链接的文字或图片后，链接目标将显示在浏览器上，并且会根据目标的类型来打开或运行。

按照链接路径的不同，网页中的超链接一般分为三种类型，即内部链接、锚点链接和外部链接。内部链接是网站内部的链接，设置时不需要写完整路径，给出相对路径即可；锚点链接主要用于长文本或页面的快速定位，需要先设置锚点再设置链接；外部链接是其他网站的链接，除了要写清楚文件的完整路径，还需要写清楚所用的传输协议（目前网页中通常用的协议为 http 协议）。网络编辑必须分清不同的链接类型，以便快速完成页面的编辑。

按照使用对象的不同，网页中的链接又可以分为文本超链接、图像超链接、E-mail 链接、锚点链接、多媒体文件链接和空链接等。

本章内容以计算机技术为主。本章的重点内容有计算机应用软件、域名、网络协议、超链接等知识。建议网络编辑学习本章内容时，不是单纯地通读，而是结合网络编辑后台的编辑工作来理解本章中提到的相关概念。

一、下列表格的第一列是 7 个以机构性质命名的域名，您了解它的含义吗？请将空缺的部分补充完整。

域名	含义
.ac	科研机构
.com	
.edu	

续表

域名	含义
.gov	
.net	
.mil	
.org	

二、思考：下列 IP 地址是否正确？

(1) 202.206.64.33.85

(2) 0.0.0.0

(3) 253.255.255.256

(4) 192.100.0.0

(5) 1.3.78.500

(6) 10.57.2.139

(7) 169.254.249.134

第7章 网页制作软件介绍

本章导读

1. 多媒体和超文本构成了网页的基本结构。

2. Dreamweaver 是 Adobe 公司的产品,它是集网页制作和网站管理于一身的所见即所得的网页编辑器,可以制作出跨越平台和浏览器的动感网页。

3. Fireworks 是 Adobe 公司出品的网页图形设计工具,用户可以使用它创建和编辑位图、矢量图形,还可以非常轻松地做出各种网页设计中常见的效果。

4. Photoshop,简称"PS",是由 Adobe Systems 开发和发行的图像处理软件。Photoshop 主要处理以像素所构成的数字图像。使用其众多的编修与绘图工具,可以有效地进行图片编辑和创造工作。Photoshop 有很多功能,在图像、图形、文字、视频、出版等各方面都有涉及。

5. 光影魔术手、HyperSnap 和 Inpaint 是网络编辑必须掌握的常用软件,是其他软件的有力辅助。

6. HTML 是一种用来制作超文本文档的简单标记语言。用 HTML 编写的超文本文档称为 HTML 文档,它能独立运行于各种操作系统平台(如 UNIX、Windows 等)。

7.1 网页制作软件基础知识

作为网络编辑,我们最需要了解的是流动在 Internet 最顶层的信息,也就是我们所说的网页。这也是网络平台上最基本的资源交互形式。人们通过建立自己的网页和访问他人的网页来交流信息、提供服务。对于网络媒体而言,应考虑到网络新闻受众的独特阅读模式和心理,遵循有效的网页设计原则,在第一时间抓住受众的"眼球"。网络编辑虽然不需要独立完成网页设计与制作的技术工作,但是为了更好地呈现精心打造的内容产品,还是很有必要学习一些基本软件,此外最好能掌握基本的 HTML 语言,能够看懂代码,能够做一些基本的修改。

网页里充满了各式各样的资源,包括文本、图形、动画、音乐、影视和三维场景等。网页主要是基于两个基本技术平台形成的,即多媒体技术与超文本(HyperText)技术。

所谓多媒体,就是通过计算机技术把文字、图形、图像、动画、音频、视频等信息表示元素集成起来而形成的一种新的数字化信息表示媒体。这些元素之间有严谨的逻辑连接,它们有序地集成为一个系统并具有交互性。

网页是以超文本信息检索概念为基础建立起来的。超文本是一种全新的文本组织形式,它通过在每个页面中加入链接标记来和其他地方的文本进行链接,就如同教科书中的参考书索引。超文本的出现使文本可以被分割为尽可能小的独立单元,改变了平面顺序式的阅读方式,改善了网络交互性。

如上所述,多媒体和超文本构成了网页的基本结构,它们的作用无可替代。网页的灵魂在于开发人员的技术和创意。一个完整目的的一系列网页的集合构成了网站,因此网页是网站内容的表现形式,是一个提供信息的独立单位。

一、网页制作的基本流程

制作网页并不困难,但要制作出优秀的网页,尤其是制作大型、复杂的网页就必须全面考虑各种因素,包括文字、图像、动画和声音等。如同其他的计算机应用系统一样,只有进行认真的规划和系统分析,才可以制作出高质量的网页。网页制作直接关系到网站的运行效果。通常网页制作包括分析、设计、制作、测试和维护五个环节。

1. 分析

分析主要是指了解网页将要服务的目标群体,包括他们的群体特征、可能的需求,以此确定网页信息的内容及其功能的设计。

2. 设计

设计是网页制作的关键环节,关系到用户对网页的接受程度和利用程度。其主要内容包括收集网页中用到的素材、确定网页的内容结构和链接方式(通常选用层次清晰、易于浏览的树形结构)、网页模型的可视化设计三个内容。

3. 制作

制作就是指利用网页制作工具完成网页制作。

4. 测试

测试内容包括速度、兼容性、交互性、链接正确性、版式和内容、程序安全性、流量等。如若发现问题要及时解决。测试过程可以邀请用户参加。

5. 维护

任何网站的建立都是一个不断改进和完善的过程。因此网站负责人要根据外部反馈及时调整网站的发展方向和设置的内容,对网站的内容及网络安全进行维护等。

二、网页版面布局设计

布局是以最适合用户浏览的方式将图片和文字排放在页面的不同位置。常见的网页版面布局形式包括以下几种。

1. "同"字形布局

所谓"同"字形布局,就是整个页面布局类似"同"字,页面顶部是主导航栏,下面左右两侧是二级导航条、登录区、搜索区等,中间是主内容区(参见图7-1)。

图7-1 "同"字形布局示例

2. "国"字形布局

"国"字形布局是在"同"字形布局的基础上演化而来的,它在保留"同"字形的同时,在页面的下方横向增加了一个条状的菜单或广告栏(参见图7-2)。

3. "匡"字形布局

"匡"字形布局去掉了"国"字形布局右侧的边框部分,给主内容区释放了更多的空间,内容虽看起来比较多,但整体布局整齐又不过于拥挤,适合在一些下载类和贺卡类的网站使用(参见图7-3)。

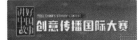 

  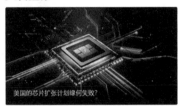

图 7-2 "国"字形布局示例

图 7-3 "匚"字形布局示例

4. "三"字形布局

"三"字形布局一般应用在简洁明快的艺术性网页中,这种布局一般采用简单的图片和线条代替拥挤的文字,给浏览者以强烈的视觉冲击(参见图 7-4)。

第 7 章　网页制作软件介绍

图 7-4　"三"字形布局示例

5．"川"字形布局

"川"字形布局就是将整个页面在垂直方向分为三列，网站的内容按栏目分布在这三列中，以最大限度地突出主页的索引功能。这种布局一般适用于栏目较多的网页（参见图 7-5）。

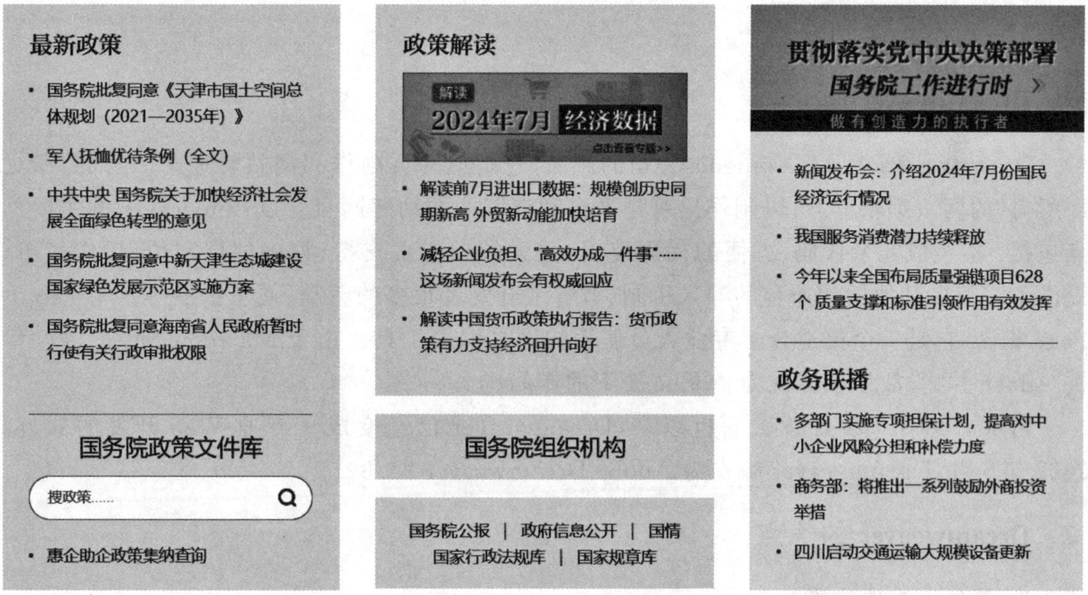

图 7-5　"川"字形布局示例

三、网站版面设计原则

1. 突出特色

所谓突出特色,就是显示出本网站与其他网站不同的整体素质和格调。

比如,人民网的特色就是具有较强的政治色彩,对党和国家的政治、经济生活等有关报道占据了大量的版面内容。因此,人民网的版面设计以大方、简洁、信息量大为主要特点。

而相对人民网这类严肃媒体来说,一些通俗化、大众化媒体及其网站一般以轻松报道和生活服务内容为基本定位。这些网站的版面冲击力和节奏感往往更强,整体色彩鲜明,时尚气氛浓郁,如新浪网、搜狐网等。

2. 重视新闻

网站的新闻质量越高,它的访问量就越大,它的资料的重复检索量也就越大。这样的网站必然会受到网民的欢迎。

3. 合乎逻辑

网络版面的布局要有次序,相互配合,合乎逻辑。就综合性新闻网站而言,新闻的安排必须突出和醒目,动态新闻和深度报道、专题报道的更新要及时,内容要丰富。专业性新闻网站要突出"专"字,不一定非要把一般性的国内或国际新闻放在最具冲击力的版面上。

7.2 网页制作软件——Dreamweaver

一、Dreamweaver 简介

Dreamweaver 是 Macromedia 公司的产品,它是集网页制作和网站管理于一身的"所见即所得"的网页编辑器,可以制作出跨越平台和浏览器的动感网页。Dreamweaver 的主要优点包括:不生成冗余代码、方便的代码编辑、强大的动态页支持、精确的层定位、操作简单、提供了与很多其他插件兼容的导入机制、节省了开发者很多的劳动、便于扩展等。与 FrontPage 相比,它是一个更适合于专业人员使用的网页编辑工具。由于 Macromedia 在 2005 年被 Adobe 并购,故该软件现为 Adobe 旗下的产品。

自从 1997 年 12 月首次面世以来,Dreamweaver 已经变成了专业 Web 开发的软件。2022 年 6 月,Dreamweaver 版本为 Adobe Dreamweaver 21.3。

二、Dreamweaver 的优点

1. 最佳的制作效率

Dreamweaver 可以用最快速的方式将 Fireworks、FreeHand 或 Photoshop 等档案移至网页上。使用检色吸管工具选择荧幕上的颜色即可设定最接近的网页安全色。对于选单、快捷键与格式控制等操作都只要一个简单步骤便可完成。Dreamweaver 能与用户喜爱的设

计工具,如 FLVPlayback、Shockwave 和外挂模组等搭配,整体运用流程自然顺畅,用户无须离开 Dreamweaver 便可完成。除此之外,只要单击便可使 Dreamweaver 开启 Fireworks 或 Photoshop 软件,并对设定图档进行编辑及最佳化。Dreamweaver 能够实现拆分模式,方便用户一边修改代码一边直接查看页面效果,极大提高了工作效率。

2. 便捷的网站管理

使用网站地图可以快速地制作网站雏形及设计、更新和重组网页。改变网页位置或档案名称,Dreamweaver 会自动更新所有链接。使用支援文字、HTML 码、HTML 属性标签和一般语法的搜寻及置换功能,使复杂的网站更新变得迅速又简单。

3. 超强的控制功能

Dreamweaver 是唯一提供 RoundtripHTML、视觉化编辑与原始码编辑同步的设计工具。它包含 HomeSite 和 BBEdit 等主流文字编辑器。帧和表格的制作速度快得令人无法想象。进阶表格编辑功能便捷简单,甚至可以排序或格式化表格群组。Dreamweaver 支持精准定位,可轻易转换成表格的图层并以拖拉、置放的方式进行网页版面的配置。

7.3 网页动画制作软件——Fireworks

一、Fireworks 简介

Fireworks 与 Dreamweaver、Flash 通常被人们合称为"网页三剑客",这三个软件分别在网页制作中承担着图形图像处理、页面制作和动画制作的任务。作为图形图像处理软件,Fireworks 不仅具备编辑矢量图形与位图图像的灵活性,还提供了一个预先构建资源的公用库,并可与 Photoshop、Illustrator、Dreamweaver 和 Flash 软件集成。这样用户可在 Fireworks 中迅速地将设计转变为模型,或利用来自 Illustrator、Photoshop 和 Flash 的其他资源,然后直接置入 Dreamweaver 中轻松地进行开发与部署。

目前,Fireworks 的最高版本为 Fireworks 8.0,其实也是 Fireworks CS6,2013 年 Adobe 正式发布 CC 家族产品,但 Fireworks 并没有 CC 版本,未来也不会再升级,原因是 Adobe 公司认为 Fireworks 与 Photoshop、Illustrator、Edge Reflow 之间在功能上有较多重叠。但是网络编辑在实际工作中仍然可以根据实际情况灵活选择 Fireworks 或其他图形处理工具,并非一定要选择最新版本的软件。

二、Fireworks 的基本功能

Fireworks 是一个强大的网页图形设计工具,用户可以使用它创建和编辑位图、矢量图形,还可以非常轻松地做出各种网页设计中常见的效果,比如翻转图像、下拉菜单等,设计完成以后,如果要在网页设计中使用设计图,还可以将它直接输出为 HTML 文件,同时还能输出为可以在 Photoshop、Illustrator 和 Flash 等软件中编辑的格式。

三、Fireworks 的特点

Fireworks 的图形图像处理功能不如 Photoshop 丰富和强大，但是对于新手级的网络编辑来说，Fireworks 更容易快速掌握，界面与 Dreamweaver 和 Flash 有许多共通之处，有助于网络编辑快速完成一些难度不高的图像处理工作。同时，Fireworks 软件本身对运行的硬件条件要求不像 Photoshop 那么高，当网络编辑需要使用网页处理、图形处理等多个软件协同开展工作时，Fireworks 比 Photoshop 更为便捷。

同时，实际工作中使用 Photoshop 制作的 jpg 格式图片通常过大，不适合网络传播快速下载，因此需要使用 Fireworks 对图片进行优化，导出需要的图片格式。

7.4 图像处理软件——Photoshop

一、Photoshop 简介

Photoshop，简称"PS"，是由 Adobe Systems 开发和发行的图像处理软件。Photoshop 主要处理以像素所构成的数字图像。使用 Photoshop 中的众多编修与绘图工具，可以有效地进行图片编辑和创造工作。Photoshop 有很多功能，在图像、图形、文字、视频、出版等方面都有涉及，是目前应用广泛的图像处理软件之一。

2003 年，Adobe Photoshop 8 被更名为 Adobe Photoshop CS。目前最新版本的 Photoshop 为 Photoshop 2023。

二、Photoshop 的基本功能

Photoshop 的专长在于图像处理，而不是图形创作。图像处理是对已有的位图图像进行编辑加工处理以及添加一些特殊效果，其重点在于对图像的处理加工；图形创作是按照自己的构思创意，使用矢量图形来设计图形。平面设计是 Photoshop 应用最为广泛的领域，无论是图书封面，还是广告、海报，这些平面印刷品都需要 Photoshop 软件对图像进行处理。此外，Photoshop 在网页图像处理、摄影后期修片、影像创意、建筑设计后期修饰等领域都有广泛的应用。

从功能上看，Photoshop 软件可分为图像编辑、图像合成、校色调色及特效制作等部分。

图像编辑是图像处理的基础，可以对图像做各种变换，如放大、缩小、旋转、倾斜、镜像、透视等，也可进行复制、去除斑点、修补、修饰图像的残损等。

图像合成是将几幅图像通过图层操作及绘图工具等合成完整的、传达明确意义的图像，这是美术设计的必经之路。该软件提供的绘图工具可以让外来图像与用户的创意很好地融合。

校色调色可方便快捷地对图像的颜色进行明暗、色偏的调整和校正，也可切换不同颜色以满足图像在不同领域如网页设计、印刷、多媒体等方面的应用。

特效制作在该软件中主要由滤镜、通道及其他工具综合应用来完成,包括图像的特效创意和特效字的制作,油画、浮雕、石膏画、素描等常用的传统美术技巧都可由该软件的特效制作来完成。

三、Photoshop 的特点

(1) 支持多种图像格式。Photoshop 支持的图像格式包括 PSD、EPS、DCS、TIF、JPEG、BMP、PCX、FLM、PDF、PICT、GIF、PNG、IFF、FPX、RAW 和 SCT 等,利用 Photoshop 可以将某种格式的图像另存为其他格式,以达到特殊的需要。

(2) 支持多种色彩模式。Photoshop 支持的色彩模式包括位图模式、灰度模式、RGB 模式、CMYK 模式、Lab 模式、索引颜色模式、双色调模式和多通道模式等,并且可以实现各种模式之间的转换。另外,利用 Photoshop 还可以任意调整图像的尺寸、分辨率及画布大小,既可以在不影响分辨率的情况下调整图像尺寸,又可以在不影响图像尺寸的情况下增减分辨率。

(3) 提供了强大的选取图像范围的功能。利用矩形、椭圆面罩和套索工具,可以选取一个或多个不同尺寸、形状的选取范围。磁性套索工具可以根据选择边缘的像素反差,使选取范围紧贴要选取的图像;利用魔术棒工具或颜色范围命令可以根据颜色来自动选取范围;配合多种快捷键的使用,可以实现选取范围的相加、相减和反选等效果。

(4) 可以对图像进行各种编辑,如移动、复制、粘贴、剪切、清除等。如果在编辑时出了错误,还可以进行无限次的撤销和恢复。Photoshop 还可以对图像进行任意的旋转和变形,例如按固定方向翻转或旋转。

(5) 可以对图像进行色调和色彩的调整,使色相、饱和度、亮度、对比度的调整变得简单容易。Photoshop 可以单独对某一选取范围进行调整,也可以对某一种选定颜色进行调整。使用色彩平衡倒序可以在彩色图像中改变颜色的混合,使用色阶和曲线命令可以分别对图像的高光、暗调和中间调部分进行调整,这些都是传统绘画技巧难以达到的效果。

(6) 提供绘画功能。使用喷枪工具、笔刷工具、铅笔工具、直线工具,可以绘制各种图形;通过自行设定的笔刷形状、大小和压力,可以创建不同的笔刷效果;利用渐变工具可以产生多种渐变效果;使用加深和减淡工具可以有选择地改变图像的曝光度。

(7) Photoshop 用户可以建立普通图层、背景层、文本层、调节层等多种图层,并且可以对各个图层进行编辑。用户可以对图层进行任意的复制、移动、删除、翻转、合并和合成,并实现图层的排列;还可以应用添加阴影等操作制造特技效果,调整图层可在不影响图像的同时,控制图层的透明度和饱和度等;文本层可以随时编辑图像中的文本;用户还可以分别对不同的色彩通道进行编辑;利用蒙版可以精确地选取范围,并对其进行存储和载入的操作。

(8) Photoshop 提供了将近 100 种滤镜,每种滤镜各不相同,用户可以利用这些滤镜实现各种特殊效果。如利用风滤镜可以增加图像的动感,利用浮雕滤镜可以制作浮雕效果等。

7.5 其他图像处理辅助软件

前面的章节已经简单介绍了 Photoshop 和 Fireworks 两个图像处理软件,这两个软件的功能主要是对已有图像图形进行编辑处理,并将其优化以满足网络传播或手机传播的需要。在实际工作中,网络编辑经常需要处理各类型的图像素材,进行裁剪、缩放、截屏、去除水印等各种操作,此外还经常需要对多张图片进行快速批量处理,因此只掌握一两个图像处理软件是远远不够的,网络编辑还需要掌握如下软件。

一、光影魔术手

光影魔术手是一款针对图像画质进行改善及效果处理的免费软件。与 Photoshop 相比,光影魔术手简单、易学,不需要任何专业的图像技术就可以制作出专业胶片摄影的色彩效果。光影魔术手的批量处理功能非常强大,是摄影作品后期处理、图片快速美容、数码照片冲印整理时必备的图像处理软件,且能够满足绝大部分人照片后期处理的需要。

在网络编辑工作中,光影魔术手经常用来进行图像的批量处理,即一次性对多张图片进行同样的操作。随着读图时代的到来,网页中经常需要一次性使用多张图片,网络编辑需要将多张图片处理成尺寸一致、格式一致(标准格式为 jpg 格式)的图片,并且要将图片的大小尽可能控制在一定范围内。光影魔术手的批处理功能可以帮助网络编辑一次性轻松完成这些操作。

特别需要注意的是,在对多张图片进行批处理时,务必注意裁剪功能和尺寸功能的先后操作顺序。实际工作中,多张图片的原始比例经常不相同,网络编辑需要先进行裁剪操作,将这些图片的比例调整一致,并选择自己需要裁剪的区域,然后再进行尺寸操作,将图片缩放为需要的尺寸,最后,在导出时选择图片的导出格式,以及图片文件的大小范围。经过上述操作,就可以轻松得到多张大小、格式完全一致的图片。

二、HyperSnap

HyperSnap 是一款非常优秀的屏幕截图工具,它不仅能抓取标准桌面程序,还能抓取 DirectX、3Dfx Glide 的游戏视频或 DVD 屏幕图,它能以 20 多种图形格式(包括 bmp、gif、jpg、tiff、pcx 等)保存并阅读图片。HyperSnap 可以用快捷键或自动定时器从屏幕上抓图,它的功能还包括在所抓取的图像中显示鼠标轨迹、收集工具、调色、设置分辨率,还能选择从 TWAIN 装置(扫描仪和数码相机)中抓图。

网络编辑在使用 HyperSnap 时,需要记住常用的快捷键:Ctrl+Shift+R,这组快捷键能够快速启动截屏,截取需要的任何内容。

三、Inpaint

Inpaint 软件可以从图片上去除不必要的元素,如水印、划痕、污渍、标志等瑕疵,是一款强大、实用的图片处理软件。图片中不想要的元素,如额外的线、人物、文字等,Inpaint 都可以全自动地进行擦除,同时 Inpaint 还会根据图片擦除区域附近的特点重建擦除的区域,使图片整体看起来完美无瑕,没有痕迹。与庞大的 Photoshop 相比,Inpaint 更加轻盈,能够快速启动,是网络编辑工作的好帮手。

7.6　HTML 语言简介

HTML 是一种用来制作超文本文档的简单标记语言。用 HTML 编写的超文本文档称为 HTML 文档,它能独立于各种操作系统平台(如 UNIX、Windows 等)。自 1990 年以来,HTML 就一直被用作万维网上的信息表示语言,用于描述 Homepage 的格式设计和它与万维网上其他 Homepage 的连接信息。

HTML 文档(即源文件)是一个放置了标记的 ASCII 文本文件,通常它带有".html"或".htm"的文件扩展名。生成一个 HTML 文档主要有以下三种途径:

(1) 手工直接编写(如 ASCII 文本编辑器或其他 HTML 的编辑工具);

(2) 通过某些格式转换工具将现有的其他格式文档(如 Word 文档)转换成 HTML 文档;

(3) 由 Web 服务器(或称 HTTP 服务器)实时动态地生成。

如果说网络编辑掌握"网页三剑客"是为了更好地帮助页面设计服务于内容,那么掌握 HTML 语言既可以帮助网络编辑提升页面效果,也可以在内容管理平台对录入内容进行管理。

如图 7-6 所示是一个网站后台内容管理系统的编辑器界面,从图中可以看到左上方的【源码】键,点击后即可切换到源代码模式。使用 HTML 语言可以对录入的内容进行更丰富的页面设计,突破编辑器的限制。

图 7-6　网站后台内容管理系统编辑器界面

一、标记语法

HTML 的标记总是封装在由小于号(〈)和大于号(〉)构成的一对尖括号之中。

1. 单标记

某些标记称为"单标记",因为它只需单独使用就能完整地表达意思,这类标记的语法是:

〈标记〉

最常用的单标记是〈P〉,它表示一个段落(Paragraph)的结束,并在段落后面加一空行。

2. 双标记

另一类标记称为"双标记",它由"始标记"和"尾标记"两部分构成,必须成对使用,其中"始标记"告诉 Web 浏览器从此处开始执行该标记所表示的功能,"尾标记"告诉 Web 浏览器在这里结束该功能。"始标记"前加一个斜杠(/)即成为"尾标记"。这类标记的语法是:

〈标记〉内容〈/标记〉

其中,"内容"部分就是要被这对标记施加作用的部分。如用户想突出对某段文字的显示,就将此段文字放在一对〈EM〉〈/EM〉标记中:

〈EM〉强调文本〈/EM〉

3. 标记属性

许多单标记和双标记的始标记内可以包含一些属性,其语法是:

〈标记 属性1 属性2 属性3 …〉

各属性之间无先后次序,属性也可省略(即取默认值),如单标记〈HR〉表示在文档当前位置画一条水平线(Horizontal Line),一般是从窗口中当前行的最左端一直画到最右端。在 HTML3.0 中此标记允许带一些属性:

〈HR SIZE=3 ALIGN=LEFT WIDTH="75%"〉

其中,SIZE 属性定义线的粗细,属性值取整数,缺省为1;ALIGN 属性表示对齐方式,可取 LEFT(左对齐,缺省值)、CENTER(居中)、RIGHT(右对齐);WIDTH 属性定义线的长度,可取相对值(由一对""括起来的百分数,表示相对于充满整个窗口的百分比),也可取绝对值(用整数表示的屏幕像素点的个数,如 WIDTH=300),缺省值是"100%"。

二、文档结构

除了一些个别的标记外,HTML 文档的标记都可嵌套使用。通常由三对标记来构成一个 HTML 文档的骨架,它们是:

〈HTML〉
〈HEAD〉
头部信息
〈/HEAD〉
〈BODY〉

第7章 网页制作软件介绍

文档主体,正文部分
〈/BODY〉
〈/HTML〉

其中,〈HTML〉在最外层,表示这对标记间的内容是 HTML 文档。〈HEAD〉之间包括文档的头部信息,如文档总标题等,若不需头部信息则可省略此标记。用户还会看到一些 Hompage 省略〈HTML〉标记,因为.html 或.htm 文件被 Web 浏览器默认为是 HTML 文档。〈BODY〉标记一般不省略,表示正文内容的开始。

本章介绍了 Dreamweaver、Fireworks、Photoshop 等常用网页制作软件,同时还介绍了常用的 HTML 标记语言。网络编辑必须熟知网页制作中常见的文件格式和主要工具,并能应用常用的网页制作软件进行网页制作。

一、请使用光影魔术手软件的批处理功能将 20 张格式不同、大小不同的图片,统一处理为 400×300 像素大小的 jpg 格式图片,同时单张图片大小不超过 50 kB。

二、请用标记写出一个 HTML 文档的基本结构。

第8章

网络编辑职业道德

 本章导读

1. 职业道德的含义与特点、职业道德的范畴、职业道德的评价形式。

2. 网络编辑的职业道德内涵包括:确保传播信息的真实性;坚决抵制有害信息的传播;要做到公平、公正,维护自由平等的网络交流环境;自觉维护著作权法,保障著作权人权益。

3. 网络编辑职业守则主要包括两个方面:遵纪守法,尊重知识产权,爱岗敬业,严守新闻出版规定和纪律;实事求是,工作认真,尽职尽责,一丝不苟,精益求精,具有团队精神。

8.1　职业道德基础知识

一、职业道德的含义与特点

职业道德是随着社会分工的发展并出现相对固定的职业集团时产生的。人们的职业生活实践是职业道德产生的基础。在原始社会末期,由于生产和交换的发展,出现了农业、手工业、畜牧业等职业,人们在职业活动中发生各种各样的联系。为了调整不同职业内部、不同职业之间,以及每个从业人员之间的关系,便产生了职业道德。

进入阶级社会以后,又出现了商业、政治、军事、教育、医疗等职业。在一定的社会经济关系基础上,这些特定的职业不但要求人们具备特定的知识和技能,而且要求人们具备特定的道德观念、情感和品质。各种职业集团为了维护职业利益和信誉,适应社会的需要,在职业实践中根据一般社会道德的基本要求逐渐形成了职业道德规范。

在古代文献中早有关于职业道德规范的记载。如公元前6世纪的中国古代兵书《孙子兵法·计篇》中,就有"将者,智、信、仁、勇、严也"的记载。"智""信""仁""勇""严"这五德被中国古代兵家称为"将之德"。明代兵部尚书于清端提出的封建官吏道德修养的六条标准被称为"亲民官自省六戒",其内容有"勤抚恤、慎刑法、绝贿赂、杜私派、严征收、崇节俭"。中国古代的医生在长期的医疗实践中形成了优良的医德传统。"疾小不可云大,事易不可云难,贫富用心皆一,贵贱使药无别"是医界长期流传的医德格言。公元前5世纪古希腊的《希波克拉底誓言》是西方最早的医界职业道德文献。

一定的社会职业道德是由该社会的分工状况和经济制度决定和制约的。在封建社会,自给自足的自然经济和封建等级制度不仅限制了职业之间的交往,而且阻碍了职业道德的发展。起初只是在某些工业、商业的行会条规以及从事医疗、教育、政治、军事等行业的著名人物的言行和著作中包含职业道德的内容。在这一社会的行业中也出现过具有高超技艺和高尚品德的人物,他们的职业行为和品质受到广大群众的称颂,并世代相袭,逐渐形成优良的职业道德传统。资本主义商品经济的发展促进了社会分工的扩大,职业和行业也日益增多、复杂。为了增强竞争能力、增加利润,各种职业集团纷纷提倡从业人员遵守相关职业道德,以提高职业信誉。许多国家和地区还成立了职业协会,制定协会章程,规定职业宗旨和职业道德规范,从而促进了职业道德的普及和发展。在资本主义社会中,不但先前已有的将德、官德、医德和师德等职业道德有了进一步丰富和完善,而且出现了许多以往社会中所没有的道德,如企业道德、商业道德、律师道德、科学道德、编辑道德、作家道德、画家道德和体育道德等。

社会主义的职业道德是适应社会主义物质文明建设和精神文明建设的需要,在共产主义道德原则的指导下,批判地继承了历史上优秀的职业道德传统的基础上发展起来的。由于社会主义的各行各业没有高低贵贱之分,所以在职业内部的从业人员之间、不同职业之间以及职业集团与社会之间没有根本的利害冲突。因此,不同职业的人们可以形成共同的要求和道德理想,树立热爱本职工作的责任感和荣誉感。中国各行各业制定的职业公约,如商业和其他服务行业的"服务公约"、科技工作者的"科学道德规范"以及工厂企业的"职工条例"中的有些规定等都属于社会主义职业道德的内容,它们在职业生活中发挥了巨大的作用。

职业道德是从事一定职业的人在特定的工作和劳动中所应遵循的特定的行为规范。恩格斯指出:每一个阶级,甚至每一个行为,都各有各的道德。[①] 职业道德是一般社会道德的特殊形式。

与一般的社会道德相比,职业道德具有以下特点:(1)职业道德是在历史上形成的、特定的职业环境中产生和发展起来的,它常常形成世代相袭的职业传统和比较稳定的职业心理、习惯,因此具有较强的稳定性和连续性;(2)职业道德反映着特定的职业关系,具有鲜明的行业性,因而它的作用范围仅仅局限于特定的职业活动中,只对从事该特定职业的人们具有约束力;(3)职业道德通常以规章制度、工作守则、服务公约、劳动规程和行为须知等形式表现出来,因此在内容上和形式上具有多样性。

二、职业道德的范畴

职业道德的范畴主要体现在职业理想、职业责任、职业技能、职业纪律、职业良心和职业荣誉感方面。

职业理想是指从业者对职业目标的向往与追求。在确定职业理想时,要处理好两种关系:首先,在工作选择上,处理好个人兴趣特长与社会需要的关系,摒弃以自我为中心的做法;其次,在实际工作中,处理好个人发展与社会奉献的关系,力求在二者之间找到平衡点。

职业责任是指个人对社会、对他人在本职业范围内应当承担的责任。道德义务是人们在认识客观要求以及自身的使命、职责或任务的基础上形成的内心信念和意志。

职业技能是指从事本职业所必须具备的能力,包括实际操作能力、业务处理能力和研究能力等。如郑州市国防科技学校要求学员掌握"八技四能"。其中"八技"是指精通所学专业、会开汽车、会使用计算机、会使用英语、会写应用文、会使用正规武器、会写一手规范的钢笔字和会说普通话;"四能"是指工作应变能力、竞争取胜能力、再学习再提高能力和社会交际能力。

职业纪律是一种行为规范。它要求从业者在职业生活中遵守秩序、执行命令和履行责任,它是调节从业者在职业生活中的局部关系与全局关系的重要方式。一方面,违反纪律要受到制裁;另一方面,遵守社会主义职业纪律主要靠广大从业者对职业纪律的自觉认识。社会主义职业纪律的本质特征在于它具有高度的自觉性和深刻的道德意义,因此社会主义职业纪律是职业道德的重要范畴。

职业良心是蕴涵在从业者内心深处的一种意识活动。如果说职业道德义务是从业者自觉意识到的道德责任,那么,职业良心就是从业者对职业责任的自觉意识。

---

① 中共中央马克思恩格斯列宁斯大林著作编译局.马克思恩格斯选集:第4卷[M].北京:人民出版社,2012:236.

职业荣誉感与职业良心紧密相关,是对职业人员的道德行为所做出的肯定性的客观评价和正确的主观认识,是职业良心的价值尺度。

三、职业道德的评价方式

职业道德的评价方式主要有社会舆论、内心信念和传统习惯三种。

社会舆论是来自外部的评价方式,强调"他律"。内心信念是从业者自身的内在评价,体现从业者的"自律"。而传统习惯包含了内部和外部两方面的因素,既指从业者相对稳定的自我养成的职业观念、习惯,也指外在环境改变引起的从业者观念、习惯的改变。

8.2 网络编辑的职业道德

网络独具的交互性、开放性、及时性和便捷性等特点使得网络新闻传播在迅速发展、壮大的同时成了所有媒体中公信力最差、可信度最低的媒体。作为网络新闻传播的"把关者",网络编辑应该迅速建立起适合新闻传播的职业道德观念和原则。

网络编辑的职业道德内涵包括:确保传播信息的真实性;坚决抵制有害信息的传播;要做到公平、公正,维护自由平等的网络交流环境;自觉维护著作权法,保障著作权人权益。

为建立我国互联网行业的自律机制,规范从业者行为,依法促进和保障互联网行业健康发展,我国制定了《中国互联网行业自律公约》(以下简称《公约》),目前已签约的企业超过1500家。中国互联网协会作为《公约》的执行机构,负责《公约》的组织实施。

《公约》所称的互联网行业是指从事互联网运行服务、应用服务、信息服务、网络产品服务和网络信息资源的开发、生产及其他与互联网有关的科研、教育、服务等活动的行业的总称。《公约》规定,互联网行业自律的基本原则是爱国、守法、公平、诚信。

《公约》提出了13条自律条款,下面列举其中几条:自觉遵守国家有关互联网发展和管理的法律、法规和政策,大力弘扬中华民族优秀文化传统和社会主义精神文明的道德准则,积极推动互联网行业的职业道德建设;鼓励、支持开展合法、公平、有序的行业竞争,反对采用不正当手段进行行业内竞争;自觉维护消费者的合法权益,保守用户信息秘密,不利用用户提供的信息从事任何与向用户作出的承诺无关的活动,不利用技术或其他优势侵犯消费者或用户的合法权益;互联网接入服务提供者应对接入的境内外网站信息进行检查监督,拒绝接入发布有害信息的网站,消除有害信息对我国网络用户的不良影响;互联网的上网场所要采取有效措施,营造健康文明的上网环境,引导上网人员特别是青少年健康上网;互联网信息网络产品制作者要尊重他人的知识产权,反对制作含有有害信息和侵犯他人知识产权的产品;全行业从业者要共同防范计算机恶意代码或破坏性程序在互联网上传播,反对制作和传播对计算机网络及他人计算机信息系统具有恶意攻击能力的计算机程序,反对非法侵入或破坏他人计算机信息系统。

8.3 网络编辑职业守则

国家职业标准规定的网络编辑职业守则主要包括两个方面：遵纪守法，尊重知识产权，爱岗敬业，严守新闻出版规定和纪律；实事求是，工作认真，尽职尽责，一丝不苟，精益求精，具有团队精神。

由于网络编辑也是新闻工作的一部分，因此网络编辑在实践工作中也应该参考新闻工作者的职业道德准则。

我国《公民道德建设纲要》中对职业道德的表述为"爱岗敬业，诚实守信，办事公道，服务群众，奉献社会"，这20个字是各行各业道德的普遍要求。在此基本原则的指导下，《中国新闻工作者职业道德准则》继承了马克思主义的新闻伦理思想和历史上新闻道德的优良传统，汲取了国外新闻职业道德准则中符合新闻规律的精华，充分体现了无产阶级的新闻道德观和社会主义思想道德。

1. 全心全意为人民服务

"全心全意为人民服务"是我们党的根本宗旨，是新闻道德规范的核心。马克思指出：人民的报刊和无产阶级新闻工作者应当生活在人民当中，真诚地和人民共患难，同甘苦，齐爱憎。为人民服务，做人民的公仆，对人民负责是社会主义新闻职业道德的最高标准。

2. 坚持正确舆论导向

新闻工作者应具有坚定的政治立场。首先要增强党性观念，具有坚定的政治立场，坚持社会主义方向，以正确的舆论引导人；其次要积极担当桥梁与纽带，正确发挥舆论监督作用。马克思说：报纸最大的好处，就是它每日都能干预运动，能够成为运动的喉舌，能够反映出当前的整个局势，能够使人民和人民的报刊发生不断的、生动活泼的联系。及时、准确地向人民群众传达党和政府的方针政策，提供人民群众所需要的新闻与信息，以利于人民群众履行社会主人翁职责，以利于党和人民通过新闻工具对社会进行监督。另外，要注重以正面宣传为主，注重社会效益，塑造积极向上、充满真善美的良好社会形象。

3. 遵守法律纪律

新闻工作者应增强法治观念，遵守宪法和法律法规，遵守党的新闻工作纪律，维护国家利益和安全，保守国家秘密。

4. 坚持新闻真实性原则

新闻的真实性原则是我党新闻工作的一项重要原则，也是新闻职业道德的一个基本要求。

新闻工作者应把真实作为新闻的生命，努力到一线、到现场采访核实，坚持深入调查研究，报道做到真实、准确、全面、客观。

5. 保持清正廉洁的作风

新闻工作者是用新闻作品干预社会，影响、教育公众的人，应具有高尚的情操和健康的思想品德，在一定程度上也具有"为人师表"的意义。人民日报、新华社、求是、光明日报、经济日报、中央人民广播电台、中央电视台联合制定的《"弘扬职业精神、恪守职业道德、维护队伍形象"自律公约》第三条中指出：清正廉洁，艰苦奋斗，树立正确的世界观、人生观、价值观，反对见利忘义、有偿新闻。因此，清正廉洁是对社会主义市场经济条件下的我国新闻工作者的要求之一。

6. 发扬团队协作精神

新闻工作者要有"团结协作"的行业精神，一方面，要"广交朋友"，有自己的"关系网"，如范长江所说"一个记者应该在群众中生根，应该到处都有朋友"，使自己在采写中能够左右逢源、如鱼得水；另一方面，要处理好各方面的关系，主要包括新闻单位与新闻单位之间的关系、新闻单位内部同事间的关系、新闻记者与新闻事实间的关系、新闻记者与群众间的关系、新闻记者与同行的关系等。此外，团结友爱、无私奉献、谦逊礼让、乐于助人是团队协作精神的基础。

本章介绍网络编辑的职业道德，从介绍职业道德的含义、职业道德的范畴和职业道德评价方式等基础知识出发，强调了网络编辑作为媒体工作者恪守职业道德和职业守则的重要性。网络媒体的从业人员或者即将从事该行业的人员都需要了解网络编辑的职业道德。

职业道德评价的方式包括（　　）。

A. 社会舆论　　　B. 传统习惯　　　C. 内心信念　　　D. 职业理想

解析：职业道德是从事一定职业的人在特定的工作和劳动中所应遵循的特定的行为规范。职业道德的评价方式主要有社会舆论、传统习惯和内心信念三种。

职业理想是指从业者对职业目标的向往与追求，属于职业道德的范畴，不能作为职业道德评价的方式。

一、单选题

1. 以下关于职业责任的描述中，正确的是（　　）。

　　A. 职业责任指的是从事本职工作所必须具备的素质

　　B. 职业责任指的是个人对社会、对他人在本职业范围内应当承担的任务

　　C. 职业责任指的是从业者对美好目标的向往与追求

　　D. 职业道德是随时间的发展而发展的，因而职业道德是不可继承的

2. 新闻报道要坚持正面宣传为主的方针，不得宣扬色情、凶杀、暴力、愚昧、迷信及其他格调低劣、有害人们身心健康的内容。这属于《中国新闻工作者职业道德准则》（　　）的内容。

　　A. 全心全意为人民服务　　　　　　B. 坚持正确舆论导向

　　C. 遵守法律纪律　　　　　　　　　D. 维护新闻真实性原则

二、多选题

1. 根据《互联网信息服务管理办法》的规定，互联网信息服务提供者不能制作、复制、发布、传播（　　）等内容。

　　A. 损害国家荣誉和利益

　　B. 破坏国家统一

　　C. 侮辱或者诽谤他人、侵害他人合法权益

　　D. 教唆犯罪

2. 职业道德主要体现在（　　）。

　　A. 职业发展　　　B. 职业责任　　　C. 职业技能

　　D. 职业纪律　　　E. 职业良心

3. 确定职业理想时需处理的关系包括（　　）。

　　A. 人际关系

　　B. 个人兴趣、特长与社会需要的关系

　　C. 个人发展与社会奉献之间的关系

　　D. 自己与领导的关系

4. 网络编辑的职业守则是（　　）。

　　A. 实事求是　　　B. 精益求精　　　C. 团队精神　　　D. 尽职尽责

第9章 网络编辑技能实训

 本章导读

1. 网络后台管理系统基本界面。
2. 网络编辑的必备技能,包括栏目设置、素材搜索、素材处理、内容原创、稿件发布、受众调查、论坛管理、网页制作等。

9.1 网站后台管理系统基本界面

地方的一些管理机构或社会组织开展的网络编辑技能考试,基本都采用了网站后台管理的模拟系统,与实践中各个网站采用的后台管理系统有许多类似之处。初入门的网络编辑掌握好网站后台管理系统的使用方法对于快速了解网络编辑工作是非常有益的。

新媒体编辑的工作内容与网络编辑的内容基本是一致的,内容管理平台的功能与操作也非常接近。因此,熟练掌握网站后台管理系统不仅有助于网站的内容编辑工作,对于新媒体编辑的工作也同样大有帮助。

图 9-1 所示是一个典型的网站后台管理系统界面。

图 9-1 网站后台管理系统界面

从图 9-1 可以看到,网站管理主要包括信息管理(即稿件管理)、栏目管理、模板管理、用户面板和插件管理等内容,这些都是网络编辑日常的基本工作。

9.2 网络编辑的必备技能

根据工作内容不同,网络编辑的类型通常可以划分为内容编辑、论坛编辑、微博编辑等。最常见的网络编辑工作是内容编辑。不论是网站编辑,还是新兴的新媒体编辑,其核心的工作内容仍然是对内容进行编辑。

从内容编辑的角度来说,网络编辑的日常工作基本可以概括为:搜集素材、处理素材、发布内容、管理内容。下面介绍网络编辑必备的八项技能,其中栏目设置、素材搜集、素材处理、内容原创、稿件发布等都属于内容编辑的工作范畴,论坛管理实际是论坛编辑的工作范畴。网页制作是内容编辑的扩展技能。部分中小型网站要求就职的网络编辑是多面手,既要负责内容编辑,也要兼任页面的设计与制作。

一、技能一:栏目设置

一个网站频道、栏目的设计在前期的网站设计方案中已经确定,网络编辑只需要在内容管理系统中将已经确定的栏目添加即可。这是后面进行内容编辑的准备工作,一般只需要设置一次即可,除非栏目变更,否则一般不需要再重新设置。

基本技能:栏目添加

技能要求说明:添加一级栏目和一级栏目下属的二级栏目。

栏目管理是网站后台管理系统的一项基本功能。图 9-2 所示为栏目管理的操作界面。

图 9-2　栏目管理的操作界面

单击【增加栏目】按钮,添加栏目,操作界面如图 9-3 所示。

图 9-3　增加栏目的操作界面

操作步骤：

(1) 在增加栏目的操作界面中输入栏目名称。

(2) 选择所属根栏目。

(3) 输入本栏目目录。

(4) 选择绑定的系统模型。

(5) 选择一级栏目所使用的是封面模板还是列表式，如选择封面模板，则列表式（包括所属列表模板）无效；如选择列表式，须同时选择所属列表模板（选择下拉框中白色条选项），则封面模板无效。

(6) 单击页面底部【提交】按钮，完成一级栏目的添加。

在一般的网络编辑技术考试中，考生是对一个网站后台管理的模拟系统进行操作，因此操作与上述内容类似，只是具体位置略有出入。

(1) 一级栏目的添加。

操作步骤：

① 稿件栏目位置为稿件首页，表示此时新建的栏目是直接在稿件首页下一级的，因此为一级栏目。

② 在页面下方的【新建栏目名称】的输入框中输入新添加的一级栏目名称，完毕后点击【新建栏目】，栏目添加完成。

(2) 二级栏目的添加。

操作步骤：

① 单击该一级栏目名称，可查看到栏目路径变为：稿件首页→一级栏目，此时再新建的栏目均为此一级栏目下的二级栏目。

② 与添加一级栏目的操作类似，在【新建栏目名称】的输入框中输入新添加的二级栏目名称，完毕后点击【新建栏目】，栏目添加完成。

注意事项：

(1) 每一个名称前带"＋"号的栏目都包含子栏目，点击栏目名称可看到下一级栏目；相反，名称前带"－"号的栏目没有子栏目。

(2) 单击【栏目名称】，表示打开该级栏目结构，可查看其下一级栏目（但无法查看栏目内的相关稿件，必须在操作中点击【查看稿件】方可查看该栏目内的所有稿件）。

二、技能二：素材搜集

基本技能 1：稿件素材搜集

技能要求说明：

目前许多网站的稿件都来自传统媒体尤其是报纸的供稿，网站与传统媒体双方签订合作协议后，网站方可采用稿件，此外网站在转载稿件时还须注明稿件来源，并给出纸媒网站的链接。因此，对于网络编辑来说，稿件素材的搜集工作实际上也是稿件筛选的过程。

除此之外，一些大型网站还有签约的专栏作者提供稿件。网络编辑还要时刻注意当前的网络关注热点。具体到某一个栏目的网络编辑，需要关注所在行业的热点，必要时根据需要邀请专栏作者或者特约记者对相关热点内容进行写稿。

基本技能2：图片素材搜集

技能要求说明：

在新闻图片的使用上，网络编辑务必注意图片的版权问题，尽量使用网站已获得授权的新闻图片。其他类型的图片可以通过百度图片、素材中国、千图网、全景网等网站搜集图片素材，其中全景网提供的大部分是有版权的图片，图片质量较高，需要付费。对于网站首页、频道首页使用的图片，网络编辑在素材搜集使用时要特别注意图片是否涉及版权问题。

三、技能三：素材处理

基本技能1：稿件文本修改

技能要求说明：

找出稿件中的错别字和语病，并进行修改。关于信息修改的基本方法在前面的章节已经详细介绍，此处不再赘述。

操作步骤：

① 打开题目要求的稿件，找出其中的错别字和语病。

② 删除错误的地方，改为正确的表达，并将修改后的内容标为红色。

注意事项：

网络编辑稿件修改的主要内容为错别字和语病，常见的错别字包括形近字和同音字等。由于网络编辑经常是通过电脑录入文字，故需要特别注意同音字的问题。

基本技能2：稿件改写

技能要求说明：

由于目前网络媒体的稿件来源大部分仍然是传统媒体，很多时候其语言体系并不适合网络媒体和手机媒体的传播需求。此时，网络编辑需要对原本的稿件素材进行改写，这种改写既包括语言风格的改变，还包括内容的重组整合。例如下面这篇文章。

案例：《北京学生科技节寓教于乐 今日闭幕》

报纸原文是一篇消息，介绍了活动的时间、地点、举办单位等基本要素，对科技节上参展作品介绍得很简略，是平面媒体上常见的短消息。此外，标题也比较平淡，放在网络媒体或者手机媒体上显然缺乏吸引力。

内容改写示范：

① 添加细节。添加科技节参展作品的细节介绍，重点是那些有创意、接地气的产品，引起网民的阅读兴趣。

② 配图片。为上述作品搭配相应的图片，让网民有身临现场的感觉。

③ 改变语言风格。纸媒稿件的行文风格通常比较严肃、正统，而网络媒体的语言风格需要更加亲民、活泼，以引导用户阅读和转发。

基本技能3：标题修改

技能要求说明：

修改稿件的标题并保存。

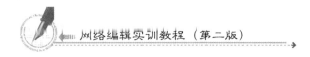

操作步骤：

打开题目要求的稿件，在稿件编辑器中修改标题后保存。

注意事项：

在网络编辑工作中，标题的制作是一项重要技能。无论是传统网站还是新媒体平台，由于页面的呈现为超链接形式，所以用户第一眼看到的是标题。标题是否吸引"眼球"是用户是否会点击阅读的重要决定因素。网络编辑务必要掌握常用的网络标题处理方式，用适合新媒体阅读的方式来包装、修改标题，而不是简单套用传统媒体的标题。下面是一些优秀的网站或新媒体平台稿件的标题，不妨学习一下其中值得借鉴的地方。

《一只繁殖场狗狗，如何度过她的九年》

《人生只有七次机会，你抓住了几次？》

《看看这张表，一个孩子的毛病背后是家庭的毛病》

《你能分得清喜欢和爱吗？》

《马云互联网演讲句句干货》

《高仓健鲜为人知的佛门事》

《李嘉诚：我之所以从不失败，只因记住了 7 个词》

《什么玩具是孩子永远玩不够的》

《史上最全馆藏八大山人真迹集》

上述标题都是网站或新媒体平台阅读量达到数万次的稿件标题，这些标题或是设问，或是凸显名人效应，巧妙地勾起了人们的好奇心。

根据上述案例，就可将前面提到的稿件标题《北京学生科技节寓教于乐 今日闭幕》进行相关修改。在稿件正文改写的基础上，标题可以进一步修改为《"脑洞打开"创意 "炫酷"玩转科技节》。

基本技能 4：图片加工

技能要求说明：

网络编辑需要根据页面编辑的需求对图片进行添加文字、缩放、裁剪、优化等操作，需要掌握图片处理的基本规范。

操作说明：

（1）衡量网站图片大小的唯一单位是"像素"（px），图片的像素尺寸表示方式为：宽×高。

（2）规范的网页图片宽高比包括 3∶2、4∶3、16∶9，网络编辑处理后的图片尽量是这三种比例之一。在醒目位置的图片更要符合规范，如网站首页、频道首页和栏目首页的图片。

注意事项：

（1）为了保障网站的浏览效率，网站只使用 jpg、gif 和 png 三种格式的图片，尤其不能使用 bmp、tif 等非压缩的格式。

（2）图片格式的选择标准：

① gif：装饰性小图、动画图片等。

② png：与 gif 格式类似，效果更好，但文件更大，编辑需要根据实际情况酌情使用。

③ jpg：网络图片使用最多的格式，照片类图片都应为 jpg 格式。

拓展技能：为图片添加标准格式的标题

所用软件：Photoshop

操作步骤：

① 使用文字工具【T】在图片合适的位置输入拟定好的文字（文字字体为微软雅黑，加粗，黑色）。

② 在图层面板选中文本所在图层，单击右键，选择【混合选项】。

③ 选中最后一项【描边】（务必点击【描边】，而不是点击其前面的复选框），设置描边大小为 2 像素，白色。

④ 使用【编辑】【自动变换】工具（Ctrl+T）调整文字大小。

基本技能 5：视频加工

技能要求说明：

能够使用软件对已有的视频素材进行剪辑、拼接等加工，使之适合网络或手机媒体的观看需求。

操作步骤：

上述内容在前面的章节已经介绍过，此处不再赘述。

四、技能四：内容原创

基本技能：稿件写作

技能要求说明：

能够根据提供的素材编辑适合网络媒体传播需求的文章，并发布到指定栏目中，同时在正文中插入提供的图片。

注意事项：

① 对网络编辑来说，内容原创并不意味着编辑一定要亲身采访写作，大多是根据已有的内容素材，进行内容重组、提炼、排版等加工，制作出适合网络媒体传播需求的稿件。这要求网络编辑能够抓选题、会编辑、找亮点，同时这些也是对传统媒体编辑的要求。这就说明无论是对于传统媒体编辑还是对于网络编辑，修炼好编辑基本功仍然是做好编辑工作的立身之本。

② 内容务必要与标题契合，切不可成为"标题党"。

五、技能五：稿件发布

基本技能 1：稿件发布

技能要求说明：

在规定栏目内添加已提供的稿件，即要求网络编辑在稿件编辑器中进行稿件的添加操作。稿件编辑器界面参见图 9-4。

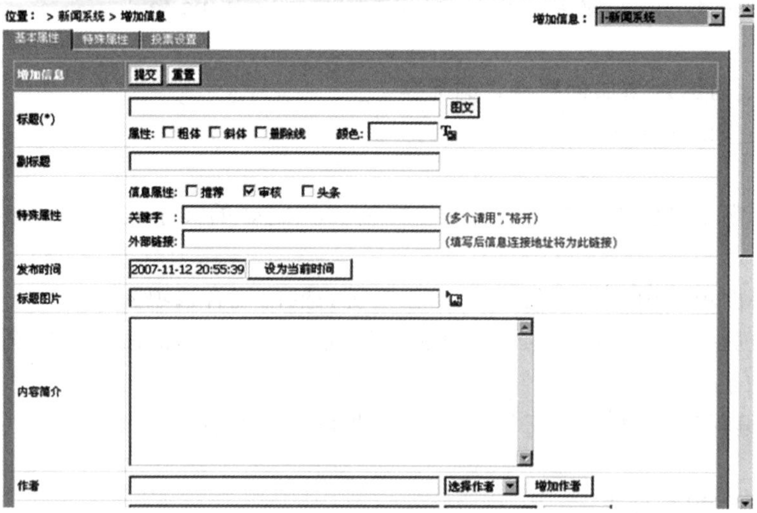

图 9-4　稿件编辑器界面

操作步骤：

① 单击规定栏目中的操作项【添加稿件】，进入稿件编辑器界面。

如需要在已添加的二级栏目"最新消息"中发布一篇稿件，则直接单击该栏目名称后的对应操作项【添加稿件】。

② 上述操作完成后，立即进入稿件编辑器界面。

③ 分别在【稿件标题】【关键字】输入框中输入该稿件的标题和稿件的关键字。

④ 在页面下方的稿件编辑界面中输入稿件正文，完成后，单击页面下方的【添加】按钮，则稿件添加完成。

注意事项：

① 【稿件标题】和【关键字】为必填项，否则无法完成稿件添加的操作。

② 输入多个关键字时，关键字之间要用"，"（即英文输入状态下的逗号）分开。

③ 网络编辑在将准备好的文本文档稿件粘贴到稿件编辑器前，需要将文本原有的格式清除，否则粘贴在稿件编辑器中容易出现背景颜色、首行缩进无效等问题。正确的做法是，将准备发布的稿件保存在记事本中，清除原有的文本格式，然后再粘贴到稿件编辑器中进行发布。

部分内容管理系统的稿件编辑器设置了清除格式的功能，网络编辑可以将文本粘贴在编辑器上，然后点击【清除格式】按钮，清除文本自带的格式，然后再进行下一步的编辑工作。

基本技能 2：稿件退回

技能要求说明：

网络编辑应把不符合要求的稿件进行退回处理。与稿件发布的"基本技能 1"是反向操作。

第9章 网络编辑技能实训

网络编辑应点击左侧导航栏第一个栏目【信息筛选与发布】的二级栏目【稿件退回处理】，进入该界面进行相关退稿操作。

操作步骤：

① 查看需要退回的稿件所在栏目中的所有稿件：单击【查看稿件】，进入稿件查看界面。

② 选中需要退回的稿件，单击【退回稿件】，确定后完成，此时稿件状态变为"签发退回"。

注意事项：

① 在此界面还可进行的操作有：稿件的删除；稿件的移动，即将稿件从原栏目移动到其他的栏目中。

② 该操作为不可逆操作。如果选错了稿件进行退回处理，就无法重新找回该稿件。

相关扩展技能1：超链接的插入

技能要求说明：

将系统提供的多篇稿件以超链接的方式嵌入规定稿件的合适位置，即在规定稿件中选择合适的字段，再将这些字段与系统提供的稿件之间设置超链接。

操作前准备工作：

在规定稿件的正文中选出与系统提供的稿件内容相对应的字段，通常为词或词组。如要将《帕瓦罗蒂简历》一文以超链接方式嵌入稿件《帕瓦罗蒂遗产确定归属》中，则可将正文中首个出现的"帕瓦罗蒂"作为设置超链接的位置。

操作步骤：

① 将需要设置超链接的字段选中，并点击稿件编辑界面的工具 ；如需取消该超链接，选中后点击工具 即可。如图9-5所示。

图9-5 稿件编辑器——超链接

② 点击【插入或修改超级链接】后，弹出超级链接属性设置的对话框。

超级链接属性设置的内容包括链接类型、链接目标、链接地址和书签链接。其中，链接类型默认为http，链接目标默认为无，书签链接默认为无，此三项通常无须修改。

③ 在对话框中的【链接地址】中输入链接对象的绝对地址，即稿件《帕瓦罗蒂简历》的网页地址，确认后完成。

④ 超链接设置完成后，被选字段下方将自动出现下划线（参见图9-6）。

注意事项：

① 如何检查超链接的设置是否正确：将稿件生成网页后，点击该超链接，查看是否能链接到稿件《帕瓦罗蒂简历》的页面。

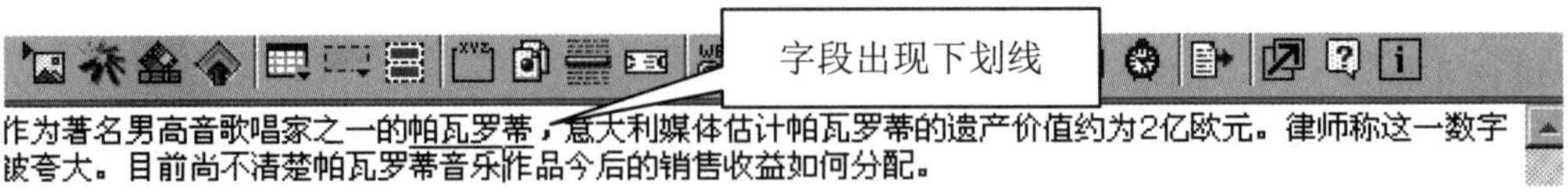

字段出现下划线

作为著名男高音歌唱家之一的帕瓦罗蒂，意大利媒体估计帕瓦罗蒂的遗产价值约为2亿欧元。律师称这一数字被夸大。目前尚不清楚帕瓦罗蒂音乐作品今后的销售收益如何分配。

图 9-6　超链接设置完成

② 网站内容管理系统中通常可以按上述介绍设置超链接，但需要注意微信公众平台的内容管理系统由于自身限制，禁止设置超链接。即使网络编辑通过代码在 Dreamweaver 或其他编辑器中设置了超链接，但将其复制到微信公众平台的内容管理系统时，该超链接在实际的页面中会自动被屏蔽，无法查看。

相关扩展技能 2：图注的添加

技能要求说明：

在稿件中添加系统提供的图片，并给图片添加图注。

显示效果为文章发布后，将鼠标移动至图片上，图注的文字内容会自动浮现。

操作步骤：

① 将光标移动到需要添加稿件的位置后，单击稿件编辑器工具栏中的【插入或修改图片】，则会弹出图片属性设置的对话框。

② "图片来源"的设置有两种方法：方法一为本地上传，先将图片下载到本地电脑，选中【上传】，再浏览本地电脑上传图片；方法二为网络链接，找到图片的网络地址，选中【网络】，并输入该图片的网络地址。此操作完成后，单击【确定】即可成功插入图片。

③ 添加图注：在对话框中的【说明文字】后输入系统已提供文字即可；单击【确定】完成。

相关扩展技能 3：图片的首页显示

技能要求说明：

在稿件中添加系统提供的图片，并使该图片在页面首页显示。

显示效果为该图片会在首页的规定位置出现，而不是在稿件正文中出现。

操作步骤：

① 将稿件编辑器页面下方【是否在首页以图片形式显示】的【是否设置】选中，打钩表示已设置。

② 链接图片，先将图片下载到本地电脑，再浏览本地电脑上传图片。

③ 单击【保存】完成。

相关扩展技能 4：设置相关链接

技能要求说明：

根据关键字的设置，系统会自动给出相关链接的稿件，并会显示在该稿件的下方。此操作要求在自动链接的基础上人工筛选出最合适的链接，去掉一些与实际并不相关的稿件。

操作步骤：

① 单击【关键字】输入框后面的【相关链接】，则弹出相关稿件的设置对话框。

如有以下稿件可以选择：

《帕瓦罗蒂葬礼录像高价现身拍卖网》

《帕瓦罗蒂棺木运抵教堂 万人悼念》

《帕瓦罗蒂遗产确定归属》

② 在选择框中选中相关稿件，单击【设置为相关稿件】，并点击【确定】按钮完成设置。

六、技能六：受众调查

基本技能 1：完成调查问卷

技能要求说明：

能够根据已提供的投票问题和投票选项，设置符合要求的投票，即在网页中设置一个投票箱。投票式调查是一种常见的网络问卷调查方式，这种问卷调查一般只设置一个问题，在问题的下面会列出若干备选答案。

图 9-7 为新浪网读书频道对于国学大师季羡林逝世开展的投票式调查。

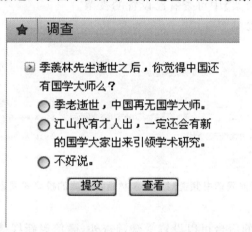

图 9-7　新浪网读书频道对于国学大师季羡林逝世开展的投票式调查

操作步骤：

① 进入"完成调查问卷"界面后，可进行【增加投票】【管理投票】【调用代码】的操作。其中【管理投票】操作可查看已增加的投票。

② 单击【增加投票】，开始设置新的投票。

③ 确认选项的个数（系统默认为 4），斟酌是否对其修改（参见图 9-8）。

如题目中要求设置 8 个选项，则将选择项的个数修改为 8。

④ 在"主题标题"栏中输入主题标题，即本次投票的内容。如"季羡林先生逝世之后，你觉得中国还有国学大师么？"。

⑤ 分别在"选择 1""选择 2"等各选项中输入题目提供的内容。

⑥ 选择投票类型和过期日期，完成后单击【提交】。

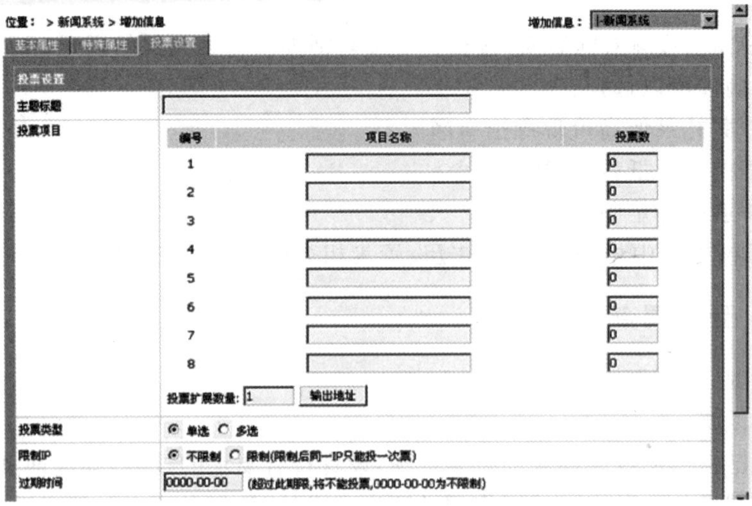

图 9-8　投票设置界面

⑦ 完成后在【管理投票】中可查看已设置的投票。

⑧ 查看投票结果(参见图 9-9)。

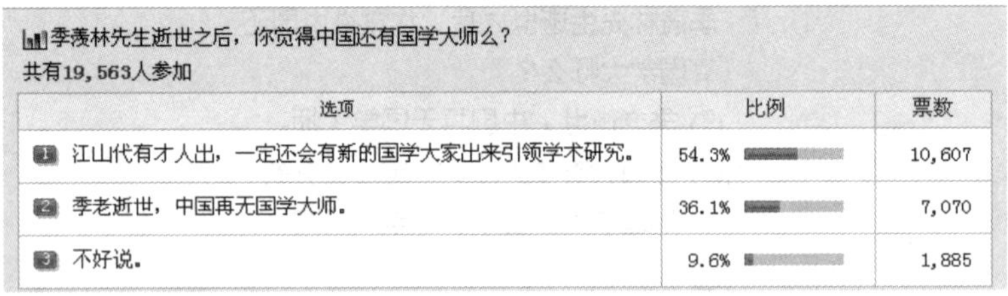
季羡林先生逝世之后，你觉得中国还有国学大师么？
共有19,563人参加

选项	比例	票数
1 江山代有才人出，一定还会有新的国学大家出来引领学术研究。	54.3%	10,607
2 季老逝世，中国再无国学大师。	36.1%	7,070
3 不好说。	9.6%	1,885

图 9-9　新浪网读书频道对于季羡林逝世开展的投票式调查的投票结果

除了网站内容管理的后台可以设置受众调查外，微信等新媒体平台也同样有投票功能，具体操作方法基本类似。

七、技能七：论坛管理

基本技能：论坛帖子管理

网络编辑实际上除了常见的内容编辑以外，具体细分还包括论坛编辑、博客编辑等，其工作内容与内容编辑有一定差别。论坛编辑的主要工作是管理论坛内容和论坛成员，在增强论坛活跃度的同时，确保论坛内容的平衡性。论坛编辑有时又被称为“论坛管理员”。以下是论坛编辑常见的论坛帖子管理操作说明。

技能要求说明：

按照规定的用户名登录，并进行论坛帖子的发布、移动和删除操作。

操作 1：将帖子发布到规定栏目内。登录后，点击规定栏目的名称，进入该栏目，输入帖子标题和内容，确认发表后即可完成帖子的发布。

操作2：移动帖子，即将帖子从原有栏目移动到其他栏目。

① 首先进入"后台管理"界面，即可进行栏目、用户和帖子的管理。单击【帖子管理】可进行帖子的删除和移动。

② 选中与栏目内容不符的帖子，在操作中选择【移动到】，然后选择目标栏目。如将选中的帖子从"环保"栏目移动至"娱乐"栏目，单击【执行】完成操作。

操作3：删除帖子。与移动帖子的操作类似，选定帖子后在操作项中选择删除，单击【执行】完成操作。

注意事项：

① 必须先进行登录才能进行帖子的发布、移动等操作。

② 帖子如果被误删，则无法重新找回。

八、技能八：网页制作

基本技能：网页制作

技能要求说明：

能够使用 Dreamweaver 进行网页的基本制作，如页面的新建、表格的插入、颜色的设置、图片的插入等。

步骤说明：

① 在系统中新建一个一级栏目，命名为"网页制作"，稿件捆绑模板选择"鉴定用网页制作模板"。

② 按照相关要求，用 Dreamweaver 制作一个网页，完成后切换到"代码"模式，并复制该网页的代码。

③ 在一级栏目"网页制作"中新建一篇名为"网页代码"的稿件，并在稿件编辑器的"代码"界面粘贴该网页的代码，完成添加。

下面介绍网页制作的具体操作。

操作1：建立站点文件夹

例题：新建一个 Web 页面，将其命名为 Index.html，页面标题定义为"确保奥运天天天蓝"。

操作步骤：

① 启动 Dreamweaver 后，会自动显示"创建新项目"的向导，并列出了可以创建的新文件类型（参见图9-10）。

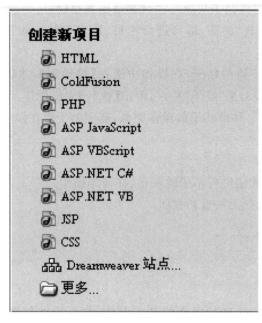

图 9-10　Dreamweaver 创建新项目向导

或者单击【文件】菜单下的【新建】按钮，弹出"新建文档"的对话框（参见图 9-11）。

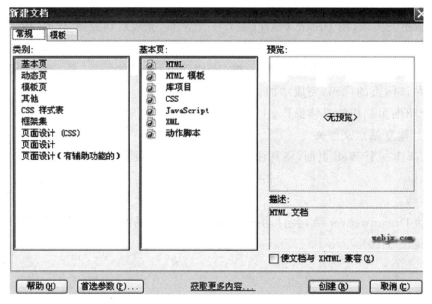

图 9-11　Dreamweaver 新建文档的对话框

第 9 章　网络编辑技能实训

② 选择创建一个 HTML 页面，Dreamweaver 立即展开工作区界面（参见图 9-12）。

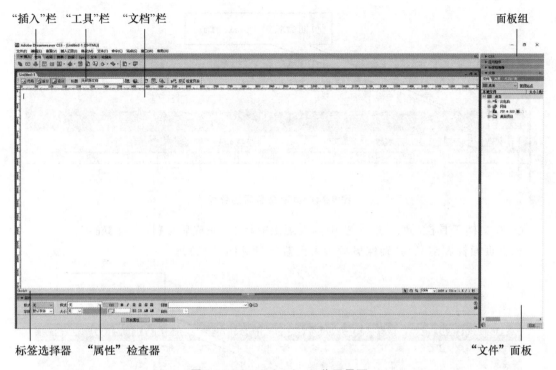

图 9-12　Dreamweaver 工作区界面

③ 单击【文件】菜单下的【另存为】，将页面保存到本地电脑上，并将文件名定义为 Index（参见图 9-13）。

图 9-13　保存文件的对话框

④ 上述操作完成后,单击【保存】,此时当前页面已被命名为 Index.html(参见图 9-14)。

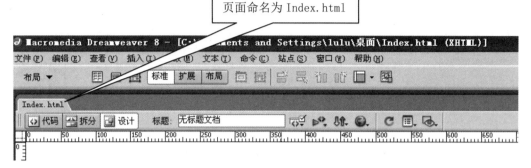

图 9-14　页面命名后的界面

⑤ 在文档工具栏的"标题"一栏中输入规定的标题,完成后按【回车键】确定。如将页面标题定义为"确保奥运天天天蓝"(参见图 9-15)。

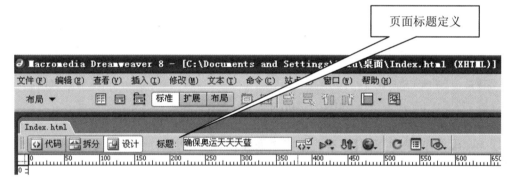

图 9-15　页面标题定义

操作 2:页面属性的设置

例题:

(1) 将 Index.html 页面的"上边距""左边距""右边距""下边距"均设为 1。

(2) 将 Index.html 页面的背景色设置为蓝色(颜色代码为:♯99CCFF)。

操作步骤:

① 单击"属性栏"中的【页面属性】按钮,打开"页面属性"对话框(参见图 9-16)。

图 9-16　属性栏

② 打开"页面属性"对话框后,设置"外观"属性,可以定义页面大小、文本颜色、背景颜色和背景图像等(参见图 9-17)。

③ 按照题目要求,分别在"左边距""右边距""上边距""下边距"中输入规定的数值,并在"背景颜色"中输入题目提供的颜色代码。输入完毕后,单击【应用】后确定。

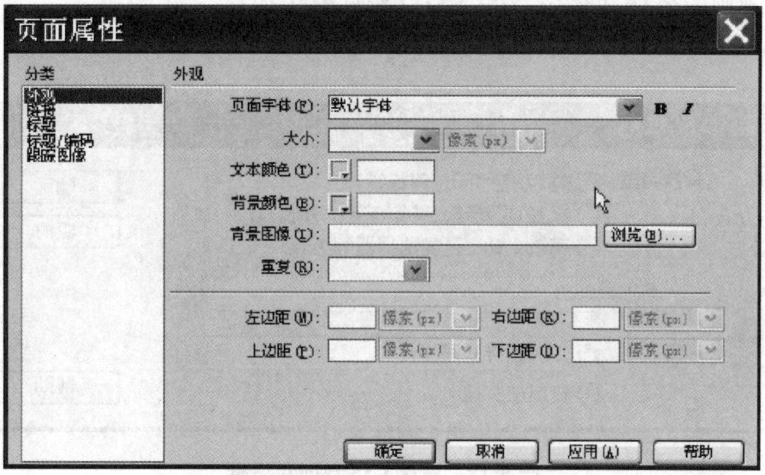

图 9-17 页面属性对话框——"外观"属性

操作 3:新建 CSS 样式(层叠样式)

CSS 样式是一系列格式设置规则,用于控制 Web 页面内容的外观。使用 CSS 样式面板设置页面格式时,内容与表现形式是相互分开的。CSS 样式的创建可以统一定制网页文字的大小、字体、颜色、边框和链接状态等效果。

例题:新建一个仅 Index.html 页面使用 CSS 样式,定义页面表格中的文字为楷体,大小为 12 px。

操作步骤:

① 选中菜单【窗口】下的【CSS 样式】,打开 CSS 样式面板(参见图 9-18)。

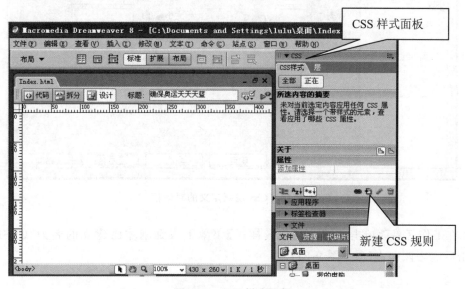

图 9-18 CSS 样式面板

② 单击 CSS 样式面板右下角的【新建 CSS 规则】按钮，打开"新建 CSS 规则"对话框，默认选择器类型为"类"，无须修改。根据题目要求，将该 CSS 规则定义在"仅对该文档"。题目中没有限定该规则的名称，可命名为"CSS1"（参见图 9-19）。

注意：CSS 名称需要以英文字母或句点开头命名。

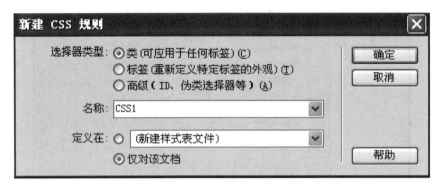

图 9-19　新建 CSS 规则对话框

③ 完成后单击【确定】，会弹出 CSS 规则定义的对话框。在此规则定义中，可以定义页面中字体的类型、背景等属性。按照题目要求，在"类型"设置中分别将字体设置为楷体，字体大小设置为 12 px。完成后单击【应用】（参见图 9-20）。

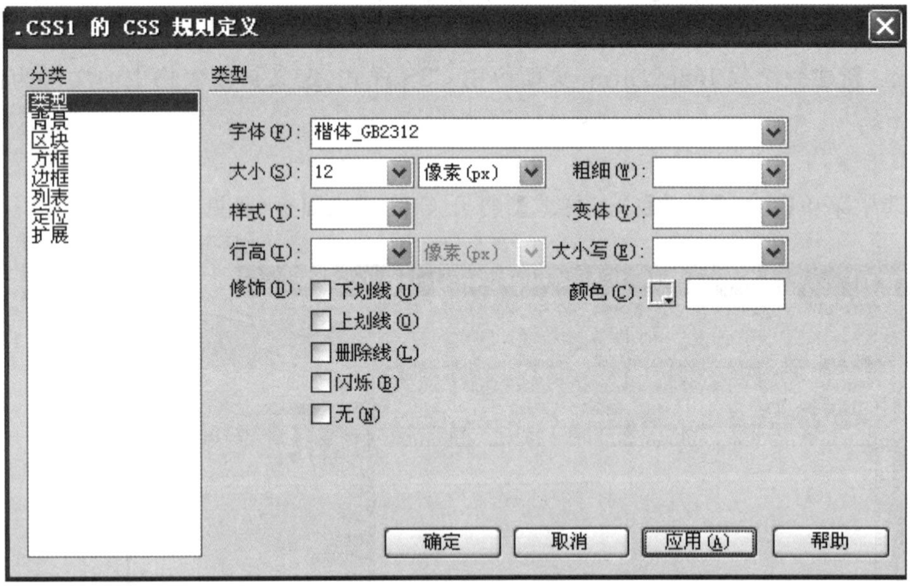

图 9-20　CSS 规则定义的对话框

④ 在工作区界面单击右键，在【CSS 样式】菜单下找到刚才已建立的名为"CSS1"的样式，点击后应用该样式（参见图 9-21）。

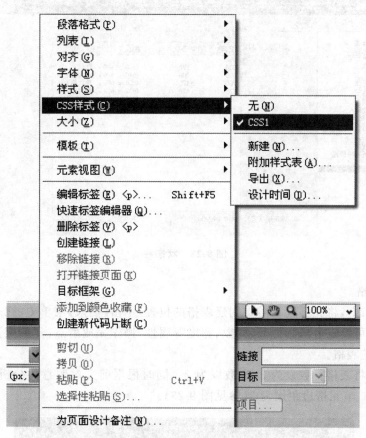

图 9-21　应用 CSS 样式

操作 4：页面布局

例题：

要求 Index.html 在 1024×768 分辨率下全屏浏览时不出现水平滚动条，且页面充满全屏状态的浏览器窗口。

(1) 新建一个三行两列页面布局的表格，使表格适合 1024×768 分辨率下的浏览器全屏窗口，随后设置表格大小，对齐方式为居中对齐，表格内容与表格边框之间保留 3 个像素的间距。

(2) 分别合并第一行和最后一行中的两个单元格。

(3) 将表格第二行的两个单元格的背景色设置为淡蓝色(颜色代码为：♯E9EFFA)。

题意分析：本题实际是要求对"新建一个三行两列页面布局的表格"进行设置。如果想要网页在 1024×768 的分辨率下浏览器全屏显示无水平滚动条，则建立的表格宽度不要超过 955。其他分辨率的表格宽度参考数据可通过【编辑】【菜单】【首选参数】中的"状态栏"查看(参见图 9-22)。

操作步骤：

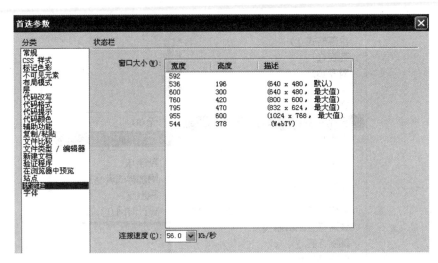

图 9-22 状态栏

① 插入表格。

在文档窗口中,将光标放在需要创建表格的位置,单击【插入】菜单中的【表格】后弹出的"表格"对话框,可设定表格的行数、列数、宽度等属性,操作完成后点击【确定】即可在文档窗口中插入设置的表格。

依据题意,将表格行数设为3,列数设为2。同时根据前文对题意的分析可知该表格宽度应不超过955,单元格边距设为3(参见图9-23)。

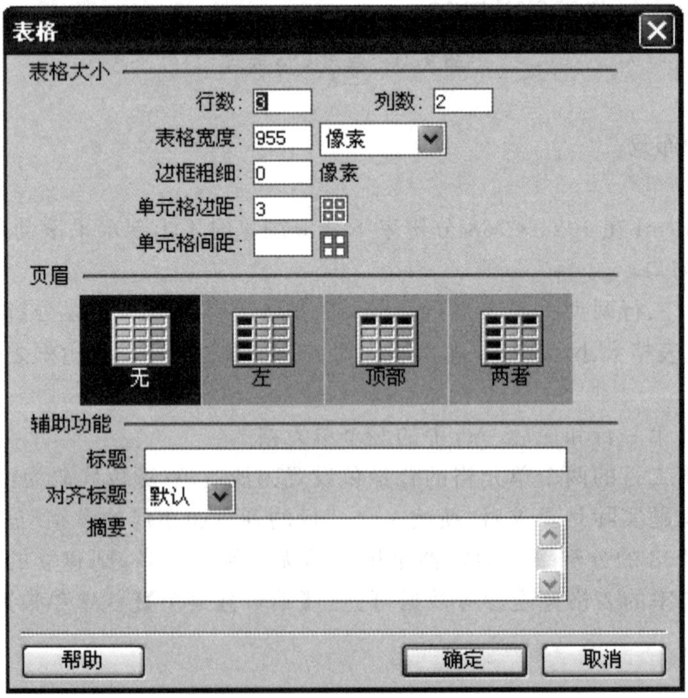

图 9-23 表格属性设置

第 9 章 网络编辑技舱实训

图 9-24 所示为插入后的表格。

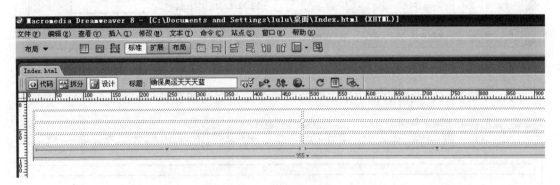

图 9-24 插入后的表格

② 合并单元格。

选中表格的第一行，单击右键，在【表格】菜单下单击【合并单元格】，则第一行中的两个单元格合并为一个。最后一行的合并操作相同（参见图 9-25）。

图 9-25 合并单元格

③ 设置单元格的背景色。

先选中表格第二行的两个单元格，在【属性】菜单的【背景颜色】一栏中输入颜色代码 #E9EFFA（参见图 9-26）。

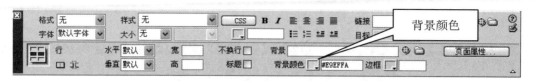

图 9-26　【属性】菜单的【背景颜色】

按【回车键】确认,此时表格中第二行的两个单元格变为淡蓝色(参见图 9-27)。

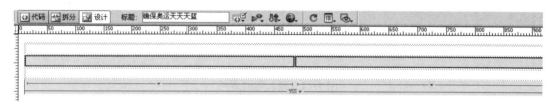

图 9-27　表格颜色变化的显示

操作 5：页面填充

页面填充是指在表格中插入文本、动画、图片,并对其属性进行设置。

(1) 文本的插入。

例题：在表格中间一行单元格中设置一次文本缩进,并将文章插入该单元格中。

操作步骤：

① 光标定位在表格中间一行,并使它左对齐,然后点击【文本】菜单下的【缩进】即可设置一次缩进。

② 将稿件文本粘贴入该单元格即可,效果参见图 9-28。

图 9-28　插入文本后的效果显示

(2) 图片的插入。

例题：在表格第二行右侧单元格中插入图片 photo.jpg,并将图片设置为垂直居中排列。

说明：图片的插入,既可以把图片下载到本地电脑操作,也可以使用图片在网页上的绝对地址来操作。

① 下载到本地电脑：单击右键保存。

② 查看绝对地址：单击右键,查看"属性"中的"地址",即为该图片在网络上的绝对地址。

操作步骤：

① 单击【插入】菜单下的【图像】，弹出"选择图像源文件"的对话框（参见图 9-29）。

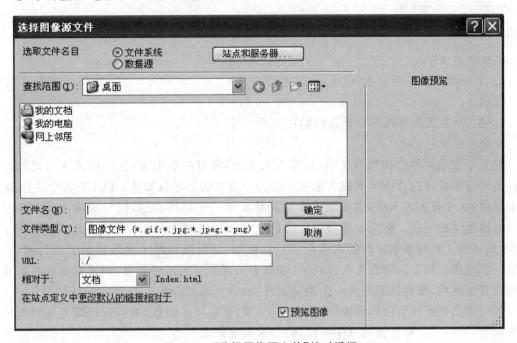

图 9-29 "选择图像源文件"的对话框

② 选择图像源文件，既可以把图片下载到本地电脑操作，也可以使用图片在网页上的绝对地址来操作。

（a）下载到本地电脑：在本地电脑找到该图片后，点击【确定】后完成。

（b）使用绝对地址：在对话框 URL 栏中输入图片的绝对地址，点击【确定】后完成。

此外，插入图片后可以直接在属性面板中更改图片的宽度和高度。

本章主要针对网络编辑工作常用的技能操作进行讲解，重点内容包括以下几个方面。

（1）稿件的发布，将稿件发布到合适的栏目中，并完成图片插入、图片首页显示的操作。

（2）超链接的设置，即在稿件正文中合适的位置设置超链接。

（3）稿件内容的加工，包括对稿件标题的修改、网络图片加工的标准等。

（4）稿件内容的原创，包括根据提供的素材写稿件，并拟定稿件标题。

（5）网页设计与制作，即使用 Dreamweaver 来完成简单的网页制作，包括页面的创建、属性设置、CSS 样式创建与应用、页面布局和页面填充等内容。

网络编辑工作需要在了解基本规范的基础上不断实践。网络编辑在掌握基本常用软件的同时，还要熟悉网络编辑的内容管理系统，才能够自如应对不同类型、不同平台的编辑工作。同时，网络编辑还要注意日常积累，修好编辑"内功"，打好写作基本功，并能结合网络传播的特点对素材稿件进行加工。

实训习题

一、稿件归类练习

1. 下列哪篇稿件可归入"热点评论"栏目中?

素材1:

标题:今夜无人入睡——永远的帕瓦罗蒂

正文:

帕瓦罗蒂被世界公认为是演唱《今夜无人入睡》最好的歌唱家,他以那无人可及的高音和精彩的演唱使得这首咏叹调成为家喻户晓的一首名曲。不仅如此,在唱片发行量上,帕瓦罗蒂演唱的《今夜无人入睡》也成为古典歌剧热卖的一个市场奇迹,同时雄踞古典与流行唱片排行榜数年的榜首。帕瓦罗蒂演唱的这首《今夜无人入睡》的唱片世界销量不仅取代了麦当娜、埃尔顿·约翰演唱的歌曲在排行榜上的位置,甚至还将邦·乔维挤出了排行榜,真可谓是一大奇迹。如今,《今夜无人入睡》已经成为帕瓦罗蒂的招牌曲目,帕瓦罗蒂在任何场合演唱这首咏叹调,都会掀起观众心中激情的狂潮,令全场兴奋不已。

如今传出帕瓦罗蒂因胰脏癌病逝,享年71岁,国际巨星陨落,不但让全球艺文界及民众不胜唏嘘,世界三大男高音的其中一位,也将永远地缺席了。

素材2:

标题:侯耀文3000万元遗产两女儿平分

正文:

侯耀文突然发病,去世时他一个人在家,没有留下任何遗言。记者意外了解到,侯耀文身后遗产至少有3000万元。

据了解,作为当今的大腕相声大师,侯耀文生前的出场费已经飙升到每场二三十万元人民币,一年数百万元的收入是绝对有保证的;侯耀文去世时所在的玫瑰园别墅是北京顶级别墅区之一,同等房型的别墅目前市场价都在2000万元左右;侯耀文在北京和其他地方还有数处房产;此外,侯耀文还有价值几百万元的名车。

有业内人士估计,侯耀文的遗产少说也有3000万元。据律师分析,按照我国《继承法》规定,在没有遗嘱的情况下,遗产将首先由第一继承人继承,这包括父母、配偶和子女。因为侯耀文的两段婚姻关系都已结束,有律师认为,目前只有两个女儿可以平分遗产。

素材3:

标题:美声、民族唱法异同

正文:

美声唱法,意大利语意为"美好的歌唱",主要是指17世纪产生于意大利的一种演唱风格及歌唱方法。其最早出现于16世纪末意大利的佛罗伦萨。美声唱法要求歌唱者的发声自然,声音洪亮,音色美妙清纯,有适当的共鸣和圆润的连贯音,特重的起音法,巧妙的滑音,稳定的持续音,有规律的渐强、渐弱以及装饰音等,其目的是使旋律演唱得更华丽、更灵活、更圆润、更富有光彩,音高更为准确,声音更具有穿透力。意大利著名歌剧作曲家罗西尼认为，美声唱法应该具有三项要求：第一，具有自然优美的嗓音，在整个歌唱音域范围内能将声音保持均匀与统一；第二，通过严格训练后，达到演唱极为华丽的、具有高度技巧性的音乐作品能够毫不费力；第三，聆听赏析意大利优秀歌唱家的歌唱后能融会贯通，并充分掌握美声唱法的风格。这三项要求给美声唱法进行了一个较为科学、完整的总结。

所谓民族唱法，是我国人民根据自身的审美习惯和汉语言的发音吐字，在戏曲唱腔、民歌自然唱法的基础上，吸收西洋美声唱法的优点，在演唱民歌和民族风格特色较强的歌曲作品时所采用的声乐技巧。

2. 阅读下面这篇稿件，判断其可归入下列（　　）栏目中。

  A．娱乐新闻

  B．最新知识

  C．消息速递

标题：杨紫琼赢得奥斯卡最佳女主角奖

正文：

3月12日，第95届奥斯卡奖颁奖典礼在美国好莱坞杜比剧院举行。杨紫琼众望所归，成为奥斯卡奖近百年历史上第一位赢得最佳女主角桂冠的华裔演员。

二、关键词选择练习

1. 阅读以下稿件，从下列三个关键词中选出两个词作为该稿件的关键词。

标题：杨紫琼赢得奥斯卡最佳女主角奖

正文：

中新社洛杉矶3月12日电（记者张朔）第95届奥斯卡奖颁奖典礼12日在美国好莱坞杜比剧院举行。杨紫琼众望所归，成为奥斯卡奖近百年历史上第一位赢得最佳女主角桂冠的华裔演员。

待选关键词：

"奥斯卡""杨紫琼""最佳女主角奖"

2. 阅读以下稿件，从下列五个关键词中选出两个词作为该稿件的关键词。

标题：杨紫琼赢得奥斯卡最佳女主角奖

正文：

当地时间3月12日晚，第95届奥斯卡奖颁奖典礼在美国好莱坞杜比剧院举行。

杨紫琼1962年出生于马来西亚，是活跃在世界影坛的著名华裔电影人。她主演的奇幻冒险喜剧片《瞬息全宇宙》（*Everything Everywhere All at Once*），以天马行空的想象力讲述发生在多元宇宙的故事，被美国电影网站评为必看影片之一，烂番茄新鲜度达95%。

作为首位获奥斯卡奖最佳女主角提名的华裔演员，杨紫琼凭借在这部功夫奇幻片中的精彩演绎，成功超越音乐剧情片《塔尔》（*Tár*）主演凯特·布兰切特和剧情片《造梦之家》（*The Fabelmans*）主演米歇尔·威廉姆斯等竞争对手，在本届奥斯卡奖的激烈赛道上脱颖而出。

不久前，杨紫琼还凭借该片创纪录地赢得第80届美国电影电视金球奖音乐/喜剧类电影最佳女主角、第94届美国国家评论协会奖最佳女主角和第29届美国影视演员协会奖最佳女主角等重多奖项，其中多为华裔电影人首次斩获殊荣。

待选关键词：

"杨紫琼""瞬息全宇宙""华裔演员""奥斯卡奖""最佳女主角"

三、稿件修改练习

找出以下句子中的错别字或语病，并修改其中的错误。

1. 中国新文学运动，已经有将近二十多年的历史了……

2. 这则笑话，因为对旧中国办事推诿、漠不关心人民疾苦的"当事诸公"讽刺得很有力量，在民间流传颇广，几乎家喻户晓。

3. 光那小说的题目已令秃小子们所狂喜不已……

4. 他的发言稿错露百出。

5. 现在正是汪尚竹最困难的时候，我们应该想法帮忙他，不能袖手不管。

6. 此安排自本学期期末考试结束止。

7. 内容正确与否是衡量文章好坏的重要标准。

8. 一个领导干部应该具有渊博的知识和经验。

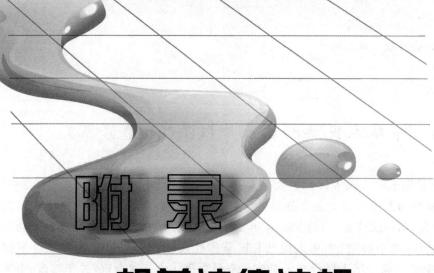

附录

相关法律法规

 本章导读

截至2023年,我国已初步建立了互联网法律制度,制定了《互联网信息服务管理办法(2011修订)》《互联网新闻信息服务管理规定(2017)》《互联网站从事登载新闻业务管理暂行规定》《互联网文化管理暂行规定(2017修订)》等30多部针对互联网的法律、行政法规、司法解释和部门规章。我国目前基本形成了专门立法和其他立法相结合、涵盖不同法律层级、覆盖互联网管理主要领域和主要环节的互联网法律制度。这些法律法规为依法管理互联网提供了基本依据,为维护网络信息安全发挥了重要作用。

附录1　中华人民共和国著作权法(2020修正)

(1990年9月7日第七届全国人民代表大会常务委员会第十五次会议通过　根据2001年10月27日第九届全国人民代表大会常务委员会第二十四次会议《关于修改〈中华人民共和国著作权法〉的决定》第一次修正　根据2010年2月26日第十一届全国人民代表大会常务委员会第十三次会议《关于修改〈中华人民共和国著作权法〉的决定》第二次修正　根据2020年11月11日第十三届全国人民代表大会常务委员会第二十三次会议《关于修改〈中华人民共和国著作权法〉的决定》第三次修正)

第一章　总则

第一条　为保护文学、艺术和科学作品作者的著作权,以及与著作权有关的权益,鼓励有益于社会主义精神文明、物质文明建设的作品的创作和传播,促进社会主义文化和科学事业的发展与繁荣,根据宪法制定本法。

第二条　中国公民、法人或者非法人组织的作品,不论是否发表,依照本法享有著作权。

外国人、无国籍人的作品根据其作者所属国或者经常居住地国同中国签订的协议或者共同参加的国际条约享有的著作权,受本法保护。

外国人、无国籍人的作品首先在中国境内出版的,依照本法享有著作权。

未与中国签订协议或者共同参加国际条约的国家的作者以及无国籍人的作品首次在中国参加的国际条约的成员国出版的,或者在成员国和非成员国同时出版的,受本法保护。

第三条　本法所称的作品,是指文学、艺术和科学领域内具有独创性并能以一定形式表现的智力成果,包括:

(一)文字作品;

(二)口述作品;

(三)音乐、戏剧、曲艺、舞蹈、杂技艺术作品;

(四)美术、建筑作品;

(五)摄影作品;

(六)视听作品;

(七)工程设计图、产品设计图、地图、示意图等图形作品和模型作品;

(八)计算机软件;

(九)符合作品特征的其他智力成果。

第四条　著作权人和与著作权有关的权利人行使权利,不得违反宪法和法律,不得损害公共利益。国家对作品的出版、传播依法进行监督管理。

第五条　本法不适用于:

(一)法律、法规,国家机关的决议、决定、命令和其他具有立法、行政、司法性质的文件,及其官方正式译文;

(二)单纯事实消息;

(三)历法、通用数表、通用表格和公式。

第六条　民间文学艺术作品的著作权保护办法由国务院另行规定。

第七条　国家著作权主管部门负责全国的著作权管理工作；县级以上地方主管著作权的部门负责本行政区域的著作权管理工作。

第八条　著作权人和与著作权有关的权利人可以授权著作权集体管理组织行使著作权或者与著作权有关的权利。依法设立的著作权集体管理组织是非营利法人，被授权后可以以自己的名义为著作权人和与著作权有关的权利人主张权利，并可以作为当事人进行涉及著作权或者与著作权有关的权利的诉讼、仲裁、调解活动。

著作权集体管理组织根据授权向使用者收取使用费。使用费的收取标准由著作权集体管理组织和使用者代表协商确定，协商不成的，可以向国家著作权主管部门申请裁决，对裁决不服的，可以向人民法院提起诉讼；当事人也可以直接向人民法院提起诉讼。

著作权集体管理组织应当将使用费的收取和转付、管理费的提取和使用、使用费的未分配部分等总体情况定期向社会公布，并应当建立权利信息查询系统，供权利人和使用者查询。国家著作权主管部门应当依法对著作权集体管理组织进行监督、管理。

著作权集体管理组织的设立方式、权利义务、使用费的收取和分配，以及对其监督和管理等由国务院另行规定。

第二章　著作权

第一节　著作权人及其权利

第九条　著作权人包括：

（一）作者；

（二）其他依照本法享有著作权的自然人、法人或者非法人组织。

第十条　著作权包括下列人身权和财产权：

（一）发表权，即决定作品是否公之于众的权利；

（二）署名权，即表明作者身份，在作品上署名的权利；

（三）修改权，即修改或者授权他人修改作品的权利；

（四）保护作品完整权，即保护作品不受歪曲、篡改的权利；

（五）复制权，即以印刷、复印、拓印、录音、录像、翻录、翻拍、数字化等方式将作品制作一份或者多份的权利；

（六）发行权，即以出售或者赠与方式向公众提供作品的原件或者复制件的权利；

（七）出租权，即有偿许可他人临时使用视听作品、计算机软件的原件或者复制件的权利，计算机软件不是出租的主要标的的除外；

（八）展览权，即公开陈列美术作品、摄影作品的原件或者复制件的权利；

（九）表演权，即公开表演作品，以及用各种手段公开播送作品的表演的权利；

（十）放映权，即通过放映机、幻灯机等技术设备公开再现美术、摄影、视听作品等的权利；

（十一）广播权，即以有线或者无线方式公开传播或者转播作品，以及通过扩音器或者其他传送符号、声音、图像的类似工具向公众传播广播的作品的权利，但不包括本款第十二项规定的权利；

（十二）信息网络传播权，即以有线或者无线方式向公众提供，使公众可以在其选定的

时间和地点获得作品的权利；

（十三）摄制权，即以摄制视听作品的方法将作品固定在载体上的权利；

（十四）改编权，即改变作品，创作出具有独创性的新作品的权利；

（十五）翻译权，即将作品从一种语言文字转换成另一种语言文字的权利；

（十六）汇编权，即将作品或者作品的片段通过选择或者编排，汇集成新作品的权利；

（十七）应当由著作权人享有的其他权利。

著作权人可以许可他人行使前款第五项至第十七项规定的权利，并依照约定或者本法有关规定获得报酬。

著作权人可以全部或者部分转让本条第一款第五项至第十七项规定的权利，并依照约定或者本法有关规定获得报酬。

第二节　著作权归属

第十一条　著作权属于作者，本法另有规定的除外。

创作作品的自然人是作者。

由法人或者非法人组织主持，代表法人或者非法人组织意志创作，并由法人或者非法人组织承担责任的作品，法人或者非法人组织视为作者。

第十二条　在作品上署名的自然人、法人或者非法人组织为作者，且该作品上存在相应权利，但有相反证明的除外。

作者等著作权人可以向国家著作权主管部门认定的登记机构办理作品登记。

与著作权有关的权利参照适用前两款规定。

第十三条　改编、翻译、注释、整理已有作品而产生的作品，其著作权由改编、翻译、注释、整理人享有，但行使著作权时不得侵犯原作品的著作权。

第十四条　两人以上合作创作的作品，著作权由合作作者共同享有。没有参加创作的人，不能成为合作作者。

合作作品的著作权由合作作者通过协商一致行使；不能协商一致，又无正当理由的，任何一方不得阻止他方行使除转让、许可他人专有使用、出质以外的其他权利，但是所得收益应当合理分配给所有合作作者。

合作作品可以分割使用的，作者对各自创作的部分可以单独享有著作权，但行使著作权时不得侵犯合作作品整体的著作权。

第十五条　汇编若干作品、作品的片段或者不构成作品的数据或者其他材料，对其内容的选择或者编排体现独创性的作品，为汇编作品，其著作权由汇编人享有，但行使著作权时，不得侵犯原作品的著作权。

第十六条　使用改编、翻译、注释、整理、汇编已有作品而产生的作品进行出版、演出和制作录音录像制品，应当取得该作品的著作权人和原作品的著作权人许可，并支付报酬。

第十七条　视听作品中的电影作品、电视剧作品的著作权由制作者享有，但编剧、导演、摄影、作词、作曲等作者享有署名权，并有权按照与制作者签订的合同获得报酬。

前款规定以外的视听作品的著作权归属由当事人约定；没有约定或者约定不明确的，由制作者享有，但作者享有署名权和获得报酬的权利。

视听作品中的剧本、音乐等可以单独使用的作品的作者有权单独行使其著作权。

第十八条 自然人为完成法人或者非法人组织工作任务所创作的作品是职务作品,除本条第二款的规定以外,著作权由作者享有,但法人或者非法人组织有权在其业务范围内优先使用。作品完成两年内,未经单位同意,作者不得许可第三人以与单位使用的相同方式使用该作品。

有下列情形之一的职务作品,作者享有署名权,著作权的其他权利由法人或者非法人组织享有,法人或者非法人组织可以给予作者奖励:

(一)主要是利用法人或者非法人组织的物质技术条件创作,并由法人或者非法人组织承担责任的工程设计图、产品设计图、地图、示意图、计算机软件等职务作品;

(二)报社、期刊社、通讯社、广播电台、电视台的工作人员创作的职务作品;

(三)法律、行政法规规定或者合同约定著作权由法人或者非法人组织享有的职务作品。

第十九条 受委托创作的作品,著作权的归属由委托人和受托人通过合同约定。合同未作明确约定或者没有订立合同的,著作权属于受托人。

第二十条 作品原件所有权的转移,不改变作品著作权的归属,但美术、摄影作品原件的展览权由原件所有人享有。

作者将未发表的美术、摄影作品的原件所有权转让给他人,受让人展览该原件不构成对作者发表权的侵犯。

第二十一条 著作权属于自然人的,自然人死亡后,其本法第十条第一款第五项至第十七项规定的权利在本法规定的保护期内,依法转移。

著作权属于法人或者非法人组织的,法人或者非法人组织变更、终止后,其本法第十条第一款第五项至第十七项规定的权利在本法规定的保护期内,由承受其权利义务的法人或者非法人组织享有;没有承受其权利义务的法人或者非法人组织的,由国家享有。

第三节 权利的保护期

第二十二条 作者的署名权、修改权、保护作品完整权的保护期不受限制。

第二十三条 自然人的作品,其发表权、本法第十条第一款第五项至第十七项规定的权利的保护期为作者终生及其死亡后五十年,截止于作者死亡后第五十年的12月31日;如果是合作作品,截止于最后死亡的作者死亡后第五十年的12月31日。

法人或者非法人组织的作品、著作权(署名权除外)由法人或者非法人组织享有的职务作品,其发表权的保护期为五十年,截止于作品创作完成后第五十年的12月31日;本法第十条第一款第五项至第十七项规定的权利的保护期为五十年,截止于作品首次发表后第五十年的12月31日,但作品自创作完成后五十年内未发表的,本法不再保护。

视听作品,其发表权的保护期为五十年,截止于作品创作完成后第五十年的12月31日;本法第十条第一款第五项至第十七项规定的权利的保护期为五十年,截止于作品首次发表后第五十年的12月31日,但作品自创作完成后五十年内未发表的,本法不再保护。

第四节 权利的限制

第二十四条 在下列情况下使用作品,可以不经著作权人许可,不向其支付报酬,但应当指明作者姓名或者名称、作品名称,并且不得影响该作品的正常使用,也不得不合理地损害著作权人的合法权益:

（一）为个人学习、研究或者欣赏，使用他人已经发表的作品；

（二）为介绍、评论某一作品或者说明某一问题，在作品中适当引用他人已经发表的作品；

（三）为报道新闻，在报纸、期刊、广播电台、电视台等媒体中不可避免地再现或者引用已经发表的作品；

（四）报纸、期刊、广播电台、电视台等媒体刊登或者播放其他报纸、期刊、广播电台、电视台等媒体已经发表的关于政治、经济、宗教问题的时事性文章，但著作权人声明不许刊登、播放的除外；

（五）报纸、期刊、广播电台、电视台等媒体刊登或者播放在公众集会上发表的讲话，但作者声明不许刊登、播放的除外；

（六）为学校课堂教学或者科学研究，翻译、改编、汇编、播放或者少量复制已经发表的作品，供教学或者科研人员使用，但不得出版发行；

（七）国家机关为执行公务在合理范围内使用已经发表的作品；

（八）图书馆、档案馆、纪念馆、博物馆、美术馆、文化馆等为陈列或者保存版本的需要，复制本馆收藏的作品；

（九）免费表演已经发表的作品，该表演未向公众收取费用，也未向表演者支付报酬，且不以营利为目的；

（十）对设置或者陈列在公共场所的艺术作品进行临摹、绘画、摄影、录像；

（十一）将中国公民、法人或者非法人组织已经发表的以国家通用语言文字创作的作品翻译成少数民族语言文字作品在国内出版发行；

（十二）以阅读障碍者能够感知的无障碍方式向其提供已经发表的作品；

（十三）法律、行政法规规定的其他情形。

前款规定适用于对与著作权有关的权利的限制。

第二十五条　为实施义务教育和国家教育规划而编写出版教科书，可以不经著作权人许可，在教科书中汇编已经发表的作品片段或者短小的文字作品、音乐作品或者单幅的美术作品、摄影作品、图形作品，但应当按照规定向著作权人支付报酬，指明作者姓名或者名称、作品名称，并且不得侵犯著作权人依照本法享有的其他权利。

前款规定适用于对与著作权有关的权利的限制。

第三章　著作权许可使用和转让合同

第二十六条　使用他人作品应当同著作权人订立许可使用合同，本法规定可以不经许可的除外。

许可使用合同包括下列主要内容：

（一）许可使用的权利种类；

（二）许可使用的权利是专有使用权或者非专有使用权；

（三）许可使用的地域范围、期间；

（四）付酬标准和办法；

（五）违约责任；

（六）双方认为需要约定的其他内容。

第二十七条 转让本法第十条第一款第五项至第十七项规定的权利,应当订立书面合同。

权利转让合同包括下列主要内容:

(一)作品的名称;

(二)转让的权利种类、地域范围;

(三)转让价金;

(四)交付转让价金的日期和方式;

(五)违约责任;

(六)双方认为需要约定的其他内容。

第二十八条 以著作权中的财产权出质的,由出质人和质权人依法办理出质登记。

第二十九条 许可使用合同和转让合同中著作权人未明确许可、转让的权利,未经著作权人同意,另一方当事人不得行使。

第三十条 使用作品的付酬标准可以由当事人约定,也可以按照国家著作权主管部门会同有关部门制定的付酬标准支付报酬。当事人约定不明确的,按照国家著作权主管部门会同有关部门制定的付酬标准支付报酬。

第三十一条 出版者、表演者、录音录像制作者、广播电台、电视台等依照本法有关规定使用他人作品的,不得侵犯作者的署名权、修改权、保护作品完整权和获得报酬的权利。

第四章 与著作权有关的权利

第一节 图书、报刊的出版

第三十二条 图书出版者出版图书应当和著作权人订立出版合同,并支付报酬。

第三十三条 图书出版者对著作权人交付出版的作品,按照合同约定享有的专有出版权受法律保护,他人不得出版该作品。

第三十四条 著作权人应当按照合同约定期限交付作品。图书出版者应当按照合同约定的出版质量、期限出版图书。

图书出版者不按照合同约定期限出版,应当依照本法第六十一条的规定承担民事责任。

图书出版者重印、再版作品的,应当通知著作权人,并支付报酬。图书脱销后,图书出版者拒绝重印、再版的,著作权人有权终止合同。

第三十五条 著作权人向报社、期刊社投稿的,自稿件发出之日起十五日内未收到报社通知决定刊登的,或者自稿件发出之日起三十日内未收到期刊社通知决定刊登的,可以将同一作品向其他报社、期刊社投稿。双方另有约定的除外。

作品刊登后,除著作权人声明不得转载、摘编的外,其他报刊可以转载或者作为文摘、资料刊登,但应当按照规定向著作权人支付报酬。

第三十六条 图书出版者经作者许可,可以对作品修改、删节。

报社、期刊社可以对作品作文字性修改、删节。对内容的修改,应当经作者许可。

第三十七条 出版者有权许可或者禁止他人使用其出版的图书、期刊的版式设计。

前款规定的权利的保护期为十年,截止于使用该版式设计的图书、期刊首次出版后第十年的12月31日。

第二节 表演

第三十八条 使用他人作品演出,表演者应当取得著作权人许可,并支付报酬。演出组织者组织演出,由该组织者取得著作权人许可,并支付报酬。

第三十九条 表演者对其表演享有下列权利:

(一)表明表演者身份;

(二)保护表演形象不受歪曲;

(三)许可他人从现场直播和公开传送其现场表演,并获得报酬;

(四)许可他人录音录像,并获得报酬;

(五)许可他人复制、发行、出租录有其表演的录音录像制品,并获得报酬;

(六)许可他人通过信息网络向公众传播其表演,并获得报酬。

被许可人以前款第三项至第六项规定的方式使用作品,还应当取得著作权人许可,并支付报酬。

第四十条 演员为完成本演出单位的演出任务进行的表演为职务表演,演员享有表明身份和保护表演形象不受歪曲的权利,其他权利归属由当事人约定。当事人没有约定或者约定不明确的,职务表演的权利由演出单位享有。

职务表演的权利由演员享有的,演出单位可以在其业务范围内免费使用该表演。

第四十一条 本法第三十九条第一款第一项、第二项规定的权利的保护期不受限制。

本法第三十九条第一款第三项至第六项规定的权利的保护期为五十年,截止于该表演发生后第五十年的12月31日。

第三节 录音录像

第四十二条 录音录像制作者使用他人作品制作录音录像制品,应当取得著作权人许可,并支付报酬。

录音制作者使用他人已经合法录制为录音制品的音乐作品制作录音制品,可以不经著作权人许可,但应当按照规定支付报酬;著作权人声明不许使用的不得使用。

第四十三条 录音录像制作者制作录音录像制品,应当同表演者订立合同,并支付报酬。

第四十四条 录音录像制作者对其制作的录音录像制品,享有许可他人复制、发行、出租、通过信息网络向公众传播并获得报酬的权利;权利的保护期为五十年,截止于该制品首次制作完成后第五十年的12月31日。

被许可人复制、发行、通过信息网络向公众传播录音录像制品,应当同时取得著作权人、表演者许可,并支付报酬;被许可人出租录音录像制品,还应当取得表演者许可,并支付报酬。

第四十五条 将录音制品用于有线或者无线公开传播,或者通过传送声音的技术设备向公众公开播送的,应当向录音制作者支付报酬。

第四节 广播电台、电视台播放

第四十六条 广播电台、电视台播放他人未发表的作品,应当取得著作权人许可,并支付报酬。

广播电台、电视台播放他人已发表的作品,可以不经著作权人许可,但应当按照规定支付报酬。

附　录　相关法律法规

第四十七条　广播电台、电视台有权禁止未经其许可的下列行为：

（一）将其播放的广播、电视以有线或者无线方式转播；

（二）将其播放的广播、电视录制以及复制；

（三）将其播放的广播、电视通过信息网络向公众传播。

广播电台、电视台行使前款规定的权利，不得影响、限制或者侵害他人行使著作权或者与著作权有关的权利。

本条第一款规定的权利的保护期为五十年，截止于该广播、电视首次播放后第五十年的12月31日。

第四十八条　电视台播放他人的视听作品、录像制品，应当取得视听作品著作权人或者录像制作者许可，并支付报酬；播放他人的录像制品，还应当取得著作权人许可，并支付报酬。

第五章　著作权和与著作权有关的权利的保护

第四十九条　为保护著作权和与著作权有关的权利，权利人可以采取技术措施。

未经权利人许可，任何组织或者个人不得故意避开或者破坏技术措施，不得以避开或者破坏技术措施为目的制造、进口或者向公众提供有关装置或者部件，不得故意为他人避开或者破坏技术措施提供技术服务。但是，法律、行政法规规定可以避开的情形除外。

本法所称的技术措施，是指用于防止、限制未经权利人许可浏览、欣赏作品、表演、录音录像制品或者通过信息网络向公众提供作品、表演、录音录像制品的有效技术、装置或者部件。

第五十条　下列情形可以避开技术措施，但不得向他人提供避开技术措施的技术、装置或者部件，不得侵犯权利人依法享有的其他权利：

（一）为学校课堂教学或者科学研究，提供少量已经发表的作品，供教学或者科研人员使用，而该作品无法通过正常途径获取；

（二）不以营利为目的，以阅读障碍者能够感知的无障碍方式向其提供已经发表的作品，而该作品无法通过正常途径获取；

（三）国家机关依照行政、监察、司法程序执行公务；

（四）对计算机及其系统或者网络的安全性能进行测试；

（五）进行加密研究或者计算机软件反向工程研究。

前款规定适用于对与著作权有关的权利的限制。

第五十一条　未经权利人许可，不得进行下列行为：

（一）故意删除或者改变作品、版式设计、表演、录音录像制品或者广播、电视上的权利管理信息，但由于技术上的原因无法避免的除外；

（二）知道或者应当知道作品、版式设计、表演、录音录像制品或者广播、电视上的权利管理信息未经许可被删除或者改变，仍然向公众提供。

第五十二条　有下列侵权行为的，应当根据情况，承担停止侵害、消除影响、赔礼道歉、赔偿损失等民事责任：

（一）未经著作权人许可，发表其作品的；

（二）未经合作作者许可，将与他人合作创作的作品当作自己单独创作的作品发表的；

(三)没有参加创作,为谋取个人名利,在他人作品上署名的;

(四)歪曲、篡改他人作品的;

(五)剽窃他人作品的;

(六)未经著作权人许可,以展览、摄制视听作品的方法使用作品,或者以改编、翻译、注释等方式使用作品的,本法另有规定的除外;

(七)使用他人作品,应当支付报酬而未支付的;

(八)未经视听作品、计算机软件、录音录像制品的著作权人、表演者或者录音录像制作者许可,出租其作品或者录音录像制品的原件或者复制件的,本法另有规定的除外;

(九)未经出版者许可,使用其出版的图书、期刊的版式设计的;

(十)未经表演者许可,从现场直播或者公开传送其现场表演,或者录制其表演的;

(十一)其他侵犯著作权以及与著作权有关的权利的行为。

第五十三条 有下列侵权行为的,应当根据情况,承担本法第五十二条规定的民事责任;侵权行为同时损害公共利益的,由主管著作权的部门责令停止侵权行为,予以警告,没收违法所得,没收、无害化销毁处理侵权复制品以及主要用于制作侵权复制品的材料、工具、设备等,违法经营额五万元以上的,可以并处违法经营额一倍以上五倍以下的罚款;没有违法经营额、违法经营额难以计算或者不足五万元的,可以并处二十五万元以下的罚款;构成犯罪的,依法追究刑事责任:

(一)未经著作权人许可,复制、发行、表演、放映、广播、汇编、通过信息网络向公众传播其作品的,本法另有规定的除外;

(二)出版他人享有专有出版权的图书的;

(三)未经表演者许可,复制、发行录有其表演的录音录像制品,或者通过信息网络向公众传播其表演的,本法另有规定的除外;

(四)未经录音录像制作者许可,复制、发行、通过信息网络向公众传播其制作的录音录像制品的,本法另有规定的除外;

(五)未经许可,播放、复制或者通过信息网络向公众传播广播、电视的,本法另有规定的除外;

(六)未经著作权人或者与著作权有关的权利人许可,故意避开或者破坏技术措施的,故意制造、进口或者向他人提供主要用于避开、破坏技术措施的装置或者部件的,或者故意为他人避开或者破坏技术措施提供技术服务的,法律、行政法规另有规定的除外;

(七)未经著作权人或者与著作权有关的权利人许可,故意删除或者改变作品、版式设计、表演、录音录像制品或者广播、电视上的权利管理信息的,知道或者应当知道作品、版式设计、表演、录音录像制品或者广播、电视上的权利管理信息未经许可被删除或者改变,仍然向公众提供的,法律、行政法规另有规定的除外;

(八)制作、出售假冒他人署名的作品的。

第五十四条 侵犯著作权或者与著作权有关的权利的,侵权人应当按照权利人因此受到的实际损失或者侵权人的违法所得给予赔偿;权利人的实际损失或者侵权人的违法所得难以计算的,可以参照该权利使用费给予赔偿。对故意侵犯著作权或者与著作权有关的权利,情节严重的,可以在按照上述方法确定数额的一倍以上五倍以下给予赔偿。

权利人的实际损失、侵权人的违法所得、权利使用费难以计算的,由人民法院根据侵权行为的情节,判决给予五百元以上五百万元以下的赔偿。

赔偿数额还应当包括权利人为制止侵权行为所支付的合理开支。

人民法院为确定赔偿数额,在权利人已经尽了必要举证责任,而与侵权行为相关的账簿、资料等主要由侵权人掌握的,可以责令侵权人提供与侵权行为相关的账簿、资料等;侵权人不提供,或者提供虚假的账簿、资料等的,人民法院可以参考权利人的主张和提供的证据确定赔偿数额。

人民法院审理著作权纠纷案件,应权利人请求,对侵权复制品,除特殊情况外,责令销毁;对主要用于制造侵权复制品的材料、工具、设备等,责令销毁,且不予补偿;或者在特殊情况下,责令禁止前述材料、工具、设备等进入商业渠道,且不予补偿。

第五十五条　主管著作权的部门对涉嫌侵犯著作权和与著作权有关的权利的行为进行查处时,可以询问有关当事人,调查与涉嫌违法行为有关的情况;对当事人涉嫌违法行为的场所和物品实施现场检查;查阅、复制与涉嫌违法行为有关的合同、发票、账簿以及其他有关资料;对于涉嫌违法行为的场所和物品,可以查封或者扣押。

主管著作权的部门依法行使前款规定的职权时,当事人应当予以协助、配合,不得拒绝、阻挠。

第五十六条　著作权人或者与著作权有关的权利人有证据证明他人正在实施或者即将实施侵犯其权利、妨碍其实现权利的行为,如不及时制止将会使其合法权益受到难以弥补的损害的,可以在起诉前依法向人民法院申请采取财产保全、责令作出一定行为或者禁止作出一定行为等措施。

第五十七条　为制止侵权行为,在证据可能灭失或者以后难以取得的情况下,著作权人或者与著作权有关的权利人可以在起诉前依法向人民法院申请保全证据。

第五十八条　人民法院审理案件,对于侵犯著作权或者与著作权有关的权利的,可以没收违法所得、侵权复制品以及进行违法活动的财物。

第五十九条　复制品的出版者、制作者不能证明其出版、制作有合法授权的,复制品的发行者或者视听作品、计算机软件、录音录像制品的复制品的出租者不能证明其发行、出租的复制品有合法来源的,应当承担法律责任。

在诉讼程序中,被诉侵权人主张其不承担侵权责任的,应当提供证据证明已经取得权利人的许可,或者具有本法规定的不经权利人许可而可以使用的情形。

第六十条　著作权纠纷可以调解,也可以根据当事人达成的书面仲裁协议或者著作权合同中的仲裁条款,向仲裁机构申请仲裁。

当事人没有书面仲裁协议,也没有在著作权合同中订立仲裁条款的,可以直接向人民法院起诉。

第六十一条　当事人因不履行合同义务或者履行合同义务不符合约定而承担民事责任,以及当事人行使诉讼权利、申请保全等,适用有关法律的规定。

第六章　附则

第六十二条　本法所称的著作权即版权。

第六十三条　本法第二条所称的出版,指作品的复制、发行。

第六十四条 计算机软件、信息网络传播权的保护办法由国务院另行规定。

第六十五条 摄影作品,其发表权、本法第十条第一款第五项至第十七项规定的权利的保护期在2021年6月1日前已经届满,但依据本法第二十三条第一款的规定仍在保护期内的,不再保护。

第六十六条 本法规定的著作权人和出版者、表演者、录音录像制作者、广播电台、电视台的权利,在本法施行之日尚未超过本法规定的保护期的,依照本法予以保护。

本法施行前发生的侵权或者违约行为,依照侵权或者违约行为发生时的有关规定处理。

第六十七条 本法自1991年6月1日起施行。

附录2 信息网络传播权保护条例(2013修订)

(2006年5月18日中华人民共和国国务院令第468号公布 根据2013年1月30日《国务院关于修改〈信息网络传播权保护条例〉的决定》修订)

第一条 为保护著作权人、表演者、录音录像制作者(以下统称权利人)的信息网络传播权,鼓励有益于社会主义精神文明、物质文明建设的作品的创作和传播,根据《中华人民共和国著作权法》(以下简称著作权法),制定本条例。

第二条 权利人享有的信息网络传播权受著作权法和本条例保护。除法律、行政法规另有规定的外,任何组织或者个人将他人的作品、表演、录音录像制品通过信息网络向公众提供,应当取得权利人许可,并支付报酬。

第三条 依法禁止提供的作品、表演、录音录像制品,不受本条例保护。

权利人行使信息网络传播权,不得违反宪法和法律、行政法规,不得损害公共利益。

第四条 为了保护信息网络传播权,权利人可以采取技术措施。

任何组织或者个人不得故意避开或者破坏技术措施,不得故意制造、进口或者向公众提供主要用于避开或者破坏技术措施的装置或者部件,不得故意为他人避开或者破坏技术措施提供技术服务。但是,法律、行政法规规定可以避开的除外。

第五条 未经权利人许可,任何组织或者个人不得进行下列行为:

(一)故意删除或者改变通过信息网络向公众提供的作品、表演、录音录像制品的权利管理电子信息,但由于技术上的原因无法避免删除或者改变的除外;

(二)通过信息网络向公众提供明知或者应知未经权利人许可被删除或者改变权利管理电子信息的作品、表演、录音录像制品。

第六条 通过信息网络提供他人作品,属于下列情形的,可以不经著作权人许可,不向其支付报酬:

(一)为介绍、评论某一作品或者说明某一问题,在向公众提供的作品中适当引用已经发表的作品;

(二)为报道时事新闻,在向公众提供的作品中不可避免地再现或者引用已经发表的作品;

(三)为学校课堂教学或者科学研究,向少数教学、科研人员提供少量已经发表的作品;

(四)国家机关为执行公务,在合理范围内向公众提供已经发表的作品;

(五)将中国公民、法人或者其他组织已经发表的、以汉语言文字创作的作品翻译成的少数民族语言文字作品,向中国境内少数民族提供;

(六)不以营利为目的,以盲人能够感知的独特方式向盲人提供已经发表的文字作品;

(七)向公众提供在信息网络上已经发表的关于政治、经济问题的时事性文章;

(八)向公众提供在公众集会上发表的讲话。

第七条 图书馆、档案馆、纪念馆、博物馆、美术馆等可以不经著作权人许可,通过信息网络向本馆馆舍内服务对象提供本馆收藏的合法出版的数字作品和依法为陈列或者保存版本的需要以数字化形式复制的作品,不向其支付报酬,但不得直接或者间接获得经济利益。当事人另有约定的除外。

前款规定的为陈列或者保存版本需要以数字化形式复制的作品,应当是已经损毁或者濒临损毁、丢失或者失窃,或者其存储格式已经过时,并且在市场上无法购买或者只能以明显高于标定的价格购买的作品。

第八条　为通过信息网络实施九年制义务教育或者国家教育规划,可以不经著作权人许可,使用其已经发表作品的片断或者短小的文字作品、音乐作品或者单幅的美术作品、摄影作品制作课件,由制作课件或者依法取得课件的远程教育机构通过信息网络向注册学生提供,但应当向著作权人支付报酬。

第九条　为扶助贫困,通过信息网络向农村地区的公众免费提供中国公民、法人或者其他组织已经发表的种植养殖、防病治病、防灾减灾等与扶助贫困有关的作品和适应基本文化需求的作品,网络服务提供者应当在提供前公告拟提供的作品及其作者、拟支付报酬的标准。自公告之日起 30 日内,著作权人不同意提供的,网络服务提供者不得提供其作品;自公告之日起满 30 日,著作权人没有异议的,网络服务提供者可以提供其作品,并按照公告的标准向著作权人支付报酬。网络服务提供者提供著作权人的作品后,著作权人不同意提供的,网络服务提供者应当立即删除著作权人的作品,并按照公告的标准向著作权人支付提供作品期间的报酬。

依照前款规定提供作品的,不得直接或者间接获得经济利益。

第十条　依照本条例规定不经著作权人许可、通过信息网络向公众提供其作品的,还应当遵守下列规定:

(一)除本条例第六条第一项至第六项、第七条规定的情形外,不得提供作者事先声明不许提供的作品;

(二)指明作品的名称和作者的姓名(名称);

(三)依照本条例规定支付报酬;

(四)采取技术措施,防止本条例第七条、第八条、第九条规定的服务对象以外的其他人获得著作权人的作品,并防止本条例第七条规定的服务对象的复制行为对著作权人利益造成实质性损害;

(五)不得侵犯著作权人依法享有的其他权利。

第十一条　通过信息网络提供他人表演、录音录像制品的,应当遵守本条例第六条至第十条的规定。

第十二条　属于下列情形的,可以避开技术措施,但不得向他人提供避开技术措施的技术、装置或者部件,不得侵犯权利人依法享有的其他权利:

(一)为学校课堂教学或者科学研究,通过信息网络向少数教学、科研人员提供已经发表的作品、表演、录音录像制品,而该作品、表演、录音录像制品只能通过信息网络获取;

(二)不以营利为目的,通过信息网络以盲人能够感知的独特方式向盲人提供已经发表的文字作品,而该作品只能通过信息网络获取;

(三)国家机关依照行政、司法程序执行公务;

(四)在信息网络上对计算机及其系统或者网络的安全性能进行测试。

第十三条　著作权行政管理部门为了查处侵犯信息网络传播权的行为,可以要求网络服务提供者提供涉嫌侵权的服务对象的姓名(名称)、联系方式、网络地址等资料。

第十四条　对提供信息存储空间或者提供搜索、链接服务的网络服务提供者,权利人认为其服务所涉及的作品、表演、录音录像制品,侵犯自己的信息网络传播权或者被删除、改变了自己的权利管理电子信息的,可以向该网络服务提供者提交书面通知,要求网络服务提供者删除该作品、表演、录音录像制品,或者断开与该作品、表演、录音录像制品的链接。通知书应当包含下列内容:

(一)权利人的姓名(名称)、联系方式和地址;

(二)要求删除或者断开链接的侵权作品、表演、录音录像制品的名称和网络地址;

(三)构成侵权的初步证明材料。

权利人应当对通知书的真实性负责。

第十五条　网络服务提供者接到权利人的通知书后,应当立即删除涉嫌侵权的作品、表演、录音录像制品,或者断开与涉嫌侵权的作品、表演、录音录像制品的链接,并同时将通知书转送提供作品、表演、录音录像制品的服务对象;服务对象网络地址不明、无法转送的,应当将通知书的内容同时在信息网络上公告。

第十六条　服务对象接到网络服务提供者转送的通知书后,认为其提供的作品、表演、录音录像制品未侵犯他人权利的,可以向网络服务提供者提交书面说明,要求恢复被删除的作品、表演、录音录像制品,或者恢复与被断开的作品、表演、录音录像制品的链接。书面说明应当包含下列内容:

(一)服务对象的姓名(名称)、联系方式和地址;

(二)要求恢复的作品、表演、录音录像制品的名称和网络地址;

(三)不构成侵权的初步证明材料。

服务对象应当对书面说明的真实性负责。

第十七条　网络服务提供者接到服务对象的书面说明后,应当立即恢复被删除的作品、表演、录音录像制品,或者可以恢复与被断开的作品、表演、录音录像制品的链接,同时将服务对象的书面说明转送权利人。权利人不得再通知网络服务提供者删除该作品、表演、录音录像制品,或者断开与该作品、表演、录音录像制品的链接。

第十八条　违反本条例规定,有下列侵权行为之一的,根据情况承担停止侵害、消除影响、赔礼道歉、赔偿损失等民事责任;同时损害公共利益的,可以由著作权行政管理部门责令停止侵权行为,没收违法所得,非法经营额5万元以上的,可处非法经营额1倍以上5倍以下的罚款;没有非法经营额或者非法经营额5万元以下的,根据情节轻重,可处25万元以下的罚款;情节严重的,著作权行政管理部门可以没收主要用于提供网络服务的计算机等设备;构成犯罪的,依法追究刑事责任:

(一)通过信息网络擅自向公众提供他人的作品、表演、录音录像制品的;

(二)故意避开或者破坏技术措施的;

(三)故意删除或者改变通过信息网络向公众提供的作品、表演、录音录像制品的权利管理电子信息,或者通过信息网络向公众提供明知或者应知未经权利人许可而被删除或者改变权利管理电子信息的作品、表演、录音录像制品的;

（四）为扶助贫困通过信息网络向农村地区提供作品、表演、录音录像制品超过规定范围，或者未按照公告的标准支付报酬，或者在权利人不同意提供其作品、表演、录音录像制品后未立即删除的；

（五）通过信息网络提供他人的作品、表演、录音录像制品，未指明作品、表演、录音录像制品的名称或者作者、表演者、录音录像制作者的姓名（名称），或者未支付报酬，或者未依照本条例规定采取技术措施防止服务对象以外的其他人获得他人的作品、表演、录音录像制品，或者未防止服务对象的复制行为对权利人利益造成实质性损害的。

第十九条　违反本条例规定，有下列行为之一的，由著作权行政管理部门予以警告，没收违法所得，没收主要用于避开、破坏技术措施的装置或者部件；情节严重的，可以没收主要用于提供网络服务的计算机等设备；非法经营额 5 万元以上的，可处非法经营额 1 倍以上 5 倍以下的罚款；没有非法经营额或者非法经营额 5 万元以下的，根据情节轻重，可处 25 万元以下的罚款；构成犯罪的，依法追究刑事责任：

（一）故意制造、进口或者向他人提供主要用于避开、破坏技术措施的装置或者部件，或者故意为他人避开或者破坏技术措施提供技术服务的；

（二）通过信息网络提供他人的作品、表演、录音录像制品，获得经济利益的；

（三）为扶助贫困通过信息网络向农村地区提供作品、表演、录音录像制品，未在提供前公告作品、表演、录音录像制品的名称和作者、表演者、录音录像制作者的姓名（名称）以及报酬标准的。

第二十条　网络服务提供者根据服务对象的指令提供网络自动接入服务，或者对服务对象提供的作品、表演、录音录像制品提供自动传输服务，并具备下列条件的，不承担赔偿责任：

（一）未选择并且未改变所传输的作品、表演、录音录像制品；

（二）向指定的服务对象提供该作品、表演、录音录像制品，并防止指定的服务对象以外的其他人获得。

第二十一条　网络服务提供者为提高网络传输效率，自动存储从其他网络服务提供者获得的作品、表演、录音录像制品，根据技术安排自动向服务对象提供，并具备下列条件的，不承担赔偿责任：

（一）未改变自动存储的作品、表演、录音录像制品；

（二）不影响提供作品、表演、录音录像制品的原网络服务提供者掌握服务对象获取该作品、表演、录音录像制品的情况；

（三）在原网络服务提供者修改、删除或者屏蔽该作品、表演、录音录像制品时，根据技术安排自动予以修改、删除或者屏蔽。

第二十二条　网络服务提供者为服务对象提供信息存储空间，供服务对象通过信息网络向公众提供作品、表演、录音录像制品，并具备下列条件的，不承担赔偿责任：

（一）明确标示该信息存储空间是为服务对象所提供，并公开网络服务提供者的名称、联系人、网络地址；

（二）未改变服务对象所提供的作品、表演、录音录像制品；

（三）不知道也没有合理的理由应当知道服务对象提供的作品、表演、录音录像制品侵权；

（四）未从服务对象提供作品、表演、录音录像制品中直接获得经济利益；

（五）在接到权利人的通知书后，根据本条例规定删除权利人认为侵权的作品、表演、录音录像制品。

第二十三条　网络服务提供者为服务对象提供搜索或者链接服务，在接到权利人的通知书后，根据本条例规定断开与侵权的作品、表演、录音录像制品的链接的，不承担赔偿责任；但是，明知或者应知所链接的作品、表演、录音录像制品侵权的，应当承担共同侵权责任。

第二十四条　因权利人的通知导致网络服务提供者错误删除作品、表演、录音录像制品，或者错误断开与作品、表演、录音录像制品的链接，给服务对象造成损失的，权利人应当承担赔偿责任。

第二十五条　网络服务提供者无正当理由拒绝提供或者拖延提供涉嫌侵权的服务对象的姓名（名称）、联系方式、网络地址等资料的，由著作权行政管理部门予以警告；情节严重的，没收主要用于提供网络服务的计算机等设备。

第二十六条　本条例下列用语的含义：

信息网络传播权，是指以有线或者无线方式向公众提供作品、表演或者录音录像制品，使公众可以在其个人选定的时间和地点获得作品、表演或者录音录像制品的权利。

技术措施，是指用于防止、限制未经权利人许可浏览、欣赏作品、表演、录音录像制品的或者通过信息网络向公众提供作品、表演、录音录像制品的有效技术、装置或者部件。

权利管理电子信息，是指说明作品及其作者、表演及其表演者、录音录像制品及其制作者的信息，作品、表演、录音录像制品权利人的信息和使用条件的信息，以及表示上述信息的数字或者代码。

第二十七条　本条例自 2006 年 7 月 1 日起施行。

附录3　移动互联网应用程序信息服务管理规定（2022修订）

（国家互联网信息办公室 2022 年）

第一章　总则

第一条　为了规范移动互联网应用程序（以下简称应用程序）信息服务，保护公民、法人和其他组织的合法权益，维护国家安全和公共利益，根据《中华人民共和国网络安全法》《中华人民共和国数据安全法》《中华人民共和国个人信息保护法》《中华人民共和国未成年人保护法》《互联网信息服务管理办法》《互联网新闻信息服务管理规定》《网络信息内容生态治理规定》等法律、行政法规和国家有关规定，制定本规定。

第二条　在中华人民共和国境内提供应用程序信息服务，以及从事互联网应用商店等应用程序分发服务，应当遵守本规定。

本规定所称应用程序信息服务，是指通过应用程序向用户提供文字、图片、语音、视频等信息制作、复制、发布、传播等服务的活动，包括即时通讯、新闻资讯、知识问答、论坛社区、网络直播、电子商务、网络音视频、生活服务等类型。

本规定所称应用程序分发服务，是指通过互联网提供应用程序发布、下载、动态加载等服务的活动，包括应用商店、快应用中心、互联网小程序平台、浏览器插件平台等类型。

第三条　国家网信部门负责全国应用程序信息内容的监督管理工作。地方网信部门依据职责负责本行政区域内应用程序信息内容的监督管理工作。

第四条　应用程序提供者和应用程序分发平台应当遵守宪法、法律和行政法规，弘扬社会主义核心价值观，坚持正确政治方向、舆论导向和价值取向，遵循公序良俗，履行社会责任，维护清朗网络空间。

应用程序提供者和应用程序分发平台不得利用应用程序从事危害国家安全、扰乱社会秩序、侵犯他人合法权益等法律法规禁止的活动。

第五条　应用程序提供者和应用程序分发平台应当履行信息内容管理主体责任，积极配合国家实施网络可信身份战略，建立健全信息内容安全管理、信息内容生态治理、数据安全和个人信息保护、未成年人保护等管理制度，确保网络安全，维护良好网络生态。

第二章　应用程序提供者

第六条　应用程序提供者为用户提供信息发布、即时通讯等服务的，应当对申请注册的用户进行基于移动电话号码、身份证件号码或者统一社会信用代码等方式的真实身份信息认证。用户不提供真实身份信息，或者冒用组织机构、他人身份信息进行虚假注册的，不得为其提供相关服务。

第七条　应用程序提供者通过应用程序提供互联网新闻信息服务的，应当取得互联网新闻信息服务许可，禁止未经许可或者超越许可范围开展互联网新闻信息服务活动。

应用程序提供者提供其他互联网信息服务，依法须经有关主管部门审核同意或者取得相关许可的，经有关主管部门审核同意或者取得相关许可后方可提供服务。

第八条 应用程序提供者应当对信息内容呈现结果负责,不得生产传播违法信息,自觉防范和抵制不良信息。

应用程序提供者应当建立健全信息内容审核管理机制,建立完善用户注册、账号管理、信息审核、日常巡查、应急处置等管理措施,配备与服务规模相适应的专业人员和技术能力。

第九条 应用程序提供者不得通过虚假宣传、捆绑下载等行为,通过机器或者人工刷榜、刷量、控评等方式,或者利用违法和不良信息诱导用户下载。

第十条 应用程序应当符合相关国家标准的强制性要求。应用程序提供者发现应用程序存在安全缺陷、漏洞等风险时,应当立即采取补救措施,按照规定及时告知用户并向有关主管部门报告。

第十一条 应用程序提供者开展应用程序数据处理活动,应当履行数据安全保护义务,建立健全全流程数据安全管理制度,采取保障数据安全技术措施和其他安全措施,加强风险监测,不得危害国家安全、公共利益,不得损害他人合法权益。

第十二条 应用程序提供者处理个人信息应当遵循合法、正当、必要和诚信原则,具有明确、合理的目的并公开处理规则,遵守必要个人信息范围的有关规定,规范个人信息处理活动,采取必要措施保障个人信息安全,不得以任何理由强制要求用户同意个人信息处理行为,不得因用户不同意提供非必要个人信息,而拒绝用户使用其基本功能服务。

第十三条 应用程序提供者应当坚持最有利于未成年人的原则,关注未成年人健康成长,履行未成年人网络保护各项义务,依法严格落实未成年人用户账号真实身份信息注册和登录要求,不得以任何形式向未成年人用户提供诱导其沉迷的相关产品和服务,不得制作、复制、发布、传播含有危害未成年人身心健康内容的信息。

第十四条 应用程序提供者上线具有舆论属性或者社会动员能力的新技术、新应用、新功能,应当按照国家有关规定进行安全评估。

第十五条 鼓励应用程序提供者积极采用互联网协议第六版(IPv6)向用户提供信息服务。

第十六条 应用程序提供者应当依据法律法规和国家有关规定,制定并公开管理规则,与注册用户签订服务协议,明确双方相关权利义务。

对违反本规定及相关法律法规及服务协议的注册用户,应用程序提供者应当依法依约采取警示、限制功能、关闭账号等处置措施,保存记录并向有关主管部门报告。

第三章 应用程序分发平台

第十七条 应用程序分发平台应当在上线运营三十日内向所在地省、自治区、直辖市网信部门备案。办理备案时,应当提交以下材料:

(一)平台运营主体基本情况;

(二)平台名称、域名、接入服务、服务资质、上架应用程序类别等信息;

(三)平台取得的经营性互联网信息服务许可或者非经营性互联网信息服务备案等材料;

(四)本规定第五条要求建立健全的相关制度文件;

（五）平台管理规则、服务协议等。

省、自治区、直辖市网信部门收到备案材料后，材料齐全的应当予以备案。

国家网信部门及时公布已经履行备案手续的应用程序分发平台名单。

第十八条　应用程序分发平台应当建立分类管理制度，对上架的应用程序实施分类管理，并按类别向其所在地省、自治区、直辖市网信部门备案应用程序。

第十九条　应用程序分发平台应当采取复合验证等措施，对申请上架的应用程序提供者进行基于移动电话号码、身份证件号码或者统一社会信用代码等多种方式相结合的真实身份信息认证。根据应用程序提供者的不同主体性质，公示提供者名称、统一社会信用代码等信息，方便社会监督查询。

第二十条　应用程序分发平台应当建立健全管理机制和技术手段，建立完善上架审核、日常管理、应急处置等管理措施。

应用程序分发平台应当对申请上架和更新的应用程序进行审核，发现应用程序名称、图标、简介存在违法和不良信息，与注册主体真实身份信息不相符，业务类型存在违法违规等情况的，不得为其提供服务。

应用程序提供的信息服务属于本规定第七条规定范围的，应用程序分发平台应当对相关许可等情况进行核验；属于本规定第十四条规定范围的，应用程序分发平台应当对安全评估情况进行核验。

应用程序分发平台应当加强对在架应用程序的日常管理，对含有违法和不良信息，下载量、评价指标等数据造假，存在数据安全风险隐患，违法违规收集使用个人信息，损害他人合法权益等的，不得为其提供服务。

第二十一条　应用程序分发平台应当依据法律法规和国家有关规定，制定并公开管理规则，与应用程序提供者签订服务协议，明确双方相关权利义务。

对违反本规定及相关法律法规及服务协议的应用程序，应用程序分发平台应当依法依约采取警示、暂停服务、下架等处置措施，保存记录并向有关主管部门报告。

第四章　监督管理

第二十二条　应用程序提供者和应用程序分发平台应当自觉接受社会监督，设置醒目、便捷的投诉举报入口，公布投诉举报方式，健全受理、处置、反馈等机制，及时处理公众投诉举报。

第二十三条　鼓励互联网行业组织建立健全行业自律机制，制定完善行业规范和自律公约，指导会员单位建立健全服务规范，依法依规提供信息服务，维护市场公平，促进行业健康发展。

第二十四条　网信部门会同有关主管部门建立健全工作机制，监督指导应用程序提供者和应用程序分发平台依法依规从事信息服务活动。

应用程序提供者和应用程序分发平台应当对网信部门和有关主管部门依法实施的监督检查予以配合，并提供必要的支持和协助。

第二十五条　应用程序提供者和应用程序分发平台违反本规定的，由网信部门和有关主管部门在职责范围内依照相关法律法规处理。

第五章　附则

第二十六条　本规定所称移动互联网应用程序,是指运行在移动智能终端上向用户提供信息服务的应用软件。

本规定所称移动互联网应用程序提供者,是指提供信息服务的移动互联网应用程序所有者或者运营者。

本规定所称移动互联网应用程序分发平台,是指提供移动互联网应用程序发布、下载、动态加载等分发服务的互联网信息服务提供者。

第二十七条　本规定自2022年8月1日起施行。2016年6月28日公布的《移动互联网应用程序信息服务管理规定》同时废止。

附录4　网络出版服务管理规定

中华人民共和国国家新闻出版广电总局、中华人民共和国工业和信息化部令（第5号）

《网络出版服务管理规定》已经2015年8月20日国家新闻出版广电总局局务会议通过，并经工业和信息化部同意，现予公布，自2016年3月10日起施行。

国家新闻出版广电总局局长：蔡赴朝
工业和信息化部部长：苗圩
2016年2月4日

第一章　总则

第一条　为了规范网络出版服务秩序，促进网络出版服务业健康有序发展，根据《出版管理条例》《互联网信息服务管理办法》及相关法律法规，制定本规定。

第二条　在中华人民共和国境内从事网络出版服务，适用本规定。

本规定所称网络出版服务，是指通过信息网络向公众提供网络出版物。

本规定所称网络出版物，是指通过信息网络向公众提供的，具有编辑、制作、加工等出版特征的数字化作品，范围主要包括：

（一）文学、艺术、科学等领域内具有知识性、思想性的文字、图片、地图、游戏、动漫、音视频读物等原创数字化作品；

（二）与已出版的图书、报纸、期刊、音像制品、电子出版物等内容相一致的数字化作品；

（三）将上述作品通过选择、编排、汇集等方式形成的网络文献数据库等数字化作品；

（四）国家新闻出版广电总局认定的其他类型的数字化作品。

网络出版服务的具体业务分类另行制定。

第三条　从事网络出版服务，应当遵守宪法和有关法律、法规，坚持为人民服务、为社会主义服务的方向，坚持社会主义先进文化的前进方向，弘扬社会主义核心价值观，传播和积累一切有益于提高民族素质、推动经济发展、促进社会进步的思想道德、科学技术和文化知识，满足人民群众日益增长的精神文化需要。

第四条　国家新闻出版广电总局作为网络出版服务的行业主管部门，负责全国网络出版服务的前置审批和监督管理工作。工业和信息化部作为互联网行业主管部门，依据职责对全国网络出版服务实施相应的监督管理。

地方人民政府各级出版行政主管部门和各省级电信主管部门依据各自职责对本行政区域内网络出版服务及接入服务实施相应的监督管理工作并做好配合工作。

第五条　出版行政主管部门根据已经取得的违法嫌疑证据或者举报，对涉嫌违法从事网络出版服务的行为进行查处时，可以检查与涉嫌违法行为有关的物品和经营场所；对有证据证明是与违法行为有关的物品，可以查封或者扣押。

第六条　国家鼓励图书、音像、电子、报纸、期刊出版单位从事网络出版服务，加快与新媒体的融合发展。

国家鼓励组建网络出版服务行业协会,按照章程,在出版行政主管部门的指导下制定行业自律规范,倡导网络文明,传播健康有益内容,抵制不良有害内容。

第二章　网络出版服务许可

第七条　从事网络出版服务,必须依法经过出版行政主管部门批准,取得《网络出版服务许可证》。

第八条　图书、音像、电子、报纸、期刊出版单位从事网络出版服务,应当具备以下条件:

(一)有确定的从事网络出版业务的网站域名、智能终端应用程序等出版平台;

(二)有确定的网络出版服务范围;

(三)有从事网络出版服务所需的必要的技术设备,相关服务器和存储设备必须存放在中华人民共和国境内。

第九条　其他单位从事网络出版服务,除第八条所列条件外,还应当具备以下条件:

(一)有确定的、不与其他出版单位相重复的,从事网络出版服务主体的名称及章程;

(二)有符合国家规定的法定代表人和主要负责人,法定代表人必须是在境内长久居住的具有完全行为能力的中国公民,法定代表人和主要负责人至少1人应当具有中级以上出版专业技术人员职业资格;

(三)除法定代表人和主要负责人外,有适应网络出版服务范围需要的8名以上具有国家新闻出版广电总局认可的出版及相关专业技术职业资格的专职编辑出版人员,其中具有中级以上职业资格的人员不得少于3名;

(四)有从事网络出版服务所需的内容审校制度;

(五)有固定的工作场所;

(六)法律、行政法规和国家新闻出版广电总局规定的其他条件。

第十条　中外合资经营、中外合作经营和外资经营的单位不得从事网络出版服务。

网络出版服务单位与境内中外合资经营、中外合作经营、外资经营企业或境外组织及个人进行网络出版服务业务的项目合作,应当事前报国家新闻出版广电总局审批。

第十一条　申请从事网络出版服务,应当向所在地省、自治区、直辖市出版行政主管部门提出申请,经审核同意后,报国家新闻出版广电总局审批。国家新闻出版广电总局应当自受理申请之日起60日内,作出批准或者不予批准的决定。不批准的,应当说明理由。

第十二条　从事网络出版服务的申报材料,应该包括下列内容:

(一)《网络出版服务许可证申请表》;

(二)单位章程及资本来源性质证明;

(三)网络出版服务可行性分析报告,包括资金使用、产品规划、技术条件、设备配备、机构设置、人员配备、市场分析、风险评估、版权保护措施等;

(四)法定代表人和主要负责人的简历、住址、身份证明文件;

(五)编辑出版等相关专业技术人员的国家认可的职业资格证明和主要从业经历及培训证明;

(六)工作场所使用证明;

(七)网站域名注册证明、相关服务器存放在中华人民共和国境内的承诺。

本规定第八条所列单位从事网络出版服务的,仅提交前款(一)、(六)、(七)项规定的材料。

第十三条　设立网络出版服务单位的申请者应自收到批准决定之日起30日内办理注册登记手续:

(一)持批准文件到所在地省、自治区、直辖市出版行政主管部门领取并填写《网络出版服务许可登记表》;

(二)省、自治区、直辖市出版行政主管部门对《网络出版服务许可登记表》审核无误后,在10日内向申请者发放《网络出版服务许可证》;

(三)《网络出版服务许可登记表》一式三份,由申请者和省、自治区、直辖市出版行政主管部门各存一份,另一份由省、自治区、直辖市出版行政主管部门在15日内报送国家新闻出版广电总局备案。

第十四条　《网络出版服务许可证》有效期为5年。有效期届满,需继续从事网络出版服务活动的,应于有效期届满60日前按本规定第十一条的程序提出申请。出版行政主管部门应当在该许可有效期届满前作出是否准予延续的决定。批准的,换发《网络出版服务许可证》。

第十五条　网络出版服务经批准后,申请者应持批准文件、《网络出版服务许可证》到所在地省、自治区、直辖市电信主管部门办理相关手续。

第十六条　网络出版服务单位变更《网络出版服务许可证》许可登记事项、资本结构,合并或者分立,设立分支机构的,应依据本规定第十一条办理审批手续,并应持批准文件到所在地省、自治区、直辖市电信主管部门办理相关手续。

第十七条　网络出版服务单位中止网络出版服务的,应当向所在地省、自治区、直辖市出版行政主管部门备案,并说明理由和期限;网络出版服务单位中止网络出版服务不得超过180日。

网络出版服务单位终止网络出版服务的,应当自终止网络出版服务之日起30日内,向所在地省、自治区、直辖市出版行政主管部门办理注销手续后到省、自治区、直辖市电信主管部门办理相关手续。省、自治区、直辖市出版行政主管部门将相关信息报国家新闻出版广电总局备案。

第十八条　网络出版服务单位自登记之日起满180日未开展网络出版服务的,由原登记的出版行政主管部门注销登记,并报国家新闻出版广电总局备案。同时,通报相关省、自治区、直辖市电信主管部门。

因不可抗力或者其他正当理由发生上述所列情形的,网络出版服务单位可以向原登记的出版行政主管部门申请延期。

第十九条　网络出版服务单位应当在其网站首页上标明出版行政主管部门核发的《网络出版服务许可证》编号。

互联网相关服务提供者在为网络出版服务单位提供人工干预搜索排名、广告、推广等服务时,应当查验服务对象的《网络出版服务许可证》及业务范围。

第二十条　网络出版服务单位应当按照批准的业务范围从事网络出版服务,不得超出批准的业务范围从事网络出版服务。

第二十一条　网络出版服务单位不得转借、出租、出卖《网络出版服务许可证》或以任何形式转让网络出版服务许可。

网络出版服务单位允许其他网络信息服务提供者以其名义提供网络出版服务，属于前款所称禁止行为。

第二十二条　网络出版服务单位实行特殊管理股制度，具体办法由国家新闻出版广电总局另行制定。

第三章　网络出版服务管理

第二十三条　网络出版服务单位实行编辑责任制度，保障网络出版物内容合法。

网络出版服务单位实行出版物内容审核责任制度、责任编辑制度、责任校对制度等管理制度，保障网络出版物出版质量。

在网络上出版其他出版单位已在境内合法出版的作品且不改变原出版物内容的，须在网络出版物的相应页面显著标明原出版单位名称以及书号、刊号、网络出版物号或者网址信息。

第二十四条　网络出版物不得含有以下内容：

（一）反对宪法确定的基本原则的；

（二）危害国家统一、主权和领土完整的；

（三）泄露国家秘密、危害国家安全或者损害国家荣誉和利益的；

（四）煽动民族仇恨、民族歧视，破坏民族团结，或者侵害民族风俗、习惯的；

（五）宣扬邪教、迷信的；

（六）散布谣言，扰乱社会秩序，破坏社会稳定的；

（七）宣扬淫秽、色情、赌博、暴力或者教唆犯罪的；

（八）侮辱或者诽谤他人，侵害他人合法权益的；

（九）危害社会公德或者民族优秀文化传统的；

（十）有法律、行政法规和国家规定禁止的其他内容的。

第二十五条　为保护未成年人合法权益，网络出版物不得含有诱发未成年人模仿违反社会公德和违法犯罪行为的内容，不得含有恐怖、残酷等妨害未成年人身心健康的内容，不得含有披露未成年人个人隐私的内容。

第二十六条　网络出版服务单位出版涉及国家安全、社会安定等方面重大选题的内容，应当按照国家新闻出版广电总局有关重大选题备案管理的规定办理备案手续。未经备案的重大选题内容，不得出版。

第二十七条　网络游戏上网出版前，必须向所在地省、自治区、直辖市出版行政主管部门提出申请，经审核同意后，报国家新闻出版广电总局审批。

第二十八条　网络出版物的内容不真实或不公正，致使公民、法人或者其他组织合法权益受到侵害的，相关网络出版服务单位应当停止侵权，公开更正，消除影响，并依法承担其他民事责任。

第二十九条　国家对网络出版物实行标识管理，具体办法由国家新闻出版广电总局另行制定。

第三十条　网络出版物必须符合国家的有关规定和标准要求，保证出版物质量。

网络出版物使用语言文字,必须符合国家法律规定和有关标准规范。

第三十一条　网络出版服务单位应当按照国家有关规定或技术标准,配备应用必要的设备和系统,建立健全各项管理制度,保障信息安全、内容合法,并为出版行政主管部门依法履行监督管理职责提供技术支持。

第三十二条　网络出版服务单位在网络上提供境外出版物,应当取得著作权合法授权。其中,出版境外著作权人授权的网络游戏,须按本规定第二十七条办理审批手续。

第三十三条　网络出版服务单位发现其出版的网络出版物含有本规定第二十四条、第二十五条所列内容的,应当立即删除,保存有关记录,并向所在地县级以上出版行政主管部门报告。

第三十四条　网络出版服务单位应记录所出版作品的内容及其时间、网址或者域名,记录应当保存60日,并在国家有关部门依法查询时,予以提供。

第三十五条　网络出版服务单位须遵守国家统计规定,依法向出版行政主管部门报送统计资料。

第四章　监督管理

第三十六条　网络出版服务的监督管理实行属地管理原则。

各地出版行政主管部门应当加强对本行政区域内的网络出版服务单位及其出版活动的日常监督管理,履行下列职责:

(一)对网络出版服务单位进行行业监管,对网络出版服务单位违反本规定的情况进行查处并报告上级出版行政主管部门;

(二)对网络出版服务进行监管,对违反本规定的行为进行查处并报告上级出版行政主管部门;

(三)对网络出版物内容和质量进行监管,定期组织内容审读和质量检查,并将结果向上级出版行政主管部门报告;

(四)对网络出版从业人员进行管理,定期组织岗位、业务培训和考核;

(五)配合上级出版行政主管部门、协调相关部门、指导下级出版行政主管部门开展工作。

第三十七条　出版行政主管部门应当加强监管队伍和机构建设,采取必要的技术手段对网络出版服务进行管理。出版行政主管部门依法履行监督检查等执法职责时,网络出版服务单位应当予以配合,不得拒绝、阻挠。

各省、自治区、直辖市出版行政主管部门应当定期将本行政区域内的网络出版服务监督管理情况向国家新闻出版广电总局提交书面报告。

第三十八条　网络出版服务单位实行年度核验制度,年度核验每年进行一次。省、自治区、直辖市出版行政主管部门负责对本行政区域内的网络出版服务单位实施年度核验并将有关情况报国家新闻出版广电总局备案。年度核验内容包括网络出版服务单位的设立条件、登记项目、出版经营情况、出版质量、遵守法律规范、内部管理情况等。

第三十九条　年度核验按照以下程序进行:

(一)网络出版服务单位提交年度自检报告,内容包括:本年度政策法律执行情况,奖惩情况,网站出版、管理、运营绩效情况,网络出版物目录,对年度核验期内的违法违规行为的整改情况,编辑出版人员培训管理情况等;并填写由国家新闻出版广电总局统一印制的《网络出版服务年度核验登记表》，与年度自检报告一并报所在地省、自治区、直辖市出版行政主管部门；

（二）省、自治区、直辖市出版行政主管部门对本行政区域内的网络出版服务单位的设立条件、登记项目、开展业务及执行法规等情况进行全面审核，并在收到网络出版服务单位的年度自检报告和《网络出版服务年度核验登记表》等年度核验材料的45日内完成全面审核查验工作。对符合年度核验要求的网络出版服务单位予以登记，并在其《网络出版服务许可证》上加盖年度核验章；

（三）省、自治区、直辖市出版行政主管部门应于完成全面审核查验工作的15日内将年度核验情况及有关书面材料报国家新闻出版广电总局备案。

第四十条　有下列情形之一的，暂缓年度核验：

（一）正在停业整顿的；

（二）违反出版法规规章，应予处罚的；

（三）未按要求执行出版行政主管部门相关管理规定的；

（四）内部管理混乱，无正当理由未开展实质性网络出版服务活动的；

（五）存在侵犯著作权等其他违法嫌疑需要进一步核查的。

暂缓年度核验的期限由省、自治区、直辖市出版行政主管部门确定，报国家新闻出版广电总局备案，最长不得超过180日。暂缓年度核验期间，须停止网络出版服务。

暂缓核验期满，按本规定重新办理年度核验手续。

第四十一条　已经不具备本规定第八条、第九条规定条件的，责令限期改正；逾期仍未改正的，不予通过年度核验，由国家新闻出版广电总局撤销《网络出版服务许可证》，所在地省、自治区、直辖市出版行政主管部门注销登记，并通知当地电信主管部门依法处理。

第四十二条　省、自治区、直辖市出版行政主管部门可根据实际情况，对本行政区域内的年度核验事项进行调整，相关情况报国家新闻出版广电总局备案。

第四十三条　省、自治区、直辖市出版行政主管部门可以向社会公布年度核验结果。

第四十四条　从事网络出版服务的编辑出版等相关专业技术人员及其负责人应当符合国家关于编辑出版等相关专业技术人员职业资格管理的有关规定。

网络出版服务单位的法定代表人或主要负责人应按照有关规定参加出版行政主管部门组织的岗位培训，并取得国家新闻出版广电总局统一印制的《岗位培训合格证书》。未按规定参加岗位培训或培训后未取得《岗位培训合格证书》的，不得继续担任法定代表人或主要负责人。

第五章　保障与奖励

第四十五条　国家制定有关政策，保障、促进网络出版服务业的发展与繁荣。鼓励宣传科学真理、传播先进文化、倡导科学精神、塑造美好心灵、弘扬社会正气等有助于形成先进网络文化的网络出版服务，推动健康文化、优秀文化产品的数字化、网络化传播。

网络出版服务单位依法从事网络出版服务，任何组织和个人不得干扰、阻止和破坏。

第四十六条　国家支持、鼓励下列优秀的、重点的网络出版物的出版：

（一）对阐述、传播宪法确定的基本原则有重大作用的；

（二）对弘扬社会主义核心价值观，进行爱国主义、集体主义、社会主义和民族团结教育以及弘扬社会公德、职业道德、家庭美德、个人品德有重要意义的；

（三）对弘扬民族优秀文化，促进国际文化交流有重大作用的；

（四）具有自主知识产权和优秀文化内涵的；

（五）对推进文化创新，及时反映国内外新的科学文化成果有重大贡献的；

（六）对促进公共文化服务有重大作用的；

（七）专门以未成年人为对象、内容健康的或者其他有利于未成年人健康成长的；

（八）其他具有重要思想价值、科学价值或者文化艺术价值的。

第四十七条　对为发展、繁荣网络出版服务业作出重要贡献的单位和个人，按照国家有关规定给予奖励。

第四十八条　国家保护网络出版物著作权人的合法权益。网络出版服务单位应当遵守《中华人民共和国著作权法》、《信息网络传播权保护条例》、《计算机软件保护条例》等著作权法律法规。

第四十九条　对非法干扰、阻止和破坏网络出版物出版的行为，出版行政主管部门及其他有关部门，应当及时采取措施，予以制止。

第六章　法律责任

第五十条　网络出版服务单位违反本规定的，出版行政主管部门可以采取下列行政措施：

（一）下达警示通知书；

（二）通报批评、责令改正；

（三）责令公开检讨；

（四）责令删除违法内容。

警示通知书由国家新闻出版广电总局制定统一格式，由出版行政主管部门下达给相关网络出版服务单位。

本条所列的行政措施可以并用。

第五十一条　未经批准，擅自从事网络出版服务，或者擅自上网出版网络游戏（含境外著作权人授权的网络游戏），根据《出版管理条例》第六十一条、《互联网信息服务管理办法》第十九条的规定，由出版行政主管部门、工商行政管理部门依照法定职权予以取缔，并由所在地省级电信主管部门依据有关部门的通知，按照《互联网信息服务管理办法》第十九条的规定给予责令关闭网站等处罚；已经触犯刑法的，依法追究刑事责任；尚不够刑事处罚的，删除全部相关网络出版物，没收违法所得和从事违法出版活动的主要设备、专用工具，违法经营额 1 万元以上的，并处违法经营额 5 倍以上 10 倍以下的罚款；违法经营额不足 1 万元的，可以处 5 万元以下的罚款；侵犯他人合法权益的，依法承担民事责任。

第五十二条　出版、传播含有本规定第二十四条、第二十五条禁止内容的网络出版物的，根据《出版管理条例》第六十二条、《互联网信息服务管理办法》第二十条的规定，由出版行政主管部门责令删除相关内容并限期改正，没收违法所得，违法经营额 1 万元以上的，并处违法经营额 5 倍以上 10 倍以下罚款；违法经营额不足 1 万元的，可以处 5 万元以下罚款；

情节严重的,责令限期停业整顿或者由国家新闻出版广电总局吊销《网络出版服务许可证》,由电信主管部门依据出版行政主管部门的通知吊销其电信业务经营许可或者责令关闭网站;构成犯罪的,依法追究刑事责任。

为从事本条第一款行为的网络出版服务单位提供人工干预搜索排名、广告、推广等相关服务的,由出版行政主管部门责令其停止提供相关服务。

第五十三条　违反本规定第二十一条的,根据《出版管理条例》第六十六条的规定,由出版行政主管部门责令停止违法行为,给予警告,没收违法所得,违法经营额1万元以上的,并处违法经营额5倍以上10倍以下的罚款;违法经营额不足1万元的,可以处5万元以下的罚款;情节严重的,责令限期停业整顿或者由国家新闻出版广电总局吊销《网络出版服务许可证》。

第五十四条　有下列行为之一的,根据《出版管理条例》第六十七条的规定,由出版行政主管部门责令改正,给予警告;情节严重的,责令限期停业整顿或者由国家新闻出版广电总局吊销《网络出版服务许可证》:

(一)网络出版服务单位变更《网络出版服务许可证》登记事项、资本结构,超出批准的服务范围从事网络出版服务,合并或者分立,设立分支机构,未依据本规定办理审批手续的;

(二)网络出版服务单位未按规定出版涉及重大选题出版物的;

(三)网络出版服务单位擅自中止网络出版服务超过180日的;

(四)网络出版物质量不符合有关规定和标准的。

第五十五条　违反本规定第三十四条的,根据《互联网信息服务管理办法》第二十一条的规定,由省级电信主管部门责令改正;情节严重的,责令停业整顿或者暂时关闭网站。

第五十六条　网络出版服务单位未依法向出版行政主管部门报送统计资料的,依据《新闻出版统计管理办法》处罚。

第五十七条　网络出版服务单位违反本规定第二章规定,以欺骗或者贿赂等不正当手段取得许可的,由国家新闻出版广电总局撤销其相应许可。

第五十八条　有下列行为之一的,由出版行政主管部门责令改正,予以警告,并处3万元以下罚款:

(一)违反本规定第十条,擅自与境内外中外合资经营、中外合作经营和外资经营的企业进行涉及网络出版服务业务的合作的;

(二)违反本规定第十九条,未标明有关许可信息或者未核验有关网站的《网络出版服务许可证》的;

(三)违反本规定第二十三条,未按规定实行编辑责任制度等管理制度的;

(四)违反本规定第三十一条,未按规定或标准配备应用有关系统、设备或未健全有关管理制度的;

(五)未按本规定要求参加年度核验的;

(六)违反本规定第四十四条,网络出版服务单位的法定代表人或主要负责人未取得《岗位培训合格证书》的;

(七)违反出版行政主管部门关于网络出版其他管理规定的。

第五十九条　网络出版服务单位违反本规定被处以吊销许可证行政处罚的,其法定代表人或者主要负责人自许可证被吊销之日起10年内不得担任网络出版服务单位的法定代表人或者主要负责人。

从事网络出版服务的编辑出版等相关专业技术人员及其负责人违反本规定,情节严重的,由原发证机关吊销其资格证书。

第七章　附则

第六十条　本规定所称出版物内容审核责任制度、责任编辑制度、责任校对制度等管理制度,参照《图书质量保障体系》的有关规定执行。

第六十一条　本规定自2016年3月10日起施行。原国家新闻出版总署、信息产业部2002年6月27日颁布的《互联网出版管理暂行规定》同时废止。

附录5　互联网信息服务管理办法(2011修订)

(2000年9月25日中华人民共和国国务院令第292号公布　根据2011年1月8日国务院令第588号《国务院关于废止和修改部分行政法规的决定》修订)

第一条

为了规范互联网信息服务活动,促进互联网信息服务健康有序发展,制定本办法。

第二条

在中华人民共和国境内从事互联网信息服务活动,必须遵守本办法。

本办法所称互联网信息服务,是指通过互联网向上网用户提供信息的服务活动。

第三条

互联网信息服务分为经营性和非经营性两类。

经营性互联网信息服务,是指通过互联网向上网用户有偿提供信息或者网页制作等服务活动。

非经营性互联网信息服务,是指通过互联网向上网用户无偿提供具有公开性、共享性信息的服务活动。

第四条

国家对经营性互联网信息服务实行许可制度;对非经营性互联网信息服务实行备案制度。

未取得许可或者未履行备案手续的,不得从事互联网信息服务。

第五条

从事新闻、出版、教育、医疗保健、药品和医疗器械等互联网信息服务,依照法律、行政法规以及国家有关规定须经有关主管部门审核同意的,在申请经营许可或者履行备案手续前,应当依法经有关主管部门审核同意。

第六条

从事经营性互联网信息服务,除应当符合《中华人民共和国电信条例》规定的要求外,还应当具备下列条件:

(一)有业务发展计划及相关技术方案;

(二)有健全的网络与信息安全保障措施,包括网站安全保障措施、信息安全保密管理制度、用户信息安全管理制度;

(三)服务项目属于本办法第五条规定范围的,已取得有关主管部门同意的文件。

第七条

从事经营性互联网信息服务,应当向省、自治区、直辖市电信管理机构或者国务院信息产业主管部门申请办理互联网信息服务增值电信业务经营许可证(以下简称经营许可证)。

省、自治区、直辖市电信管理机构或者国务院信息产业主管部门应当自收到申请之日起60日内审查完毕,作出批准或者不予批准的决定。予以批准的,颁发经营许可证;不予批准的,应当书面通知申请人并说明理由。

申请人取得经营许可证后,应当持经营许可证向企业登记机关办理登记手续。

第八条

从事非经营性互联网信息服务,应当向省、自治区、直辖市电信管理机构或者国务院信息产业主管部门办理备案手续。办理备案时,应当提交下列材料:

(一)主办单位和网站负责人的基本情况;

(二)网站网址和服务项目;

(三)服务项目属于本办法第五条规定范围的,已取得有关主管部门的同意文件。

省、自治区、直辖市电信管理机构对备案材料齐全的,应当予以备案并编号。

第九条

从事互联网信息服务,拟开办电子公告服务的,应当在申请经营性互联网信息服务许可或者办理非经营性互联网信息服务备案时,按照国家有关规定提出专项申请或者专项备案。

第十条

省、自治区、直辖市电信管理机构和国务院信息产业主管部门应当公布取得经营许可证或者已履行备案手续的互联网信息服务提供者名单。

第十一条

互联网信息服务提供者应当按照经许可或者备案的项目提供服务,不得超出经许可或者备案的项目提供服务。

非经营性互联网信息服务提供者不得从事有偿服务。

互联网信息服务提供者变更服务项目、网站网址等事项的,应当提前30日向原审核、发证或者备案机关办理变更手续。

第十二条

互联网信息服务提供者应当在其网站主页的显著位置标明其经营许可证编号或者备案编号。

第十三条

互联网信息服务提供者应当向上网用户提供良好的服务,并保证所提供的信息内容合法。

第十四条

从事新闻、出版以及电子公告等服务项目的互联网信息服务提供者,应当记录提供的信息内容及其发布时间、互联网地址或者域名;互联网接入服务提供者应当记录上网用户的上网时间、用户帐号、互联网地址或者域名、主叫电话号码等信息。

互联网信息服务提供者和互联网接入服务提供者的记录备份应当保存60日,并在国家有关机关依法查询时,予以提供。

第十五条

互联网信息服务提供者不得制作、复制、发布、传播含有下列内容的信息:

(一)反对宪法所确定的基本原则的;

(二)危害国家安全,泄露国家秘密,颠覆国家政权,破坏国家统一的;

（三）损害国家荣誉和利益的；

（四）煽动民族仇恨、民族歧视，破坏民族团结的；

（五）破坏国家宗教政策，宣扬邪教和封建迷信的；

（六）散布谣言，扰乱社会秩序，破坏社会稳定的；

（七）散布淫秽、色情、赌博、暴力、凶杀、恐怖或者教唆犯罪的；

（八）侮辱或者诽谤他人，侵害他人合法权益的；

（九）含有法律、行政法规禁止的其他内容的。

第十六条

互联网信息服务提供者发现其网站传输的信息明显属于本办法第十五条所列内容之一的，应当立即停止传输，保存有关记录，并向国家有关机关报告。

第十七条

经营性互联网信息服务提供者申请在境内境外上市或者同外商合资、合作，应当事先经国务院信息产业主管部门审查同意；其中，外商投资的比例应当符合有关法律、行政法规的规定。

第十八条

国务院信息产业主管部门和省、自治区、直辖市电信管理机构，依法对互联网信息服务实施监督管理。

新闻、出版、教育、卫生、药品监督管理、工商行政管理和公安、国家安全等有关主管部门，在各自职责范围内依法对互联网信息内容实施监督管理。

第十九条

违反本办法的规定，未取得经营许可证，擅自从事经营性互联网信息服务，或者超出许可的项目提供服务的，由省、自治区、直辖市电信管理机构责令限期改正，有违法所得的，没收违法所得，处违法所得3倍以上5倍以下的罚款；没有违法所得或者违法所得不足5万元的，处10万元以上100万元以下的罚款；情节严重的，责令关闭网站。

违反本办法的规定，未履行备案手续，擅自从事非经营性互联网信息服务，或者超出备案的项目提供服务的，由省、自治区、直辖市电信管理机构责令限期改正；拒不改正的，责令关闭网站。

第二十条

制作、复制、发布、传播本办法第十五条所列内容之一的信息，构成犯罪的，依法追究刑事责任；尚不构成犯罪的，由公安机关、国家安全机关依照《中华人民共和国治安管理处罚条例》、《计算机信息网络国际联网安全保护管理办法》等有关法律、行政法规的规定予以处罚；对经营性互联网信息服务提供者，并由发证机关责令停业整顿直至吊销经营许可证，通知企业登记机关；对非经营性互联网信息服务提供者，并由备案机关责令暂时关闭网站直至关闭网站。

第二十一条

未履行本办法第十四条规定的义务的，由省、自治区、直辖市电信管理机构责令改正；情节严重的，责令停业整顿或者暂时关闭网站。

第二十二条

违反本办法的规定,未在其网站主页上标明其经营许可证编号或者备案编号的,由省、自治区、直辖市电信管理机构责令改正,处 5000 元以上 5 万元以下的罚款。

第二十三条

违反本办法第十六条规定的义务的,由省、自治区、直辖市电信管理机构责令改正;情节严重的,对经营性互联网信息服务提供者,并由发证机关吊销经营许可证,对非经营性互联网信息服务提供者,并由备案机关责令关闭网站。

第二十四条

互联网信息服务提供者在其业务活动中,违反其他法律、法规的,由新闻、出版、教育、卫生、药品监督管理和工商行政管理等有关主管部门依照有关法律、法规的规定处罚。

第二十五条

电信管理机构和其他有关主管部门及其工作人员,玩忽职守、滥用职权、徇私舞弊,疏于对互联网信息服务的监督管理,造成严重后果,构成犯罪的,依法追究刑事责任;尚不构成犯罪的,对直接负责的主管人员和其他直接责任人员依法给予降级、撤职直至开除的行政处分。

第二十六条

在本办法公布前从事互联网信息服务的,应当自本办法公布之日起 60 日内依照本办法的有关规定补办有关手续。

第二十七条

本办法自公布之日起施行。

附录6 互联网站从事登载新闻业务管理暂行规定

国务院新闻办公室、信息产业部
关于互联网站从事登载新闻业务管理暂行规定
（二〇〇〇年十一月十七日）

第一条 为了促进我国互联网新闻传播事业的发展，规范互联网站登载新闻的业务，维护互联网新闻的真实性、准确性、合法性，制定本规定。

第二条 本规定适用于在中华人民共和国境内从事登载新闻业务的互联网站。

本规定所称登载新闻，是指通过互联网发布和转载新闻。

第三条 互联网站从事登载新闻业务，必须遵守宪法和法律、法规。

国家保护互联网站从事登载新闻业务的合法权益。

第四条 国务院新闻办公室负责全国互联网站从事登载新闻业务的管理工作。

省、自治区、直辖市人民政府新闻办公室依照本规定负责本行政区域内互联网站从事登载新闻业务的管理工作。

第五条 中央新闻单位、中央国家机关各部门新闻单位以及省、自治区、直辖市和省、自治区人民政府所在地的市直属新闻单位依法建立的互联网站（以下简称新闻网站），经批准可以从事登载新闻业务。其他新闻单位不单独建立新闻网站，经批准可以在中央新闻单位或者省、自治区、直辖市直属新闻单位建立的新闻网站建立新闻网页从事登载新闻业务。

第六条 新闻单位建立新闻网站（页）从事登载新闻业务，应当依照下列规定报国务院新闻办公室或者省、自治区、直辖市人民政府新闻办公室审核批准：

（一）中央新闻单位建立新闻网站从事登载新闻业务，报国务院新闻办公室审核批准。

（二）中央国家机关各部门新闻单位建立新闻网站从事登载新闻业务，经主管部门审核同意，报国务院新闻办公室批准。

（三）省、自治区、直辖市和省、自治区人民政府所在地的市直属新闻单位建立新闻网站从事登载新闻业务，经所在地省、自治区、直辖市人民政府新闻办公室审核同意，报国务院新闻办公室批准。

（四）省、自治区、直辖市以下新闻单位在中央新闻单位或者省、自治区、直辖市直属新闻单位的新闻网站建立新闻网页从事登载新闻业务，报所在地省、自治区、直辖市人民政府新闻办公室审核批准，并报国务院新闻办公室备案。

第七条 非新闻单位依法建立的综合性互联网站（以下简称综合性非新闻单位网站），具备本规定第九条所列条件的，经批准可以从事登载中央新闻单位、中央国家机关各部门新闻单位以及省、自治区、直辖市直属新闻单位发布的新闻的业务，但不得登载自行采写的新闻和其他来源的新闻。非新闻单位依法建立的其他互联网站，不得从事登载新闻业务。

第八条　综合性非新闻单位网站依照本规定第七条从事登载新闻业务，应当经主办单位所在地省、自治区、直辖市人民政府新闻办公室审核同意，报国务院新闻办公室批准。

第九条　综合性非新闻单位网站从事登载新闻业务，应当具备下列条件：

（一）有符合法律、法规规定的从事登载新闻业务的宗旨及规章制度；

（二）有必要的新闻编辑机构、资金、设备及场所；

（三）有具有很关新闻工作经验和中级以上新闻专业技术职务资格的专职新闻编辑负责人，并有相应数量的具有中级以上新闻专业技术职务资格的专职新闻编辑人员；

（四）有符合本规定第十一条规定的新闻信息来源。

第十条　互联网站申请从事登载新闻业务，应当填写并提交国务院新闻办公室统一制发的《互联网站从事登载新闻业务申请表》。

第十一条　综合性非新闻单位网站从事登载中央新闻单位、中央国家机关各部门新闻单位以及省、自治区、直辖市直属新闻单位发布的新闻的业务，应当同上述有关新闻单位签订协议，并将协议副本报主办单位所在地省、自治区、直辖市人民政府新闻办公室备案。

第十二条　综合性非新闻单位网站登载中央新闻单位、中央国家机关各部门新闻单位以及省、自治区、直辖市直属新闻单位发布的新闻，应当注明新闻来源和日期。

第十三条　互联网站登载的新闻不得含有下列内容：

（一）违反宪法所确定的基本原则；

（二）危害国家安全，泄露国家秘密，煽动颠覆国家政权，破坏国家统一；

（三）损害国家的荣誉和利益；

（四）煽动民族仇恨、民族歧视，破坏民族团结；

（五）破坏国家宗教政策，宣扬邪教，宣扬封建迷信；

（六）散布谣言，编造和传播假新闻，扰乱社会秩序，破坏社会稳定；

（七）散布淫秽、色情、赌博、暴力、恐怖或者教唆犯罪；

（八）侮辱或者诽谤他人，侵害他人合法权益；

（九）法律、法规禁止的其他内容。

第十四条　互联网站链接境外新闻网站，登载境外新闻媒体和互联网站发布的新闻，必须另行报国务院新闻办公室批准。

第十五条　违反本规定，有下列情形之一的，由国务院新闻办公室或者省、自治区、直辖市人民政府新闻办公室给予警告，责令限期改正；已取得从事登载新闻业务资格的，情节严重的，撤消其从事登载新闻业务的资格：

（一）未取得从事登载新闻业务资格，擅自登载新闻的；

（二）综合性非新闻单位网站登载自行采写的新闻或者登载不符合本规定第七条规定来源的新闻的，或者未注明新闻来源的；

（三）综合性非新闻单位网站未与中央新闻单位、中央国家机关各部门新闻单位以及省、自治区、直辖市直属新闻单位签订协议擅自登载其发布的新闻，或者签订的协议未履行备案手续的；

（四）未经批准，擅自链接境外新闻网站，登载境外新闻媒体和互联网站发布的新闻的。

第十六条 互联网站登载的新闻含有本规定第十三条所列内容之一,构成犯罪的,依法追究刑事责任;尚不构成犯罪的,由公安机关或者国家安全机关依照有关法律、行政法规的规定给予行政处罚。

第十七条 互联网站登载新闻含有本规定第十三条所列内容之一或者有本规定第十五条所列情形之一的,国务院信息产业主管部门或者省、自治区、直辖市电信管理机构依照有关法律、行政法规的规定,可以责令关闭网站。并吊销其电信业务经营许可证。

第十八条 在本规定施行前已经从事登载新闻业务的互联网站,应当自本规定施行之日起60日内依照本规定办理相应的手续。

第十九条 本规定自发布之日起施行。

附录7　互联网文化管理暂行规定(2017修订)

（2011年2月11日文化部部务会议审议通过，自2011年4月1日起施行　根据2017年12月15日发布的《文化部关于废止和修改部分部门规章的决定》（文化部令第57号）修订）

第一条　为了加强对互联网文化的管理，保障互联网文化单位的合法权益，促进我国互联网文化健康、有序地发展，根据《中华人民共和国网络安全法》、《全国人民代表大会常务委员会关于维护互联网安全的决定》和《互联网信息服务管理办法》等国家法律法规有关规定，制定本规定。

第二条　本规定所称互联网文化产品是指通过互联网生产、传播和流通的文化产品，主要包括：

（一）专门为互联网而生产的网络音乐娱乐、网络游戏、网络演出剧（节）目、网络表演、网络艺术品、网络动漫等互联网文化产品；

（二）将音乐娱乐、游戏、演出剧（节）目、表演、艺术品、动漫等文化产品以一定的技术手段制作、复制到互联网上传播的互联网文化产品。

第三条　本规定所称互联网文化活动是指提供互联网文化产品及其服务的活动，主要包括：

（一）互联网文化产品的制作、复制、进口、发行、播放等活动；

（二）将文化产品登载在互联网上，或者通过互联网、移动通信网等信息网络发送到计算机、固定电话机、移动电话机、电视机、游戏机等用户端以及网吧等互联网上网服务营业场所，供用户浏览、欣赏、使用或者下载的在线传播行为；

（三）互联网文化产品的展览、比赛等活动。

互联网文化活动分为经营性和非经营性两类。经营性互联网文化活动是指以营利为目的，通过向上网用户收费或者以电子商务、广告、赞助等方式获取利益，提供互联网文化产品及其服务的活动。非经营性互联网文化活动是指不以营利为目的向上网用户提供互联网文化产品及其服务的活动。

第四条　本规定所称互联网文化单位，是指经文化行政部门和电信管理机构批准或者备案，从事互联网文化活动的互联网信息服务提供者。

在中华人民共和国境内从事互联网文化活动，适用本规定。

第五条　从事互联网文化活动应当遵守宪法和有关法律、法规，坚持为人民服务、为社会主义服务的方向，弘扬民族优秀文化，传播有益于提高公众文化素质、推动经济发展、促进社会进步的思想道德、科学技术和文化知识，丰富人民的精神生活。

第六条　文化部负责制定互联网文化发展与管理的方针、政策和规划，监督管理全国互联网文化活动。

省、自治区、直辖市人民政府文化行政部门对申请从事经营性互联网文化活动的单位进行审批，对从事非经营性互联网文化活动的单位进行备案。

县级以上人民政府文化行政部门负责本行政区域内互联网文化活动的监督管理工作。县级以上人民政府文化行政部门或者文化市场综合执法机构对从事互联网文化活动违反国家有关法规的行为实施处罚。

第七条 申请从事经营性互联网文化活动,应当符合《互联网信息服务管理办法》的有关规定,并具备以下条件:

(一)有单位的名称、住所、组织机构和章程;

(二)有确定的互联网文化活动范围;

(三)有适应互联网文化活动需要的专业人员、设备、工作场所以及相应的经营管理技术措施;

(四)有确定的域名;

(五)符合法律、行政法规和国家有关规定的条件。

审批设立经营性互联网文化单位,除依照前款所列条件外,还应当符合互联网文化单位总量、结构和布局的规划。

第八条 申请从事经营性互联网文化活动,应当向所在地省、自治区、直辖市人民政府文化行政部门提出申请,由省、自治区、直辖市人民政府文化行政部门审核批准。

第九条 申请从事经营性互联网文化活动,应当提交下列文件:

(一)申请表;

(二)营业执照和章程;

(三)法定代表人或者主要负责人的身份证明文件;资金来源、数额及其信用证明文件;

(四)业务范围说明;

(五)专业人员、工作场所以及相应经营管理技术措施的说明材料;

(六)域名登记证明;

(七)依法需要提交的其他文件。

对申请从事经营性互联网文化活动的,省、自治区、直辖市人民政府文化行政部门应当自受理申请之日起20日内做出批准或者不批准的决定。批准的,核发《网络文化经营许可证》,并向社会公告;不批准的,应当书面通知申请人并说明理由。

《网络文化经营许可证》有效期为3年。有效期届满,需继续从事经营的,应当于有效期届满30日前申请续办。

第十条 非经营性互联网文化单位,应当自设立之日起60日内向所在地省、自治区、直辖市人民政府文化行政部门备案,并提交下列文件:

(一)备案表;

(二)章程;

(三)法定代表人或者主要负责人的身份证明文件;

(四)域名登记证明;

(五)依法需要提交的其他文件。

第十一条 申请从事经营性互联网文化活动经批准后,应当持《网络文化经营许可证》,按照《互联网信息服务管理办法》的有关规定,到所在地电信管理机构或者国务院信息产业主管部门办理相关手续。

第十二条 互联网文化单位应当在其网站主页的显著位置标明文化行政部门颁发的《网络文化经营许可证》编号或者备案编号,标明国务院信息产业主管部门或者省、自治区、直辖市电信管理机构颁发的经营许可证编号或者备案编号。

第十三条 经营性互联网文化单位变更单位名称、域名、法定代表人或者主要负责人、注册地址、经营地址、股权结构以及许可经营范围的,应当自变更之日起20日内到所在地省、自治区、直辖市人民政府文化行政部门办理变更或者备案手续。

非经营性互联网文化单位变更名称、地址、法定代表人或者主要负责人、业务范围的,应当自变更之日起60日内到所在地省、自治区、直辖市人民政府文化行政部门办理备案手续。

第十四条 经营性互联网文化单位终止互联网文化活动的,应当自终止之日起30日内到所在地省、自治区、直辖市人民政府文化行政部门办理注销手续。

经营性互联网文化单位自取得《网络文化经营许可证》并依法办理企业登记之日起满180日未开展互联网文化活动的,由原审核的省、自治区、直辖市人民政府文化行政部门注销《网络文化经营许可证》,同时通知相关省、自治区、直辖市电信管理机构。

非经营性互联网文化单位停止互联网文化活动的,由原备案的省、自治区、直辖市人民政府文化行政部门注销备案,同时通知相关省、自治区、直辖市电信管理机构。

第十五条 经营进口互联网文化产品的活动应当由取得文化行政部门核发的《网络文化经营许可证》的经营性互联网文化单位实施,进口互联网文化产品应当报文化部进行内容审查。

文化部应当自受理内容审查申请之日起20日内(不包括专家评审所需时间)做出批准或者不批准的决定。批准的,发给批准文件;不批准的,应当说明理由。

经批准的进口互联网文化产品应当在其显著位置标明文化部的批准文号,不得擅自变更产品名称或者增删产品内容。自批准之日起一年内未在国内经营的,进口单位应当报文化部备案并说明原因;决定终止进口的,文化部撤销其批准文号。

经营性互联网文化单位经营的国产互联网文化产品应当自正式经营起30日内报省级以上文化行政部门备案,并在其显著位置标明文化部备案编号,具体办法另行规定。

第十六条 互联网文化单位不得提供载有以下内容的文化产品:

(一)反对宪法确定的基本原则的;
(二)危害国家统一、主权和领土完整的;
(三)泄露国家秘密、危害国家安全或者损害国家荣誉和利益的;
(四)煽动民族仇恨、民族歧视,破坏民族团结,或者侵害民族风俗、习惯的;
(五)宣扬邪教、迷信的;
(六)散布谣言,扰乱社会秩序,破坏社会稳定的;
(七)宣扬淫秽、赌博、暴力或者教唆犯罪的;
(八)侮辱或者诽谤他人,侵害他人合法权益的;
(九)危害社会公德或者民族优秀文化传统的;
(十)有法律、行政法规和国家规定禁止的其他内容的。

第十七条　互联网文化单位提供的文化产品,使公民、法人或者其他组织的合法利益受到侵害的,互联网文化单位应当依法承担民事责任。

第十八条　互联网文化单位应当建立自审制度,明确专门部门,配备专业人员负责互联网文化产品内容和活动的自查与管理,保障互联网文化产品内容和活动的合法性。

第十九条　互联网文化单位发现所提供的互联网文化产品含有本规定第十六条所列内容之一的,应当立即停止提供,保存有关记录,向所在地省、自治区、直辖市人民政府文化行政部门报告并抄报文化部。

第二十条　互联网文化单位应当记录备份所提供的文化产品内容及其时间、互联网地址或者域名;记录备份应当保存60日,并在国家有关部门依法查询时予以提供。

第二十一条　未经批准,擅自从事经营性互联网文化活动的,由县级以上人民政府文化行政部门或者文化市场综合执法机构责令停止经营性互联网文化活动,予以警告,并处30000元以下罚款;拒不停止经营活动的,依法列入文化市场黑名单,予以信用惩戒。

第二十二条　非经营性互联网文化单位违反本规定第十条,逾期未办理备案手续的,由县级以上人民政府文化行政部门或者文化市场综合执法机构责令限期改正;拒不改正的,责令停止互联网文化活动,并处1000元以下罚款。

第二十三条　经营性互联网文化单位违反本规定第十二条的,由县级以上人民政府文化行政部门或者文化市场综合执法机构责令限期改正,并可根据情节轻重处10000元以下罚款。

非经营性互联网文化单位违反本规定第十二条的,由县级以上人民政府文化行政部门或者文化市场综合执法机构责令限期改正;拒不改正的,责令停止互联网文化活动,并处500元以下罚款。

第二十四条　经营性互联网文化单位违反本规定第十三条的,由县级以上人民政府文化部门或者文化市场综合执法机构责令改正,没收违法所得,并处10000元以上30000元以下罚款;情节严重的,责令停业整顿直至吊销《网络文化经营许可证》;构成犯罪的,依法追究刑事责任。

非经营性互联网文化单位违反本规定第十三条的,由县级以上人民政府文化行政部门或者文化市场综合执法机构责令限期改正;拒不改正的,责令停止互联网文化活动,并处1000元以下罚款。

第二十五条　经营性互联网文化单位违反本规定第十五条,经营进口互联网文化产品未在其显著位置标明文化部批准文号、经营国产互联网文化产品未在其显著位置标明文化部备案编号的,由县级以上人民政府文化行政部门或者文化市场综合执法机构责令改正,并可根据情节轻重处10000元以下罚款。

第二十六条　经营性互联网文化单位违反本规定第十五条,擅自变更进口互联网文化产品的名称或者增删内容的,由县级以上人民政府文化行政部门或者文化市场综合执法机构责令停止提供,没收违法所得,并处10000元以上30000元以下罚款;情节严重的,责令停业整顿直至吊销《网络文化经营许可证》;构成犯罪的,依法追究刑事责任。

第二十七条　经营性互联网文化单位违反本规定第十五条,经营国产互联网文化产品逾期未报文化行政部门备案的,由县级以上人民政府文化行政部门或者文化市场综合执法机构责令改正,并可根据情节轻重处20000元以下罚款。

第二十八条 经营性互联网文化单位提供含有本规定第十六条禁止内容的互联网文化产品,或者提供未经文化部批准进口的互联网文化产品的,由县级以上人民政府文化行政部门或者文化市场综合执法机构责令停止提供,没收违法所得,并处10000元以上30000元以下罚款;情节严重的,责令停业整顿直至吊销《网络文化经营许可证》;构成犯罪的,依法追究刑事责任。

非经营性互联网文化单位,提供含有本规定第十六条禁止内容的互联网文化产品,或者提供未经文化部批准进口的互联网文化产品的,由县级以上人民政府文化行政部门或者文化市场综合执法机构责令停止提供,处1000元以下罚款;构成犯罪的,依法追究刑事责任。

第二十九条 经营性互联网文化单位违反本规定第十八条的,由县级以上人民政府文化行政部门或者文化市场综合执法机构责令改正,并可根据情节轻重处20000元以下罚款。

第三十条 经营性互联网文化单位违反本规定第十九条的,由县级以上人民政府文化行政部门或者文化市场综合执法机构予以警告,责令限期改正,并处10000元以下罚款。

第三十一条 违反本规定第二十条的,由省、自治区、直辖市电信管理机构责令改正;情节严重的,由省、自治区、直辖市电信管理机构责令停业整顿或者责令暂时关闭网站。

第三十二条 本规定所称文化市场综合执法机构是指依照国家有关法律、法规和规章的规定,相对集中地行使文化领域行政处罚权以及相关监督检查权、行政强制权的行政执法机构。

第三十三条 文化行政部门或者文化市场综合执法机构查处违法经营活动,依照实施违法经营行为的企业注册地或者企业实际经营地进行管辖;企业注册地和实际经营地无法确定的,由从事违法经营活动网站的信息服务许可地或者备案地进行管辖;没有许可或者备案的,由该网站服务器所在地管辖;网站服务器设置在境外的,由违法行为发生地进行管辖。

第三十四条 本规定自2011年4月1日起施行。2003年5月10日发布、2004年7月1日修订的《互联网文化管理暂行规定》同时废止。